AF202111

Das große Hildegard-von-Bingen-Buch

Das große

Hildegard von Bingen Buch

Ihre wichtigsten
Lehren zu Ernährung,
Gesundheit und
Schönheit

MOEWIG

Moewig ist ein Imprint der Edel Germany GmbH
© Edel Germany GmbH, Hamburg
www.moewig.de I www.edel.de

Umschlagabbildung: akg-images, © 1997, 2006 Algoba Systems
Umschlaggestaltung: DSP zeitgeist gmbh

Printed in Germany

ISBN 978-3-86803-417-2

Inhalt

Leben
und Werk

ENN WIR über das Mittelalter sprechen, geschieht dies oft mit einem Gefühl der Überlegenheit. Wie herrlich weit haben wir es doch mit unserer Zivilisation gegenüber dem „finsteren" Mittelalter gebracht! Dabei lebte gerade in dieser Zeit eine Frau, die sich nicht nur in diesem geschichtlichen Zeitraum, sondern ganz allgemein vom gängigen Frauenbild abhebt: Hildegard von Bingen.

Sie zählt nicht nur zu den größten Mystikerinnen des Mittelalters – über ihre Visionen schrieb sie mehrere bedeutende Werke, vor allem *Scivias – Wisse die Wege*. Sie betätigte sich auch als Komponistin von Kirchenmusik, die übrigens heute wieder mit viel Erfolg aufgeführt wird und besonders im englischsprachigen Ausland viel Resonanz auch beim jungen Publikum findet.

Vor allem hat sich Hildegard von Bingen aber ihre Aktualität bis in unser Jahrhundert bewahrt, weil sie ausführliche Werke über Gesundheit und Krankheit – *Causae et Curae* – und über Pflanzen, Tiere und Steine – *Physica* – verfaßte. Aus diesen Büchern schöpfen viele Menschen, darunter Ärzte, Ernährungswissenschaftler und Gärtner, noch heute wichtige Anregungen.

Geschichtlicher Hintergrund

Hildegard von Bingen wurde 1098 geboren – zur Blütezeit der Kreuzfahrer also, die viele neue Einflüsse nach Deutschland brachten: Stoffe, Gewürze, Pflanzen – und auch Ideen. Als Hildegard 24 Jahre alt ist (1122), beendet Heinrich V. durch das Wormser Konkordat den Investiturstreit. Das bedeutet, daß die Bischofswahl in Gegenwart des Königs oder seines Beauftragten stattfinden muß und der König den geistlichen Würdenträger mit Ländereien und Ehrenstellungen belehnen kann. Im selben Jahr schreibt in Frankreich Pierre Abaelard das grundlegende Werk der Scholastik und Dialektik, *Sic et Non*.

1127 – Hildegard ist 29 Jahre alt – beginnt der staufisch-welfische Konflikt, in dem Konrad III. als Gegenkönig zu Lothar aufsteht. Aber erst 1138 wird er anerkannter König und begründet damit die Staufer-Dynastie. 1146 ruft Bernhard von Clairvaux zum Zweiten Kreuzzug auf (der bis 1149 dauern und vor Damaskus scheitern wird), der von

zwei Königen angeführt wird – Ludwig VII. von Frankreich und Konrad III., dem deutschen Stauferkönig.
1152 – in Hildegards 54. Lebensjahr – wird Friedrich I. (Barbarossa) deutscher König. Er regiert bis 1190 und überlebt Hildegard von Bingen um 11 Jahre. 1155 wird er in Rom zum Kaiser gekrönt. Sein Konflikt mit Papst Alexander III. endet 1167 mit der Vertreibung des Papstes aus Rom. Erst 1179 kommt es im Frieden von Venedig zu einer Einigung zwischen Kaiser und Papst.

In diese bewegte Zeit also wird Hildegard von Bingen hineingeboren und durchlebt sie auch sehr bewußt. Obwohl sie eine Frau ist – und dazu noch eine Kirchenfrau –, hält sie sich durchaus nicht aus der Politik heraus, sondern macht ihre Meinung zu den Geschehnissen auf der Bühne der Politik sehr deutlich klar. Ihr Briefwechsel mit vielen Mächtigen Europas ist ebenso umfangreich wie erstaunlich. Über 300 authentische Briefe liegen uns heute vor. Hildegard scheut sich nicht, auch höchsten weltlichen und kirchlichen Würdenträgern in aller Deutlichkeit die Leviten zu lesen, wenn deren Handlungsweise nicht ihre Billigung findet. Trotzdem – oder vielleicht gerade deshalb – ist sie überaus geachtet und gefragt als Beraterin von Fürsten und Kaisern, von Bischöfen und Päpsten.
- Schon 1146 beginnt sie einen Briefwechsel mit dem Abt Bernhard von Clairvaux.
- Sie korrespondiert mit den Bischöfen von Prag, Salzburg, Utrecht und Lüttich.
- Auch an die Päpste Eugen III., Anastasius IV., Hadrian IV. und Alexander III. schreibt sie.

Dabei spart sie nicht mit Kritik. So schreibt sie an den alternden Papst Anastasius:

> „O Mensch, das Auge deines Erkennens läßt nach, und du bist müde geworden, die stolzen Prahlereien der Menschen zu zügeln. Daher, o Mensch, der du auf dem päpstlichen Thron sitzest, verachtest du Gott, wenn du das Böse nicht von dir schleuderst, sondern es küssend umfängst."

1155 begegnet sie Friedrich I., Barbarossa, in der Kaiserpfalz Ingelheim. 1163 kommt es zu einer zweiten Begegnung, bei der Barbarossa

Hildegards Kloster unter seinen ganz besonderen Schutz stellt. Hildegard hegt dem Kaiser gegenüber zunächst durchaus freundschaftliche Gefühle. Nach ihrer ersten persönlichen Begegnung ist auch Friedrich von dieser streitbaren und kompromißlosen Klosterfrau beeindruckt. So bittet er sie in einem Brief aus dem Jahre 1155, daß sie ihn mit ihren Gebeten unterstützen möge. Und endet seinen Brief:

„Du darfst überzeugt sein, daß wir bei jedwedem Anliegen, das Du uns vorträgst, weder auf die Freundschaft noch auf den Haß irgendeiner Person Rücksicht nehmen werden. Vielmehr haben wir uns vorgenommen, einzig im Blick auf die Gerechtigkeit gerecht zu urteilen."

Der Bruch erfolgt, als Friedrich 1159 den zum gewählten Papst Alexander III. in Opposition stehenden „Gegenpapst" Viktor IV. anerkennt. Aber noch hält Hildegard sich aus Freundschaft zu Barbarossa zurück. Erst als dieser – nach dem Tode Alexanders – auch den nächsten Gegenpapst, Paschalis III., anerkennt, schreibt sie ihm einen mahnenden Brief. Und als er 1168, nach dem Tode Paschalis‘, auch noch einen dritten Gegenpapst aufstellen läßt – Calixt III. –, hält sie ihm in einem heftigen Brief Gottes Worte entgegen, die diesen so selbstherrlich gewordenen Kaiser zutiefst verletzt haben müssen, denn danach reißt die Verbindung zwischen beiden ab:

„Der da ist, spricht: Die Widerspenstigkeit zerstöre Ich, und den Widerstand derer, die Mir trotzen, zermalme Ich durch Mich selbst. Wehe, wehe diesem bösen Treiben der Frevler, die Mich verachten! Das höre, König, wenn Du leben willst! Sonst wird Mein Schwert Dich durchbohren!"

Es ist interessant, daß Friedrich 1177 im Frieden von Venedig den italienischen Städten ihre Rechte wiedergeben und auch Papst Alexander anerkennen muß.

Hildegards Lebensgeschichte

Hildegard von Bingen war das zehnte Kind des Edelfreien Hildebert von Bermersheim und seiner Frau Mechthild. Sie wurde 1098 auf deren Herrensitz in der Nähe von Alzey, im heutigen Rheinhessen, geboren. Schon als kleines Kind ist sie an allem, was sie umgibt, interessiert – aber sie ist sehr zart und beunruhigt ihre Eltern bereits im dritten Lebensjahr durch Visionen, die diese zunächst für kindliche Phantasien halten.

Sie selbst schreibt darüber:

„In meinem dritten Lebensjahr sah ich ein so großes Licht, daß meine Seele erbebte, doch wegen meiner Kindheit konnte ich mich nicht darüber äußern. ... Bis zu meinem fünften Lebensjahr sah ich vieles, und manches erzählte ich einfach, so daß die, die es hörten, sich sehr wunderten, woher es käme und von wem es sei."

Schon bei ihrer Geburt hatten die Eltern für Hildegard das Klosterleben vorgesehen. Darüber schreibt ihr Sekretär Wibert von Gembloux:

„Als ... den Eltern das zehnte Kind geschenkt wurde, sonderten sie es auf gemeinsamen Beschluß nach reiflicher Überlegung als freiwillige Opfergabe gleichsam als ihren Zehnten für Gott ab, der ja im Gesetz anordnete, daß man ihm den Zehnten darbringe. Dieses Kind sollte ihm alle Tage seines Lebens in Heiligkeit und Gerechtigkeit dienen."

Hildegard hat dieser Bestimmung nie einen Widerstand entgegengesetzt – es war ja ohnehin die Bestimmung, die ihr offensichtlich von vornherein als die ihr gemäße Lebensform in die Wiege gelegt worden war.

Am 1. November 1106 zog sie achtjährig als Schülerin in die Klausnerinnenzelle der reichen und schönen Jutta von Spanheim, die sich aus eigenem Entschluß für dieses Dasein entschieden hatte, auf den Disibodenberg. Hier wurde Hildegard nicht nur in den Tugenden der Demut und des Gehorsams erzogen – sie lernte auch die Gesänge Davids und das Singen der Psalmen. Diese Kenntnisse waren ihr später bei ihren eigenen Kompositionen von Nutzen. Einen weiteren Teil ihrer Bildung verdankte Hildegard dem Mönch Volmar, dem Beichtvater der Klausnerinnen, der später auch ihr Sekretär wurde. Obwohl sie im Unterschied zu den männlichen Ordensleuten nie systematisch in den mittelalterlichen Wissenskanon der sieben freien Künste (Grammatik, Rhetorik, Dialektik, Arithmetik, Geometrie, Musik und Astronomie) eingeführt wurde und somit als „ungelehrt" galt, eignete sie sich aufgrund ihrer überragenden Begabung ein umfassendes Wissen an, das sie durch eigene Beobachtungen ergänzte.

Schon als junges Mädchen entschied sich Hildegard (abgesehen von der Entscheidung ihrer Eltern) auch selbst für ein geistliches Leben. Zwischen 1112 und 1115 – die genaue Jahreszahl ist nicht belegt – leg-

te sie die Ordensgelübde ab und wurde Benediktinernonne. Den Wahl-
spruch des Benediktinerordens *Ora et labora* (Bete und arbeite) hat sie
ihr Leben lang befolgt und nicht nur ein Leben in Beschaulichkeit und
Versenkung geführt, sondern es mit einem selbst für heutige Begriffe
unvorstellbaren Arbeitspensum angefüllt. Die Ordensregel kommt auch
immer wieder in ihren Werken zum Tragen, in denen sie die Bedeutung
der Verbindung von Meditation und Tätigkeit, vom „inneren" und
„äußeren" Leben betont. Dies alles leistete Hildegard, obwohl sie zeit
ihres Lebens immer wieder von körperlichen Krankheiten und
Schwächezuständen gequält wurde.

Als 1136 Jutta von Spanheim, die drei Jahrzehnte lang Klause und
Kloster auf dem Disibodenberg geführt hatte, starb, stand die Wahl einer neuen Vorsteherin an. Während dieser Zeit hatte Hildegard ein stil-
les, zurückgezogenes Ordensleben geführt. Nun fiel die Wahl auf sie,
das Kloster zu leiten. Nach anfänglichem Sträuben übernahm sie dieses
verantwortungsvolle Amt.

1141 – in Hildegards 43. Lebensjahr – begannen die großen Visionen,
die sie in ihrer *Scivias* niederschrieb. Erschüttert vernahm sie den göttlichen Befehl:
„Tu kund die Wunder, die du erfährst. Schreibe sie auf und sprich."
(*Scivias*)
Ihr Beichtvater Volmar stand ihr bei der Niederschrift ihrer Visionen
zur Seite, und auch eine junge Nonne, Richardis, zu der sich ein besonderes Vertrauensverhältnis herausgebildet hatte, unterstützte die Arbeit
nach Kräften, indem sie Hildegards Diktate aufnahm. Fünf Jahre lang
arbeiteten die drei gemeinsam an der *Scivias*.

Als 1147 Papst Eugen III. eine Synode in Trier abhielt, bat er Hildegard
zu einem Gespräch und ermutigte sie, weiterzuschreiben. In öffentlichen
Diskussionen hatten Hunderte von in- und ausländischen Kirchenvertre-
tern Kenntnis von ihren Visionen erhalten und ihr Anerkennung gezollt –
unter anderem der große Bernhard von Clairvaux. So drang ihr Ruhm
immer weiter vor, und immer mehr Bewerberinnen für ihr Kloster trafen
ein. Aber die Mönche des Disibodenberges hatten inzwischen selbst die
gesamte verfügbare Fläche bebaut, so daß für Hildegard und ihre Zöglin-
ge kaum noch Raum blieb.

So entschloß sie sich zu einer Neugründung auf dem Rupertsberg. Gegen den Widerstand des Abtes Kuno, der ihren Weggang als Undankbarkeit empfand, setzte Hildegard ihre Pläne durch – mit Hilfe der Markgräfin Richardis (der Mutter ihrer Helferin bei der Abfassung der *Scivias*), die sich wiederum an den Erzbischof von Mainz wandte. 1150 konnten bereits die ersten Nonnen in das neugegründete Kloster am Rupertsberg einziehen. Das Kloster erhielt großzügige Schenkungen von mehreren Adelsfamilien, so daß auch seine wirtschaftliche Grundlage gesichert war. Abt Kuno allerdings hatte Hildegard ihr eigenständiges Vorgehen immer noch nicht verziehen und forderte nun die Rückkehr des Mönches Volmar, der nicht nur der Beichtvater der Nonnen, sondern über lange Jahre auch Hildegards Vertrauter und Sekretär war. Außerdem war Kuno der Meinung, daß die Gelder, die Hildegards Kloster auf dem Rupertsberg zuflossen, eigentlich seinem eigenen Kloster zustünden.

Eine weitere Vision forderte Hildegard, die schwerkrank und von Lähmungen geplagt war, auf, selbst zu ihm auf den Disibodenberg zu gehen. Nach einem Ritt von sechs Stunden – eine bewundernswerte Leistung, denn Hildegard näherte sich ihrem 60. Lebensjahr – erschien die Äbtissin unangekündigt bei Kuno. Sie überzeugte ihn mit einer flammenden Rede, in der sie – inspiriert durch ihre Vision, die sie hergeführt hatte – u.a. sagte:

> „Das helleuchtende Licht spricht: Du sollst als Vater walten über unseren Propst und über das Wohl des mystischen Gartens meiner Töchter. Die Güter aber, welche sie mit ins Kloster gebracht haben, gehören weder dir noch deinen Brüdern. Wenn einige von euch den unwürdigen Vorschlag machen, uns um unser Erbteil zu bringen, dann sagt das helleuchtende Licht, daß ihr wie Räuber und Diebe handelt."

Und in bezug auf Volmar fuhr sie fort:

> „Wenn ihr uns aber gar unseren Propst und Seelsorger wegnehmen wollt, so gleicht ihr den Söhnen Belials und besitzt keinen Funken Ehrgefühl. Dann wird aber auch das Strafgericht Gottes euch vernichten."

Das Ergebnis ihrer Reise: Kuno erkannte alle ihre Forderungen an.

Trotzdem erschien ihr die Situation des Klosters nicht ausreichend abgesichert – obwohl inzwischen Erzbischof Arnold von Mainz ihr in mehreren Urkunden die Selbständigkeit und das Recht der freien Äb-

tissinnenwahl für ihre Nonnen zugesichert hatte. In jenen unsicheren
Zeiten war – vor allem für ein Frauenkloster – militärischer Schutz
nötig. Deshalb suchte Hildegard von Bingen nach einem starken weltlichen Schutzherrn. Diesen fand sie schließlich – 1163 – in Friedrich
Barbarossa, mit dem sie seit längerem in Briefwechsel stand. Ihrer Tat-
kraft ist es zu verdanken, daß das Kloster eine fast 500jährige Frie-
denszeit erlebte. Erst 1631, im Dreißigjährigen Krieg, mußten die Nonnen vor den Schweden nach Köln fliehen.

Während der Zeit auf Rupertsberg schrieb Hildegard – etwa zwischen
1151 und 1158 – auch ihr medizinisches Wissen nieder, in ihrer großen
Heilkunde *Causae et Curae*, die heute noch nicht voll ausgeschöpft ist
in ihren Erkenntnissen und Einsichten. Und so, wie sie immer den
Kosmos mit dem Mikrokosmos verband, begann sie auch ihr Buch
über die Heilkunde mit der Schöpfungsgeschichte. So schreibt sie in
dem Abschnitt über die Elemente:

„Gott erschuf auch die Elemente der Welt. Diese sind auch im Menschen, und der Mensch wirkt mit ihnen. Sie sind das Feuer, die Luft,
das Wasser und die Erde." (*Causae et Curae*)

Immer wieder weist Hildegard in diesem Buch darauf hin, wie wichtig
das Zusammenwirken von Seele und Körper ist, daß das eine nicht ohne das andere gesund leben kann. Ihr naturwissenschaftliches Werk
Physica (bei dem einzelne Teile allerdings nicht von ihrer Hand stammen, sondern später eingefügt wurden), entstand ebenfalls in dieser
Zeit.

Hildegards Ruf verbreitete sich immer mehr, bald war das Kloster auf
dem Rupertsberg zu klein. So gründete sie ein Tochterkloster in Eibin-
gen, auf der anderen Rheinseite, fast gegenüber dem Rupertsberg.
1165 konnten die ersten Nonnen in ihr neues Domizil übersiedeln.
Zweimal wöchentlich besuchte sie per Schiff ihre Schutzbefohlenen
dort – eine beachtliche Leistung, wenn man bedenkt, daß die immer
kränkliche Hildegard inzwischen fast siebzig Jahre alt war.

Aber das ist noch längst nicht alles, was diese erstaunliche Frau sich
zumutete. Nach einer erneuten Vision, in der sie dazu aufgerufen wurde, Gottes Wort nicht nur in der Geborgenheit ihres Klosters zu predi-

gen, führte sie zwischen 1160 und 1170 vier große Predigtreisen durch,
die sie u.a. nach Mainz, Würzburg, Bamberg, Trier, Metz, Maulbronn,
Hirsau und Zwiefalten führten.
Bei diesen Reisen war es Hildegard wichtig, die Wahrheit deutlich aus-
zusprechen – wie sie es ja in ihren Briefen Kaisern, Königen und Päpsten gegenüber tat. So begann sie ihre Rede in Trier mit den folgenden
Worten:

> „Ich armes Geschöpf, dem es an Gesundheit, Stärke, Kraft und Bil-
> dung mangelt, habe im geheimnisvollen Licht des wahren Gesich-
> tes für die Trierer Geistlichkeit folgende Worte vernommen: Die
> Doctores und Magister wollen nicht mehr in die Trompete der Ge-
> rechtigkeit stoßen, deshalb ist das Morgenrot guter Werke bei ihnen
> verschwunden."

In ihrer bildhaften Sprache verschonte sie auch die Geistlichkeit nicht:

> „Auch der Mittagswind der Tugend, welcher sonst so warm ist, er-
> scheint in diesen Männern zum Winter erstarrt. Denn ihnen fehlen
> die guten und vom Feuer des Heiligen Geistes durchglühten Werke.
> Verdorrt stehen sie da, weil das lebendige Grün fehlt. Das Abendrot
> der Barmherzigkeit hat sich in einen härenen Sack verwandelt."

Ähnlich ging sie auch in ihren anderen Predigten mit der geistlichen
Obrigkeit ins Gericht und erschütterte dadurch nicht nur die zuhörenden
Gemeinden, sondern bewirkte auch manchen Sinneswandel im Klerus.

1173 starb ihr getreuer Volmar – Beichtvater, Sekretär und Vertrauter –,
den sie sich von Abt Kuno erkämpft hatte. Dessen Stelle übernahm nun
Propst Gottfried, ebenfalls ein Mönch vom Disibodenberg. Aber auch
dieser starb bereits 1176. Nun wurde Wibert von Gembloux, mit dem
sie bereits ein reger Briefwechsel verband, ihr Sekretär. Hildegard war
jetzt in ihren späten Siebzigern – eine durch Krankheit, emotionale Er-
schütterungen, die durch ihre Visionen hervorgerufen wurden, harte
Arbeit an ihren Büchern, lange Reisen und die kräfteraubende Verwal-
tungs- und Seelsorgertätigkeit aufgezehrte Frau. Aber ihren Kämpfer-
geist hatte sie noch immer nicht verloren.

1178 bewies sie dies in einer geradezu revolutionären Tat: Ein junger
Edelmann, der auf der Durchreise verstorben war, wurde auf seinen
Wunsch hin auf dem Rupertsberg begraben. Kurze Zeit später erhielt
Hildegard von Bingen einen Brief aus der Kanzlei der Domherren von

Mainz, in dem ihr mitgeteilt wurde, daß eben dieser junge Mann wegen eines schweren Verbrechens exkommuniziert worden sei und deshalb nicht auf einem kirchlichen Friedhof begraben werden dürfe. Die
Leiche müsse exhumiert und auf dem Schindanger beigesetzt werden,
sonst drohe dem Kloster das Interdikt. Das bedeutete: Auch alle Klos-
termitglieder wurden exkommuniziert und durften weder das Abend-
mahl empfangen noch einen Gottesdienst abhalten.

Hildegard war empört. Schließlich hatte der junge Mann gebeichtet
und seine Sünden bereut, er war also eines christlichen Todes gestorben. Eine neue Vision bestätigte sie darin, daß seine Leiche nicht entfernt werden sollte. So hielt sie sich eher an das an sie ergangene göttliche Gebot als an die Vorschriften der Mainzer Domherren – mit dem
Ergebnis, daß nun wirklich das gefürchtete Interdikt über ihr Kloster
verhängt wurde. Die greise Äbtissin brach nach Mainz auf, um dort
persönlich mit den hohen Herren zu verhandeln. Diese aber beharrten
strikt auf ihren Paragraphen, und Hildegard mußte unverrichteter Dinge zurückkehren. Erst ein Brief an den Mainzer Erzbischof Christian
von Buch, der zu jener Zeit in Rom weilte, gab den Dingen eine andere
Wendung. Das Interdikt wurde aufgehoben, und die Leiche des jungen
Mannes durfte bleiben, wo sie war – an dem Ort, den er sich ge-
wünscht hatte: bei Hildegard, auf dem Rupertsberg.

Am 17. September 1179 starb Hildegard 81jährig in dem von ihr ge-
gründeten Kloster Rupertsberg.
Ihre Wirkung aber ist heute noch lebendig:
- Vor allem ist sie in der Medizin als die erste deutsche „Naturärztin"
  bekannt, mit der sich zahlreiche Mediziner beschäftigen und auf deren Erkenntnissen das Konzept verschiedener Kurkliniken basiert.
- Ihre Ernährungslehre ist in ihren Grundzügen eine wichtige Alternative für gesundheitsbewußte Menschen unserer Zeit.
- Ihre spirituelle und meditative Schau der Welt ist erst in Ansätzen
  aufgearbeitet und wird sicherlich in Zukunft für viele Menschen eine
  wertvolle Bereicherung sein.
- Ihre Musik spricht interessanterweise gerade junge Menschen so sehr
  an, daß die CD *Vision: The Music of Hildegard von Bingen* mit einer
  Aufnahme ihrer Werke auf Anhieb einen Platz in der aktuellen Hitli-
  ste fand.

- Ihre Streitbarkeit, ihr Mut, ihre Diplomatie, aber – wenn es nötig war – auch ihre Kompromißlosigkeit, sind heute noch ein Vorbild für uns, an dem wir uns orientieren können.

Man nannte Hildegard von Bingen bereits zu ihren Lebzeiten die *prophetissa teutonica* und die „Rheinische Sibylle". Selbst nach 900 Jahren zeigt sie uns modernen, „aufgeklärten" Menschen noch immer den Weg der unbeirrbaren Wahrhaftigkeit.

Gesundheit

Hildegard von Bingen – eine große Naturärztin

ZU HILDEGARDS Zeit war der hohe medizinische Wissensstand der Antike fast vergessen. Die arabische Medizin drang erst langsam nach Mitteleuropa vor. Die Klosterfrau Hildegard von Bingen mußte sich also auf die überlieferten Kenntnisse der Volksmedizin, vor allem aber auf ihre eigenen Beobachtungen stützen. Es ist bewundernswert, wie genau sie manche Krankheiten und auch deren Ursachen beschreibt – schließlich hat sie ja keine medizinische Ausbildung genossen.

Die Klöster waren allerdings nicht nur Heilstätten für die Seele, sondern auch für den Körper. In den meistens angeschlossenen Spitälern wurden neben den im Kloster Lebenden auch Reisende und erkrankte Landbewohner gepflegt. So konnte sich natürlich ein reicher Erfahrungsschatz bilden.

Der wichtigste Ansatz für Hildegard von Bingen ist die Untrennbarkeit von Körper und Seele. Das gilt zum einen für ihre Diagnostik – viele Krankheiten haben seelische Ursachen. Damit nimmt sie Erkenntnisse der modernen Psychosomatik vorweg. Auch die Behandlung darf nicht nur den Körper einbeziehen, wenn es zu einer nachhaltigen Gesundung kommen soll. Neben den spezifischen Heilmitteln, bei denen es sich in den meisten Fällen um Kräuter handelt, einer ausgewogenen Ernährung oder Diät, einer Lebensweise im „rechten Maß" (*discretio*) betont Hildegard immer wieder die Wichtigkeit eines spirituellen Lebens in Gebet und Meditation. Stets aufs neue unterstreicht sie in ihren Rezepten, daß der Mensch bei dieser Behandlung nur gesunden werde, „wenn Gott es will".

Krankheiten sind nicht nur die Folge einer unangemessenen Lebensweise, einer Infektion oder eines Unfalls – sie sind gleichzeitig eine Herausforderung an den Menschen, sein Leben im Zusammenhang mit Gott neu zu überdenken. Auch die moderne Psychosomatik vermutet, daß ein Mensch sich „seine" Krankheiten sucht, um bestimmte seelische Probleme auf körperlicher Ebene äußern und aufarbeiten zu können. Hildegard z. B. bringt immer wieder die Gicht mit dem Jähzorn in

Zusammenhang. Viele unserer Redewendungen weisen auf ein solches
– offensichtlich sehr altes – Wissen hin. So sagen wir beispielsweise,
daß uns „etwas auf den Magen geschlagen", jemandem „eine Laus
über die Leber gelaufen" sei oder daß einem auch schon einmal „die
Galle überlaufen" kann.

Es ist bezeichnend für Hildegards Weltsicht und ihre Anschauung über
die Stellung des Menschen in der Welt, daß sie ihr großes Werk über
die Heilkunde *Causae et Curae* (der vollständige Titel lautet „Über die
Ursachen, Anzeichen und Behandlungsmöglichkeiten von Krankheiten") mit Texten über die Erschaffung der Welt und des gesamten Kosmos beginnt:
> „Wie die Elemente die Welt zusammenhalten, so sorgen sie auch
> für den Zusammenhalt des menschlichen Körpers. Sie sind im
> Menschen enthalten und teilen sich ihre Aufgaben, um ihn zusam-
> menzuhalten. ... Feuer, Luft, Wasser und Erde sind in ihm, aus ih-
> nen besteht er. Denn vom Feuer hat er die Wärme, von der Luft den
> Atem, vom Wasser das Blut und von der Erde das Fleisch."
Diese Elemente müßten sich in der rechten Harmonie befinden, sonst
würde der Mensch krank.

Causae et Curae ist durch spätere Bearbeitung zwar ergänzt, teilweise
aber auch verfälscht worden. Dennoch ist es ein wesentlicher Beitrag
zur Naturheilkunde und Ganzheitsmedizin, der auch heute noch seine
Gültigkeit besitzt und neue Wege aufzeigen kann. Ergänzend dazu ist
ihr Buch *Physica* zu betrachten. Darin wird in etwa 500 Kapiteln die
Heilkraft einzelner Pflanzen, Tiere und Mineralien beschrieben. Bei
manchen der insgesamt neun Bände dieses Buches kann mit ziemlicher
Sicherheit angenommen werden, daß sie nicht aus Hildegards Feder
stammen – die Forschungen darüber sind noch längst nicht abge-
schlossen.

Während die meisten der Pflanzenrezepte auch modernsten Erkenntnissen standhalten, sind sehr viele der aus dem Tierreich stammenden
Rezepturen eher im Bereich von Magie und Mythos anzusiedeln. Dazu
gehören beispielsweise Hinweise über die Wirksamkeit der Einhornle-
ber (das Einhorn ist ein Fabeltier!). Einige andere Rezepte werden im
vorliegenden Buch der Kuriosität halber angeführt. Alle diese Unstim-

migkeiten haben aber nicht zu bedeuten, daß Hildegards medizinischen Werke nicht auch heute noch von größtem Wert sind. Man muß sie eben nur *cum grano salis*, also „mit einem Körnchen Salz" des gesunden Zweifels benutzen.

Die Körpersäfte

DIE HILDEGARD-MEDIZIN beruht zu einem wesentlichen Teil auf der Säftelehre. Immer wieder bezieht sich Hildegard von Bingen in ihrer Diagnostik und bei ihren Rezepturen auf diese Theorie. Die Lehre von den Körpersäften – auch Humoralpathologie genannt – entstand bereits in der Antike. Sie besagt, daß durch das Gleichgewicht der Körpersäfte Gesundheit, durch ihr Ungleichgewicht jedoch Krankheit entsteht. Es werden nach dem römischen Arzt Galen, der im 2. nachchristlichen Jahrhundert lebte, analog zu den vier Elementen auch vier Körpersäfte unterschieden.

So schreibt Hildegard von Bingen:
„Es gibt vier Säfte. Die zwei wichtigsten nennt man Phlegma, die beiden anderen werden als Schleim bezeichnet. ... Die stärkeren Säfte übertreffen in ihrem Überfluß die schwächeren, die schwächeren wiederum wirken aufgrund ihrer Schwäche mäßigend auf den Überfluß der anderen ein. In einem solchen Fall befindet sich der Mensch in Harmonie." (*Causae et Curae*)
Sowie aber einer der als „Schleim" bezeichneten Säfte überhandnähme, „können die anderen Säfte nicht friedlich bleiben". Daraus könnten Krankheiten seelischer und körperlicher Natur entstehen.

Was genau Hildegard von Bingen unter den Begriffen „Schleim" und „Phlegma" verstanden hat, ist noch nicht durch ausreichende Forschungen gesichert. Im Griechischen bedeutet *phlegma* soviel wie „zähflüssiger Körperschleim". In *Causae et Curae* vertritt Hildegard von Bingen die Meinung, daß diese Schleime überhaupt erst durch den Sündenfall des Menschen entstanden seien:
„Wäre nämlich der Mensch im Paradies geblieben, würde er die Phlegmen, von denen viele Leiden kommen, nicht in seinem Körper haben, sondern sein Fleisch wäre gesund und ohne Schleim."
Damit unterstreicht sie die Bedeutung, die auch die Harmonie mit Gott und den göttlichen Gesetzen für die körperliche, geistige und seelische Gesundheit des Menschen haben kann.

„Wäre Adam im Paradies geblieben, würde er die vorzüglichste Gesundheit haben. ... Aber nun trägt der Mensch im Gegenteil das
Gift, das Phlegma und die verschiedensten Krankheiten in sich."

Hildegard von Bingen unterscheidet zwischen trockenen, feuchten,
schaumigen und lauwarmen Körpersäften. Je nach dem Überwiegen eines dieser Phlegmen oder Schleime können unterschiedliche Krankheiten entstehen. Dazu gibt sie eine Auflistung an, die interessanterweise
im wesentlichen seelische Erkrankungen behandelt.

Noch sind Hildegards Angaben zur Säftelehre nicht ausreichend erforscht, um sie in eine moderne Naturmedizin einbeziehen zu können.
Fest steht allerdings, daß die Humoralpathologie bis ins 19. Jahrhundert hinein eine wesentliche Grundlage der Medizin war. Sicherlich
werden sich in diesem Bereich in Zukunft wichtige und bereichernde
Möglichkeiten ergeben.

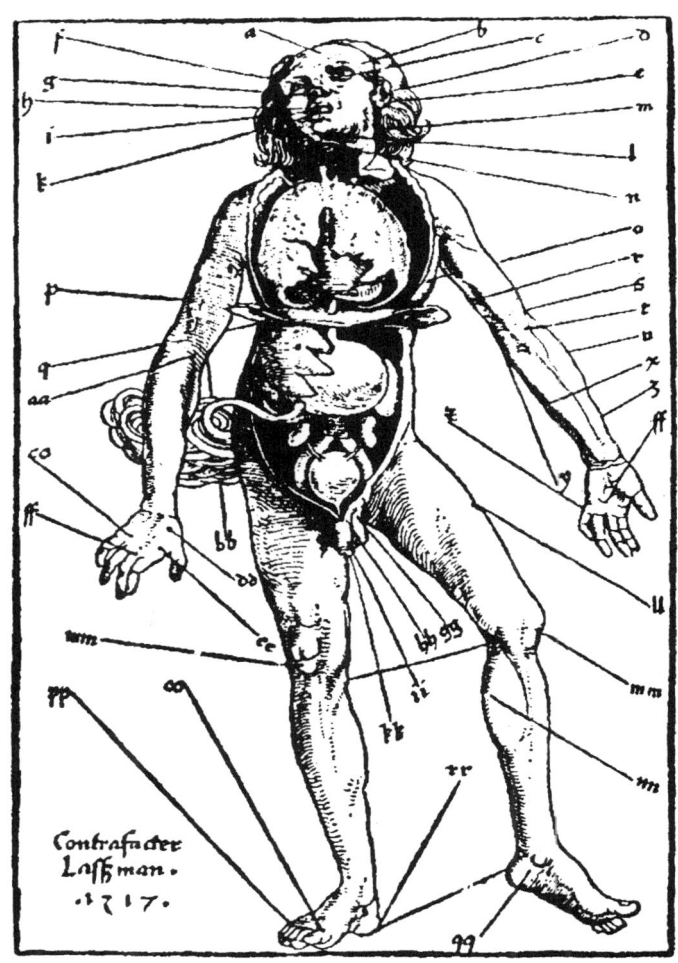

Die Ausleitungsverfahren

MIT DIESEM Begriff bezeichnet man in der Naturmedizin medizinische Eingriffe, die zur „Entgiftung" des Körpers führen sollen. Vor allem soll dadurch eine Befreiung von schädlichen Säften erzielt werden, damit das Körpersäftesystem wieder ins Gleichgewicht kommt.

In der Hildegard-Medizin versteht man darunter Aderlaß, Schröpfen, Moxibustion.

Alle drei Verfahren wurden jahrhundertelang praktiziert. Das Schröpfen wird ebenso wie die Moxibustion heute von zahlreichen Naturärzten wiederentdeckt. Beide Verfahren verursachen durch eine Reizung des Körpers von außen – also über die Haut – heilsame Reaktionen der tieferliegenden Organe. Zu allen drei Techniken hat sich Hildegard von Bingen in *Causae et Curae* ausführlich geäußert.

Aderlaß

Der Aderlaß war einer der wichtigsten Eingriffe der Mediziner der Antike und des Mittelalters. Aber auch später wurde dieses Verfahren noch angewandt – wobei nicht selten eine zu große Blutmenge von der Ader gelassen wurde, wie wir nicht nur aus medizinischen, sondern aus literarischen Quellen entnehmen können. Heute wird der Aderlaß nur noch selten vorgenommen – etwa bei akuten Herzbelastungen, wie sie beispielsweise bei Lungenstauung entstehen. Auch bei Durchblutungsstörungen und akuten Entzündungen und Infekten verwenden manche Ärzte und Heilpraktiker heute noch den Aderlaß. Dabei werden im allgemeinen 250 bis 500 Milliliter Blut entnommen.

Hildegard schreibt über den Aderlaß:
„Wenn ein Einschnitt in die Ader eines Menschen vorgenommen wird, wird sein Blut gewissermaßen plötzlich erschreckt. Was dann zuerst ausfließt, ist Blut, und gleichzeitig fließen auch Fäulnis- und Verdauungsstoffe mit heraus." (*Causae et Curae*)

In ihren weiteren Ausführungen macht Hildegard genaue Angaben über
Alter und Befindlichkeit des Patienten, der zur Ader gelassen werden
darf. Auch auf die Adern, die geöffnet werden sollen, um eine bestimmte Krankheit zu heilen, geht sie ein. Außerdem schreibt sie sehr
ausführlich über die Behandlung nach einem solchen Eingriff, z. B.
über die einzuhaltende Diät.
Ein Aderlaß sollte nur von einem sehr erfahrenen Arzt gemacht werden.

Schröpfen

Hierbei handelt es sich ebenfalls um eine jahrtausendealte ärztliche
Praktik. Über erkrankten Organen wird mit sog. Schröpfköpfen (Glas-
oder Gummiglocken mit abstufbarem Unterdruck) das Blut in die Haut
angesaugt (unblutiges Schröpfen). Mitunter werden auch feine Haut-
schnitte zur Ableitung des Blutes – ähnlich einem Aderlaß – angelegt
(blutiges Schröpfen).

Schröpfen wird heute vor allem bei Durchblutungsstörungen, Muskelverspannungen und rheumatischen Schmerzen angewandt. Auch dieses
Verfahren sollte nur von einem erfahrenen Arzt oder Heilpraktiker
durchgeführt werden. Auf keinen Fall sollte bei Nierenschwäche ge-
schröpft werden.

Hildegard von Bingen schreibt dem Schröpfen eine positive Wirkung
auf die Harmonisierung der Körpersäfte zu.
    „Das Schröpfen ist jederzeit gut und nützlich, denn es vermindert
    die schädlichen Säfte und Schleime, die sich im Menschen befin-
    den. Diese befinden sich größtenteils zwischen Haut und Fleisch
    und sind dem Menschen besonders nachteilig." (*Causae et Curae*)

Moxibustion

Bei diesem Verfahren, das durch einen äußeren Reiz die gesunden
Funktionen innerer Organe aktivieren soll, werden kleine Brennkegel
auf die Haut gesetzt und angezündet. Dadurch entsteht eine Brandwun-
de, also gewissermaßen ein künstlich erzeugtes Geschwür, durch das
schädliche Säfte aus dem Organismus ausgeleitet werden sollen.

Nicht nur Hildegard von Bingen empfiehlt dieses Verfahren – es wird in China seit Jahrtausenden als eine Sonderform der Akupunktur praktiziert. Anwendungsgebiete sind vor allem Erschöpfungszustände, Depressionen und chronische Erkrankungen der Atemwege.

Dort verwendet man vorwiegend aus Beifuß hergestellte Brennkegel. Hildegard beschreibt dieses Verfahren ebenfalls sehr ausführlich und empfiehlt als Brennkegel das Innere des Pfaffenhütchens oder einfach ein Stückchen Leinwand. Vom Brennen mit Eisen oder Schwefel rät sie dringend ab. Die von ihr empfohlenen Mittel dagegen „haben milderes Feuer als die anderen Brennstoffe und durchlöchern das Fleisch nicht. Denn wo nur die Haut verletzt wird, treten auch nur Säfte aus und nicht die Gesundheit des Menschen". (*Causae et Curae*)

Wie bei den anderen Ausleitungsverfahren auch sollte für das Setzen von Brennkegeln oder für eine Moxibustion ein erfahrener Heilpraktiker aufgesucht werden. Auf keinen Fall sollte dieses Verfahren bei Fieber, akuten Infektionen und Entzündungen, Bluthochdruck und während der Menstruation angewendet werden.

Krankheiten und ihre Behandlung

Alkoholismus

Das gelegentliche Glas Wein oder Bier, das ja nicht nur von Hildegard von Bingen, sondern auch von Ärzten und Ernährungswissenschaftlern als gesundheitsfördernd beschrieben wird, muß noch nicht zur Alkoholabhängigkeit führen. Erst wenn das Trinken zur Sucht wird, der Betroffene also nicht mehr ohne alkoholische Getränke auskommen kann, handelt es sich um Alkoholismus. Leider wird immer noch zuwenig beachtet, daß dies eine schwerwiegende und ernstzunehmende Krankheit ist, die unbedingt ärztlich behandelt werden muß. Die körperlichen, seelischen und auch sozialen Schäden sind sonst unabsehbar.

Hildegard von Bingen beschreibt die Folgen von Trunkenheit: Der Verstand des Menschen werde verwirrt, und er wisse nicht mehr, was er sagt oder tut.

„So treten vergleichsweise Flüsse infolge übermäßiger Regenfälle über die Ufer und verursachen eine plötzliche Überschwemmung."
(*Causae et Curae*)

Um einen Betrunkenen wieder zu sich zu bringen und die Folgen der Trunkenheit (den „Kater") abzuschwächen, empfiehlt sie folgende Rezepte:
- Heckenrosen in kaltes Wasser legen und mit diesem Wasser Stirn, Schläfe und Kehle befeuchten.
  Ihre Erklärung für die Wirksamkeit dieses Verfahrens: Die Kälte der Heckenrose und die des Wassers verbänden sich und schwächten die heftige Hitze ab, die sich in den Gefäßen der Stirn und der Schläfen befände.
- Mit frischen Weinblättern Stirn, Schläfen und Kehle abkühlen.
  Hildegards Erklärung für die Wirksamkeit dieses Verfahrens, das vor allem im Herbst angewendet werden sollte: Zu dieser Jahreszeit habe die Weinrebe ihre größte Kraft und daher eine beruhigende Wirkung auf die durch den genossenen Alkohol hervorgerufene Disharmonie in den Körpersäften.
- Fenchel oder Fenchelsamen essen oder auch Fencheltee trinken.

Hildegards Erklärung für die Wirksamkeit: Die milde Wärme des Fenchels könne die gesundheitsschädigende Wirkung des genossenen Alkohols unterdrücken.

Als wirksamen Edelstein empfiehlt Hildegard den Diamanten. Näheres hierzu finden Sie im Kapitel *Edelsteine*.

Altersbeschwerden

Zu den Altersbeschwerden gehört neben körperlichen Gebrechen auch das Nachlassen geistiger Fähigkeiten. So kommt es beispielsweise zur sogenannten Altersvergeßlichkeit. Dazu muß allerdings angemerkt werden, daß Vergeßlichkeit nicht unbedingt eine Frage des Alters ist, sondern auch streßbedingte Ursachen haben kann.

Brennessel-Einreibung

Zutaten:
2 Handvoll frisch gepflückte Brennesseln
50 g Olivenöl

Zubereitung und Anwendung:
Die Brennesseln in den Entsafter geben.
Dann den Saft mit dem Olivenöl mischen und alles in eine dunkle Flasche abfüllen.
Wahlweise können Sie auch fertigen Brennesselsaft aus dem Reformhaus verwenden oder die Brennesseln zerkleinert eine Woche lang in Olivenöl ziehen lassen und dann abseihen.
Das Öl wird abends zunächst auf dem Brustbein, dann auf den Schläfen verrieben. Dies muß über mehrere Monate wiederholt werden, dann wird – so Hildegard – „die Vergeßlichkeit vermindert werden".
(*Causae et Curae*)

Was Sie sonst noch tun können:
- Eine fettarme, vitaminreiche Ernährung verhindert nicht nur die übermäßige Belastung des Körpers, sondern auch des Gehirns.
- Aktive, an ihrer Umwelt interessierte Menschen bleiben länger jung als solche, die sich innerlich und äußerlich zurückgezogen haben.

- Ein Hobby, eine Liebhaberei, aber auch das Erlernen einer neuen Fertigkeit (etwa einer Sprache oder eines Instruments) halten Geist und Körper fit.
- Denksport ist eine gute und unterhaltsame Art, das Gehirn zu trainieren – z.B. durch das Lösen von Rätseln, Scrabble, Schach.

Appetitlosigkeit

Siehe auch unter *Magerkeit.*
Appetitlosigkeit tritt bei verschiedenen Erkrankungen auf – vor allem, wenn diese von hohem Fieber begleitet sind. Aber auch Streß und Nervosität können die Ursache sein. Nur in den seltensten Fällen sind Magenerkrankungen der Grund für Appetitlosigkeit. Wird diese chronisch, sollte unbedingt ein Arzt aufgesucht werden.

Hildegards Kräuteressig

„Wenn jemand Widerwillen gegen das Essen hat, nehme er Salbei, etwas Kerbel und etwas Knoblauch, zerkleinere diese Gewürze und lege sie in Essig." (*Physica*)
Mit diesem Essig sollen möglichst viele Speisen gewürzt werden – etwa Salate –, um so den Appetit wieder anzuregen.

Was Sie sonst noch tun können:
- Viel mit frischen Kräutern würzen! Der Geruch allein wirkt oft schon appetitanregend.
- Das Essen jedesmal liebevoll anrichten – das Auge ißt mit.
- Die Speisen auf einen möglichst großen Teller geben – so sehen sie „nach weniger" aus.
- Oft verhilft auch eine Heilfastenkur wieder zu einem gesunden Appetit.

Asthma

Siehe auch unter *Atembeschwerden, Lungenleiden.*
Die unter diesem Begriff oft auftretenden Atemnotanfälle können Symptome verschiedener Krankheiten sein. Es kann sich allerdings auch um Bronchialasthma handeln. Dieses wird durch eine Überempfindlichkeit der Bronchien verursacht, z. B. aufgrund von schweren Erkäl-

tungskrankheiten, Schadstoffbelastung der Atemluft usw., kann aber auch als Folge allergischer Reaktionen auftreten. Um die Ursachen und damit den richtigen Behandlungsweg abzuklären, sollte unbedingt ein Facharzt aufgesucht werden.

Hildegard von Bingen führt diese Erkrankung auf üble Säfte zurück, die in der Luftröhre des Menschen steckenblieben und ihm das Ausatmen erschwerten. Dadurch verseuchten sie die Lunge mit Krankheitsstoffen.

Hirschzungen-Behandlung

Gegen Schmerzen in der Brust empfiehlt Hildegard von Bingen die Hirschzunge. Die Blätter werden in der Sonne getrocknet und pulverisiert. Da die Hirschzunge unter Naturschutz steht, sollte man das fertige Pulver über den Fachhandel beziehen. Hildegard schlägt vor, es vor und nach dem Essen einfach von der Hand zu lecken. Man kann es auch auf ein Stückchen trockenes Brot streuen und dieses langsam kauen. Im Fachhandel ist sogar ein fertiges Hirschzungen-Elixier erhältlich.

Was Sie sonst noch tun können:
- Bei durch Allergien verursachtem Asthma die Ursachen herausfinden und möglichst ausschalten. Das bedeutet etwa die Verwendung von Schaumstoffmatratzen und Seidenbetten.
- Bei Pollenallergien hilft oft eine sog. Desensibilisierungstherapie. Fragen Sie Ihren Arzt!
- Stellen Sie das Rauchen ein, es belastet die Atemwege zusätzlich.
- Versuchen Sie, Ihren Körper durch Wechselduschen, Schwimmen und leichte Gymnastik abzuhärten.
- Streß und Hektik führen zu vermehrten und schwereren Asthmaanfällen. Praktizieren Sie deshalb Entspannungstechniken wie etwa Yoga, Meditation oder autogenes Training.

Atembeschwerden

Siehe auch unter *Asthma, Lungenleiden.*
Atembeschwerden können verschiedene Ursachen haben – psychische Probleme, Sauerstoffmangel, Erkältungskrankheiten, es können aber auch tieferliegende Erkrankungen zugrunde liegen. Deshalb sollte man bei anhaltenden Symptomen unbedingt den Arzt konsultieren.

Zimtbrot

Hildegard empfiehlt als schnelle Hilfe bei Atemnot, ein Stückchen mit Zimt bestreutes Brot zu essen oder dieses Gewürz einfach aus der Hand zu lecken. Möglicherweise sind es vor allem die im Zimt enthaltenen ätherischen Öle, die seine Wirkung begründen.

Was Sie sonst noch tun können:
- Lernen Sie bewußt, tief und langsam zu atmen.
- Frische Luft – besonders Wald- oder Seeluft – kann manche Atembeschwerden schnell und nachhaltig kurieren.

Augenleiden

Zu den wichtigsten Augenleiden gehören Fehlsichtigkeiten – also Kurz- und Weitsichtigkeit. Aber auch Starerkrankungen treten mit der höheren Lebenserwartung der Menschen unserer Zeit immer häufiger auf. Viele Augenleiden entstehen heute durch Erfordernisse, die der Beruf mit sich bringt (stundenlanges Sitzen vor dem Computer etwa) oder durch ein verändertes Freizeitverhalten (Fernsehen, Videospiele). Darüber hinaus können Sehstörungen durch psychische Belastungen hervorgerufen werden. Wichtig ist es, bei auftretenden Problemen frühzeitig den Augenarzt aufzusuchen.

Gegen *Fehlsichtigkeit*, die altersbedingt ist oder durch eine Krankheit hervorgerufen wurde, empfiehlt Hildegard von Bingen, sich lebendiges Grün anzuschauen, das ja die von ihr so geschätzte *viriditas*, die Grünkraft, enthält:

„Der Kranke soll auf eine grüne Wiese gehen und sie so lange anschauen, bis seine Augen wie von Tränen feucht werden. Denn die grüne Farbe des Grases beseitigt die Trübung seiner Augen und macht sie wieder klar." (*Causae et Curae*)

Außerdem empfiehlt sie *Augenbäder*. Hierfür gibt es in der Apotheke kleine „Augenbadewannen", die man mit klarem Wasser oder einem Tee (etwa Augentrost, Kamille oder Fenchel) füllen kann.
Auch Augenkompressen mit frischem klarem Wasser sollen gegen Augenschwäche helfen. Dadurch wird ihrer Meinung nach das Auge wie-

der zum Sehen angeregt, weil die ausgetrockneten Augenhäutchen durch die Kühle und Feuchtigkeit des Wassers verdünnt würden.

Durch Überanstrengung, Schlaflosigkeit oder andere Gründe kommt es mitunter zu *tränenden Augen*. Hier empfiehlt Hildegard von Bingen das Auflegen von Feigenblättern. Diese sollten dann, wenn die Sonne sie mitsamt dem auf ihnen liegenden Nachttau bereits etwas erwärmt hat, auf die Augen gelegt werden. Dies solle man alle drei Tage machen. Wenn Sie keine Feigenblätter zur Hand haben, können Sie auch Erlenblätter verwenden. Beide Blattarten können die Feuchtigkeit an sich ziehen und so das Augentränen lindern. Wichtig ist immer, daß sie vorher von Nachttau benetzt und dann von der Sonne gewärmt wurden.

Bei *ermüdeten Augen* – etwa durch zu langes Lesen, Arbeiten oder Fernsehen – kann das folgende Öl hilfreich sein.

Hildegards Veilchenöl

Zutaten:
1 Handvoll frisch gepflückte Veilchenblüten
1/4 l Olivenöl

Zubereitung und Anwendung:
Die Veilchen mit dem Öl übergießen und in einem gut verschlossenen Glasgefäß eine Woche lang an der Sonne (Fensterbank) oder an einem warmen Platz stehenlassen.
Dann abseihen (z. B. durch Kaffeefilterpapier) und das Öl in ein Fläschchen füllen.
Mit diesem Öl jeden Abend die Lider und die Haut um die Augen herum leicht massieren.

Hildegard unterscheidet bei der Behandlung von Augenleiden auch nach der Augenfarbe:
- Graue Augen sprechen bei Augenleiden am besten auf mit Tau gemischten Fenchel an, den man mit etwas Weizenmehl verknetet und über Nacht als Kompresse über die Augen legt. Hildegards Erklärung dafür:
„Die milde Wärme des Fenchels, richtig gemischt mit dem Tau, und die Stärke des Weizens wird die Beschwerden beseitigen. Die grau-

en Augen stammen vom Element der Luft, deshalb wird dem Heilmittel Tau zugesetzt." (*Physica*)
- Bei schwarzen Augen empfiehlt Hildegard Kompressen, die aus dem Saft der Weinraute, flüssigem Honig, etwas Wein und Weizenmehl hergestellt werden. Die schwarze Augenfarbe stammt ihrer Meinung nach von der Erde her, deshalb „nützt ihnen die Wärme von der Raute, vom Honig und vom Wein, der seinen Saft aus der Erde gezogen hat, wenn ein Stück Brot hineingelegt wird, das ja auch seine Kräfte aus der Erde erhält". (*Physica*)

Als weitere Heilmaßnahme gegen Augenleiden und Kurzsichtigkeit empfiehlt Hildegard von Bingen das Schröpfen, vor allem im Ohren- und Nackenbereich. Näheres dazu finden Sie unter „Die Ausleitungsverfahren". Das gleiche gilt für die Behandlung mit Brennkegeln.

In ihrer *Physica* gibt Hildegard außerdem den Rat, Reiheraugen zu trocknen und dann zu pulverisieren. In Wein aufgelöst, sollen sie ein gutes Heilmittel gegen Augenleiden sein. Da die Herstellung dieser Rezeptur sicherlich nicht sehr angenehm ist, sollte das Mittel besser nicht ausprobiert werden. Das gleiche gilt für eine Mischung aus Nachtigallen-Galle und Tautropfen.

Als wirksame Edelsteine gegen Augenleiden empfiehlt Hildegard von Bingen Hyazinth, Onyx, Saphir, Topas und Bergkristall. Nähere Angaben hierzu finden Sie im Kapitel *Edelsteine*.

Was Sie sonst noch tun können:
- Ernährungswissenschaftler empfehlen für ein besseres Sehvermögen eine Vitamin-A-reiche Kost. Auch das Provitamin A (Karotin) ist in diesem Zusammenhang wichtig.
- Vermeiden Sie eine Überanstrengung der Augen – vor allem dann, wenn Sie viel lesen, schreiben oder am Computer arbeiten. Zwischendurch immer mal wieder eine kleine Augengymnastik machen: Augen zukneifen und wieder aufreißen, ganz nach links und rechts, nach oben und unten schauen.
- In vielen Fällen empfiehlt sich auch der Kornblumentee, den man im Volksmund nicht ohne Grund als „Brillenzerstörer" bezeichnet.

Ausschlag

Siehe auch unter *Krätze*.

Unter diesem weit gefaßten Begriff versteht man Verfärbungen und sonstige Veränderungen der Haut, die meist plötzlich auftreten und – je nach Ursache – mit oder ohne Beschwerden (Jucken, Brennen, Nässen) verlaufen. Meistens kommen sie in größerer Anzahl und über größere Flächen verteilt vor. Sie können die äußere Haut, aber auch die Schleimhäute betreffen. Häufig treten sie in Zusammenhang mit Infektionskrankheiten auf – wie etwa Masern, Röteln, Scharlach, Windpocken usw. Aber auch allergische Reaktionen können die Ursache sein. Da die Ausschläge lediglich Symptom einer Erkrankung sind, muß zunächst die Krankheitsursache abgeklärt werden, um eine erfolgreiche Behandlung zu gewährleisten.

Hildegard von Bingen führt Ausschläge auf schädliche Säfte im menschlichen Körper, also auch auf eine „Primärerkrankung" zurück. Sie rät, mit der Behandlung des Ausschlags einige Zeit zu warten, damit er reif werde und ausfließen könne. Wenn sich die Haut zwischen den Wundstellen rötet und auszutrocknen beginnt, soll sofort eine geeignete Heilsalbe verwendet werden:

„Wer Ausschlag an seinem Körper hat, der mäste einen Schwan. Wenn er ihn getötet hat, nehme er das Schmalz und zerlasse es in einer Schüssel und gebe Beifuß und Eichenasche im gleichen Gewicht bei, so daß zweimal soviel Fett sei. Dies koche er gleichzeitig in der Schüssel und mache eine Salbe davon. Zunächst wird seine Haut an den Stellen, wo er sich salbt, voller Pusteln, aber dann wird er rasch geheilt werden." (*Physica*)

Da Schwanenschmalz wohl kaum erhältlich ist, läßt sich diese Salbe auch mit anderem Geflügelfett (Huhn, Ente oder Gans) herstellen.

Was Sie sonst noch tun können:

- Zur inneren Heilung ist eine vitamin- und ballaststoffreiche Ernährung wichtig. Verzichten Sie möglichst auf Süßigkeiten, fettreiche Speisen und Alkohol. Dinkelprodukte können sehr heilsam wirken.
- Als sehr wirksam hat sich auch Brennesseltee erwiesen – vor allem bei allergisch bedingten Ausschlägen. Trinken Sie einige Wochen lang mindestens 1 Liter pro Tag.

- Bei Ausschlägen, die durch Infektionskrankheiten hervorgerufen
  wurden, empfehlen sich Kleiebäder, die es in der Apotheke fertig zu
  kaufen gibt.

Blasenleiden

Blasenentzündungen, Geschwülste, Inkontinenz sind nur einige der
Probleme, die die empfindliche Harnblase betreffen können. Oft sind
Virusinfektionen schuld, aber auch Ernährungsprobleme und vor allem
Unterkühlung (durch mangelhafte Bekleidung) können Auslöser man-
cher schmerzlichen und lästigen Beschwerden sein. Bei schmerzhaften
und länger anhaltenden Beschwerden sollte unbedingt der Arzt aufgesucht werden.

Hildegards Begründung für das lästige Harntröpfeln (Inkontinenz) entspricht den modernen Erkenntnissen (obwohl sicherlich oft andere
Gründe mitspielen mögen):
> „Ein Mensch, der den Harn nicht halten kann, hat einen kalten Ma-
> gen und eine kalte Blase. Daher kann die Flüssigkeit darin nicht
> vollständig erwärmt werden, sondern fließt schon vorher wie lau-
> warmes Wasser ab. ... So ist es auch bei kleinen Kindern, die den
> Harn nicht halten können, weil weder ihr Magen noch ihre Blase die
> ausreichende Wärme besitzen, sondern kalt sind." (*Causae et Curae*)

Hildegard von Bingen empfiehlt dazu folgende Heilmittel:
- Leicht erwärmten Wein trinken, weil die natürliche Wärme des Weins,
  die durch das Erhitzen noch gesteigert werde, Magen und Blase er-
  wärme und den Harn bis zur „richtigen" Verdauung zurückhalte.
- Möglichst viele Speisen mit Essig würzen.
- Salbeitee trinken.

Was Sie sonst noch tun können:
- Achten Sie darauf, daß der Unterleib nicht unterkühlt wird. Dies geschieht vor allem im Sommer häufig – durch zu leichte Bekleidung,
  die nach dem Schwitzen zu Unterkühlung führt, oder dadurch, daß
  nasse Badesachen nicht gewechselt werden.
- Bei Blasenentzündungen kann Bärentraubenblättertee die Schmerzen
  lindern.

- Bei Inkontinenz empfiehlt sich eine Beckenbodengymnastik. Dazu wird die Beckenbodenmuskulatur mehrmals hintereinander kräftig angespannt. Diese Übung so oft wie möglich wiederholen.
- Gegen nächtlichen Harndrang helfen Kürbiskerne, auch in Form von flüssigen Extrakten.

Blasensteine

Blasensteine können als Nierensteine aus dem Nierenbecken in die Blase geraten oder sich dort auch selbst bilden. Meistens entstehen sie bei älteren Männern infolge von Harnabflußstörungen, die durch Prostataleiden verursacht sind. Begünstigt wird die Bildung von Blasenleiden durch chronische Entzündungen der Blase sowie durch Fehlernährung. Bei häufigem Harndrang und Schmerzen beim Wasserlassen sowie bei Blut im Urin liegt der Verdacht auf Blasensteine nahe und sollte sofort durch einen Facharzt abgeklärt werden.

Hildegard von Bingen bestätigt, daß diese Erkrankung vorwiegend Menschen in reiferem Alter betrifft und besonders bei üppiger Ernährung und Genuß von starken Weinen auftritt. Sie merkt an, daß Männer durch Blasensteine stärkere Schmerzen haben als Frauen.

Leider gibt uns Hildegard kein Rezept an, mit dem man eine ärztliche Behandlung unterstützen könnte. Empfehlenswert ist in jedem Fall reichliches Trinken, damit die Blase gut durchspült wird. Besonders geeignet ist Bärentraubenblättertee.

Blutdruckbeschwerden

Siehe auch unter *Durchblutungsstörungen, Herzbeschwerden.*
Bei Blutdruckbeschwerden handelt es sich meistens um Bluthochdruck. Ein zu niedriger Blutdruck ist im Gegensatz dazu keine Krankheit, sondern lediglich eine – wenn auch unangenehme – Befindlichkeitsstörung. Ein erhöhter Blutdruck muß unbedingt ärztlich behandelt werden, denn er kann zu Herzinfarkt oder Schlaganfall führen. Symptome sind u.a. Schwindelgefühle, Schlafstörungen, Herzklopfen und Reizbarkeit.

Muskatnußsuppe

Hildegard empfiehlt gegen Bluthochdruck und Durchblutungsstörungen im Kopfbereich eine Muskatsuppe, die möglichst oft gegessen
werden sollte.
Zutaten:
1/4 Muskatnuß
10 g Galgantpulver
10 g Iriswurzelpulver
10 g Spitzwegerichpulver
etwas Kräutersalz nach Geschmack
1 EL Öl
1 kleine Zwiebel
3 EL Dinkelgrieß
1 l Hühner- oder Gemüsebrühe

Zubereitung und Anwendung:
Die Zwiebel abziehen und fein hacken. In dem Öl goldgelb andünsten.
Grieß darunterrühren und mit der heißen Brühe aufgießen.
Die Gewürze dazugeben (Muskatnuß vorher reiben), gut unterrühren.
Das Ganze aufkochen, dann auf der ausgeschalteten Herdplatte etwa
20 Minuten lang ausquellen lassen.
Hildegard von Bingen empfiehlt diese Suppe 1- bis 2mal täglich.

Was Sie sonst noch tun können:
- Bei hohem Blutdruck empfiehlt es sich, in den Speisezettel reichlich
  Haferflocken und grüne Bohnen aufzunehmen.
- „Nicht aufregen" heißt die von Ärzten immer wieder propagierte De-
  vise – was natürlich leichter gesagt als getan ist. Deshalb können hier
  vor allem Entspannungstechniken – z. B. Yoga, Meditation oder autogenes Training – helfen.

Bronchitis

Siehe auch unter *Asthma, Erkältung, Husten, Lungenleiden.*
Hierbei handelt es sich um eine Entzündung der Bronchien, die besonders häufig im Herbst und im Frühjahr auftritt. Verursacht wird sie
meistens durch Virusinfektionen, die durch Unterkühlungen und Wetterumschwünge und die Beeinträchtigung der Schleimhäute infolge

trockener Heizungsluft begünstigt werden. Symptome sind Husten, Schnupfen und manchmal Fieber. Die Bronchitis kann allerdings auch als Begleiterscheinung von Grippe, Masern oder Keuchhusten auftreten.

Gegen Bronchitis helfen nach Hildegard vor allem Hirschzunge und Heckenrose. Die entsprechenden Rezepte finden Sie unter *Lungenleiden.*

Was Sie sonst noch tun können:
- Inhalationen mit Kamillentee sind ein sehr hilfreiches Mittel, das den Schleim löst.
- Sehr empfehlenswert sind auch heiße Fußbäder. Danach die Füße gut abtrocknen und warme Socken anziehen.
- Heiße Getränke – Zitronensaft, Kräutertee – wirken ebenfalls lindernd.

Depressionen

Medizinisch werden Depressionen (oder die „Melancholie", wie man früher sagte) als Zustände von Traurigkeit, Hoffnungslosigkeit und Erregung oder Passivität definiert. Diese können Tage bis Wochen anhalten. Meistens sind Depressionen seelisch bedingt – etwa durch Probleme in der Familie oder im Beruf. Mitunter können Depressionen aber auch körperliche Ursachen haben, etwa Störungen oder Schwankungen im Hormonhaushalt.

Hildegard von Bingen schreibt, daß die Melancholie durch die Schwarzgalle verursacht würde und durch den Ungehorsam des Menschen gegen Gott – symbolisiert durch das Essen des verbotenen Paradiesapfels – entstanden sei. Menschen, die unter Depressionen leiden, sind weder mit der Welt noch mit sich selbst im Einklang. Als einen Weg, um die innere Harmonie wiederzufinden, empfiehlt die moderne Psychotherapie in solchen Fällen verschiedene Entspannungstechniken, etwa Meditation, autogenes Training oder Yoga.

Hildegard von Bingen empfiehlt bei Anfällen von Melancholie (übrigens auch bei Zorn), etwas Wein zu erwärmen und diesen mit kaltem

Wasser zu mischen. Dadurch wird ihrer Meinung nach die Schwarzgalle, die diese Stimmung verursacht hat, unterdrückt. Sehr bewährt haben sich auch „Hildegards Nervenkekse", die aus Muskat, Zimt und Gewürznelken hergestellt werden. Das Rezept finden Sie unter *Nervosität*. Auch das Kauen frischer Weinrautenblätter nach den Mahlzeiten soll hilfreich sein.

Veilchenwein

Dieser Wein macht nach Hildegards Angaben den Menschen wieder froh.
Zutaten:
15 g Veilchenblüten
5 g Galgant
10 g Süßholz
1 l Landwein

Zubereitung und Anwendung:
Die Veilchen in dem Wein etwa 5 Minuten kochen, dann Galgant und Süßholz dazugeben und alles noch einmal aufkochen lassen.
Abseihen und in eine Flasche abfüllen.
Von diesem Wein morgens und abends, bei Bedarf auch tagsüber ein Likörglas trinken.

Flohsamenwein

In ihrer *Physica* empfiehlt Hildegard den folgenden Wein gegen Depressionen, denn „den bedrückten Geist eines Menschen macht er durch seine Mischung froh".
Zutaten:
2 TL Flohsamen
1/4 l Landwein

Zubereitung und Anwendung:
Den Flohsamen in dem Wein einige Minuten leicht köcheln lassen, dann abseihen und den Wein noch warm trinken.

Aronstabwein

Rezept unter *Magenbeschwerden,* siehe Seite 86.

„Ein Mensch, in dem die Melancholie wächst, hat ein finsteres Gemüt und ist immer traurig. Dieser sollte den Wein von der gekochten Aronstabwurzel trinken, und die Melancholie in ihm wird vermindert werden." (*Physica*)

Auch die von ihr so geliebte Edelkastanie empfiehlt Hildegard gegen Depressionen:
„Wer unter Herzschmerz leidet und traurig ist, esse oft die rohen Kerne. Dies gießt seinem Herzen einen Saft ein wie eine heilsame Salbe, und er wird an Stärke zunehmen und seine Fröhlichkeit wiederfinden." (*Physica*)

Ebenso ist es mit dem Fenchel, der nach Hildegards Worten „wie immer er auch gegessen wird, den Menschen fröhlich macht". (*Physica*) Fenchelgerichte und Fencheltee sollten deshalb so oft wie möglich auf dem Küchenzettel stehen. Näheres dazu finden Sie in dem Kapitel *Ernährung.*
Den Fenchel empfiehlt sie nicht nur zur innerlichen, sondern auch zur äußerlichen Anwendung:
„Ein Mensch, der unter Melancholie leidet, sollte Fenchel zu Saft zerstoßen und damit oft Stirn, Schläfen, Brust und Magen einreiben. So wird die Melancholie weichen." (*Physica*)
Am besten gibt man dazu die frischen Fenchelknollen in den Entsafter.

Auch der Dinkel gilt als Stimmungsaufheller. Deshalb sollte dieses Getreide unbedingt in den Küchenzettel integriert werden.

Hildegard empfiehlt, den Speisen möglichst häufig „Königskerzen-Würze" hinzuzufügen. Näheres dazu unter *Herzbeschwerden.* Auch Kubebenpfeffer „macht den Geist fröhlich". Deshalb sollte man täglich einige der Pfefferfrüchte kauen.

Schlüsselblumen-Therapie

Eine ganz besondere Therapie verbindet Hildegard von Bingen in ihrer *Physica* mit der Schlüsselblume. Da diese Pflanze ihre Kräfte hauptsächlich von der Sonne erhält, ist sie imstande, durch ebendiese „Sonnenkraft" der Melancholie im Menschen entgegenzuwirken. Deshalb empfiehlt Hildegard, einen Strauß Schlüsselblumen direkt auf das

Herz zu legen, damit die Pflanzen dieses erwärmen und aufheitern können.

Als zusätzliche Maßnahme rät Hildegard von Bingen bei Menschen, die „ein trauriges Gemüt und ein bedrücktes Herz" haben, zum Aderlaß. Dazu Näheres unter „Die Ausleitungsverfahren" (s. Seite 29).

Als wirksamen Edelstein bei Depressionen empfiehlt Hildegard von Bingen den Onyx. Näheres finden Sie im Kapitel *Edelsteine*.

Was Sie sonst noch tun können:
- Als natürlicher Stimmungsaufheller hat sich auch Johanniskrauttee bewährt.
- Weitere hilfreiche Teekräuter sind Baldrian, Angelika, Basilikum, Bohnenkraut und Wegwarte.
- Auch die Aromatherapie bietet bei der Behandlung viele Möglichkeiten. Geben Sie Rosen- oder Lavendelöl in Ihr Badewasser, oder lassen Sie diese Öle in einer Aromalampe verdunsten. Besonders geeignet bei depressiven Verstimmungen sind vor allem Grapefruitöl und australisches Teebaumöl.

Durchblutungsstörungen

Durchblutungsstörungen im Kopfbereich – die sogenannte Hirnleere – können durch geistige Überanstrengung verursacht werden. Dies führt zu Konzentrationsschwäche und häufig zu Kopfschmerzen. Diese Beschwerden können aber auch auf eine schwerwiegendere Erkrankung hinweisen. Deshalb sollte bei länger anhaltenden Symptomen unbedingt der Arzt konsultiert werden.

Gekochte Kastanien

Zutaten:
250 g geschälte Edelkastanien
Wasser

Zubereitung und Anwendung:
Die Kastanien weich kochen und jeweils vor und nach den Mahlzeiten ein bis zwei der gekochten Kastanien essen.

Hildegard sagt zu dieser Behandlung:
„Das Gehirn wächst, die Nerven werden stark und der Kopfschmerz weicht." (*Physica*)

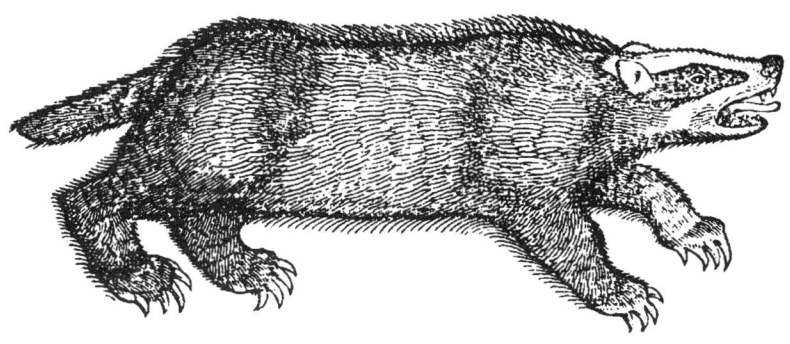

Als weitere Heilmaßnahme empfiehlt Hildegard den Genuß von süßen Mandeln.
Durchblutungsstörungen treten nicht nur im Kopfbereich auf. Die Füße können z. B. betroffen sein, was zum chronischen „Kaltfuß" führt. Hier empfiehlt Hildegard von Bingen in ihrer *Physica* Schuhe aus Dachsleder, denn „der Dachs ist seiner Natur nach warm". Auch ein Dachsfell, das man sich über die Füße legt, hat dieselbe heilsame Wirkung, durch die sogar die Durchblutungsstörungen bei „Raucherbeinen" gemildert werden können.

Was Sie sonst noch tun können:
- Um die Durchblutung zu fördern, empfehlen sich Trockenbürsten, Wechselduschen und gymnastische Übungen.
- Sie sollten auf das Rauchen verzichten.

Durchfall

Siehe auch unter *Verdauungsstörungen.*
Durchfälle sind meistens harmlos, wenn auch lästig. Im Sommer treten sie häufiger auf als im Winter. Das hat verschiedene Gründe: Urlaub in

fremden Ländern mit ungewohnter Kost, stärkere Temperaturgefälle zwischen mittäglicher Hitze und Kühle nach Sonnenuntergang, „Kälteschock" durch Eisgetränke, leichter verderbliche Speisen, mit Bakterien und Viren infizierte Lebensmittel aufgrund mangelnder Hygiene. Sehr oft sind Durchfälle von Erbrechen begleitet. Bei länger anhaltendem oder häufig auftretendem Durchfall sollten Sie die Ursache durch den Arzt abklären lassen!

Krankheitserregende, ungesunde Speisen und Krankheiten können die Körpersäfte in Unordnung bringen, so daß die unverdauten Speisen und Getränke ausgestoßen werden. Dies ist nach Hildegards Meinung der Gesundheit des Menschen nur zuträglich. Wenn es sich allerdings um gesunde Lebensmittel handelt, die durch Durchfall den Körper verlassen, wird der Mensch dadurch geschwächt.

Was Sie dagegen tun können:
- Durchfälle führen zu einem erhöhten Salzverlust. Trinken Sie deshalb reichlich Kamillentee, dem etwas Salz hinzugefügt ist.
- Täglich ein Becher Bio-Joghurt, unter den Sie Leinsamenschrot gerührt haben, beruhigt den Darm.
- Ein Brei aus 1/2 Banane und 1/2 geriebenem Apfel hat eine ähnliche Wirkung.

Epilepsie

Die Epilepsie, früher auch als „Fallsucht" bezeichnet, ist eine plötzlich eintretende Funktionsstörung des Gehirns, die meist mit Bewußtseinsstörungen einhergeht und von Krämpfen begleitet ist. Epilepsie sollte unbedingt fachärztlich behandelt werden.

Manche Formen der Epilepsie führt Hildegard von Bingen auf den Jähzorn zurück. Andere Formen werden ihrer Meinung nach dadurch hervorgerufen, daß bei leichtsinnigen und unzuverlässigen Menschen sich die Seele resignierend zurückzieht und den Körper sich selbst überläßt, so daß dieser zur Erde fällt und wie tot daliegt.

Die vorgeschlagenen Behandlungsformen gehören entsprechend dem Wissensstand des Mittelalters denn auch eher in den Bereich von Mythos und Magie. So empfiehlt Hildegard z. B. getrocknetes Maulwurfsblut und pulverisierte Entenschnäbel.

Allerdings gibt sie recht detaillierte Ernährungsvorschriften für Epileptiker:
- Meiden sollten sie Schweinefleisch und Fische, die keine Schuppen haben, wie etwa Aal. Auch Käse, Eier, rohes Gemüse und Obst sowie alles Gebratene würden die Krankheit eher verschlimmern.
- Erlaubt ist dagegen Brot, Rind- und Schaffleisch, das in Petersilie und Sellerie gekocht ist. Als Getränke sind Bier und ein leichter, mit Wasser gemischter Wein erlaubt.

Als wirksame Edelsteine gegen Epilepsie empfiehlt Hildegard von Bingen Smaragd, Chrysopras und Achat. Nähere Angaben finden Sie im Kapitel *Edelsteine*.

Erbrechen

Viele Krankheiten sind mit Erbrechen verbunden, weshalb bei sehr heftigen und anhaltenden oder sich häufig wiederholenden Brechanfällen unbedingt mit dem Arzt die Ursache abgeklärt werden muß. Manchmal sind aber auch Aufregungen und Ängste der Grund. Ebenso können zuviel Sonne, große Anstrengungen geistiger oder körperlicher Art und zuviel oder unzuträgliches Essen Erbrechen auslösen.

Hildegard von Bingen führt das Erbrechen nicht nur auf unzuträgliches Essen zurück, sondern auch auf eine falsche Reihenfolge. So warnt sie davor, zu kalte und bald darauf warme Speisen zu sich zu nehmen. Alles Essen sollte immer gut temperiert sein, damit es gut verdaulich ist.

In jedem Fall rät sie davon ab, ein Brechmittel einzunehmen oder sich auf andere Art selbst zum Erbrechen zu bringen. Dies nütze der Gesundheit nicht – wie das ja beim natürlichen Erbrechen der Fall ist, wenn unzuträgliche Speisen vom Magen ausgestoßen werden –, sondern schade ihr eher, weil es nicht heilsam und gesund sei.

Kümmelküchlein

Zutaten:
3 Teile Kümmel
1 Teil Pfeffer
etwas Bibernelle
Weizenmehl
1 Eigelb
etwas Wasser

Zubereitung und Anwendung:
Die Gewürze pulverisieren und unter das Mehl geben.
Mit dem Eigelb und dem Wasser zu einem Teig verkneten und daraus kleine Plätzchen formen. Diese im Backofen ausbacken.
Bei auftretendem Brechreiz ein solches Küchlein langsam essen oder die pulverisierten Gewürze auf ein Stückchen trockenes Weizenbrot streuen.
Hildegards Erklärung für die Wirksamkeit dieses Rezeptes: Die Kälte des Kümmels, der Bibernelle und des Eigelbs zusammen mit der Wärme des Pfeffers und des Weizens harmonisierten die Säfte und verhinderten das Erbrechen.

Was Sie sonst noch tun können:
- Kümmeltee ist ein wirksames Hausmittel gegen Erbrechen, das man auch Kindern geben kann.
- Cuprum-metallicum-Salbe (in der Apotheke erhältlich) auf die Magengegend auftragen.

Erkältung

Siehe unter *Husten, Schnupfen, Halsschmerzen,* evtl. auch *Atembeschwerden, Asthma* und *Lungenleiden.*

Fieber

Das Fieber selbst ist keine Krankheit, sondern im Gegenteil: eine Maßnahme des Körpers, sich gegen eine Krankheit zur Wehr zu setzen. Fieber tritt nicht nur als Reaktion auf Infektionskrankheiten oder als Folge einer Entzündung auf, sondern (allerdings sehr viel seltener) bei

Allergien, seelischen Störungen, Blut- und Nervenerkrankungen, Blutergüssen, Überfunktion der Schilddrüse usw.

Am häufigsten aber stellt sich Fieber bei Infektionen und Entzündungen ein. Gerade hier ist es bereits ein Teil des Heilungsvorgangs. Fieber signalisiert immer einen Ausnahmezustand des Körpers: Das körpereigene Immunsystem ist aktiviert. Dadurch wird es den krank machenden Mikroorganismen erschwert, zu überleben oder sich gar zu vermehren. Meistens verlaufen Infektionskrankheiten wesentlich unkomplizierter, wenn sie von Fieber begleitet sind. Dies ist gerade bei Kindern der Fall, die während der sog. Kinderkrankheiten (Masern, Scharlach usw.) sehr hohe Temperaturen haben.

Hildegard von Bingen weiß die Heilkräfte des Fiebers zu schätzen. Sie schreibt, daß dieses dem Menschen nicht schade, sondern ihm vielmehr Gesundheit bringe, weil so alle inneren Organe durch den Schweiß gereinigt würden. Nur darf das Fieber nicht zu stark werden. Bei zu hohem und zu lang andauerndem Fieber kann es zu bedrohlichen Situationen kommen:

> „Die Wärme, die in der Leber und in den anderen inneren Organen lebensnotwendig ist, steigt zur äußeren Hautschicht auf, und die innere Kälte bleibt im Menschen. Dann liegt die Seele bedrückt im Körper und wartet voller Zweifel ab, ob sie den Körper verlassen oder in ihm bleiben soll. ... Wenn sie aber merkt, daß der Ansturm dieser Säfte durch die Gnade Gottes allmählich etwas nachläßt, dann gelangt sie zu der Einsicht, daß sie sich von diesen Säften frei machen kann. Sie sammelt ihre Kräfte und treibt die schädlichen Säfte durch den Schweiß aus dem Körper heraus." (*Causae et Curae*)

Galgant-Wasser

Etwas Galgantpulver in Mineralwasser auflösen und während des Fiebers trinken.

Meisterwurzwein

Gegen Fieber jeder Art und jeden Ursprungs empfiehlt Hildegard von Bingen in ihrer *Physica* einen aus Meisterwurz hergestellten Wein, der allerdings allabendlich neu angesetzt werden muß.

Zutaten:

1 EL zerkleinerte Meisterwurz

1/2 Glas Landwein

Zubereitung und Anwendung:

Am Abend die Wurzeln mit dem Wein übergießen und über Nacht ziehen lassen.

Abseihen und den Meisterwurzwein-Ansatz mit 1/2 Glas Wein auffüllen.

„Man trinke diesen Wein nüchtern und wiederhole dies drei oder fünf Tage, und so wird man geheilt werden." (*Physica*)

In ihrer *Physica* schreibt Hildegard von Bingen, daß Flohsamenwein starkes Fieber senken könne (Rezept unter *Depressionen*, s. Seite 43).

Als wirksame Edelsteine gegen Fieber empfiehlt Hildegard von Bingen Hyazinth, Onyx, Sarder, Topas, Chrysolith, Prasem und Rubin. Als Metall ist Kupfer zur Behandlung geeignet. Näheres hierzu finden Sie in *Edelsteine*.

Gallenbeschwerden

In der Gallenblase wird die von der Leber produzierte Gallenflüssigkeit (volkstümlich auch einfach Galle genannt) gespeichert. Sie ist für die Verdauung sehr wichtig. Störungen können zu schmerzhaften Erkrankungen führen – etwa durch Gallensteine oder durch Entzündungen. Symptome – die häufig nach fettreichen Mahlzeiten auftreten – sind ausstrahlende, mitunter kolikartige Schmerzen im rechten Oberbauch, Übelkeit, Erbrechen, auch leichte Gelbsucht. Bei Beschwerden dieser Art sollte unbedingt der Arzt aufgesucht werden.

Hildegard von Bingen, die Krankheiten stets im spirituellen Zusammenhang sieht, gibt in *Causae et Curae* eine sehr einleuchtende Erklärung (die übrigens weitgehend auch modernsten Erkenntnissen der Erforschung psychosomatischer Krankheiten entspricht) für Gallenerkrankungen: Bevor Adam die göttlichen Gebote übertrat, war das Organ, das heute die menschliche Galle darstellt, wie ein Kristall „und hatte den Geschmack der guten Werke in sich". Selbst die Schwarzgalle leuchtete damals noch beim Menschen „wie die Morgenröte". Erst als

Adam die göttlichen Gebote übertrat, erloschen diese leuchtenden Organe, „die Galle wurde bitter, die Schwarzgalle wurde schwarz wie die Gottlosigkeit – und er wurde völlig umgewandelt. Daher wurde seine Seele traurig und suchte bald eine Entschuldigung dafür; denn aus der Traurigkeit entsteht der Zorn."
Hildegard hat also vor fast tausend Jahren schon etwas erkannt, was die moderne Psychologie erst heute „entdeckt" zu haben glaubt.

Der Jähzorn ist es in ihren Augen vor allem, der Gallenbeschwerden verursacht. In der Tat sind Gallenleidende oft jähzornige Menschen.
„Wer im Gesicht rot wird, wenn er zornig ist, dessen Blut kocht durch die Wirkung der Galle und strömt so ins Gesicht." (*Causae et Curae*)
Um ein Gallenleiden wirksam zu bekämpfen, ist also neben der körperlichen auch eine seelische Behandlung nötig – etwa durch Meditation oder eine Psychotherapie.

Was Sie sonst noch tun können:
- Wichtig ist eine gallenschonende Diät, die möglichst wenig tierische Fette und andere belastende Nahrungsmittel enthält. Lassen Sie sich von Ihrem Arzt einen entsprechenden Diätplan geben.
- Bei Gallensteinen hilft oft eine Olivenöl-Kur. Dafür nimmt man bis zum Abgang der Steine täglich morgens und abends 1 EL reines Olivenöl. Besprechen Sie diese Kur vorher mit Ihrem Arzt!

Geisteskrankheiten

Umgangssprachlich werden alle geistig-seelischen Störungen als Geisteskrankheiten bezeichnet. Dabei kann es sich um Depressionen handeln, aber auch um Schizophrenie, Psychosen und andere Erkrankungen. Alle diese Störungen sollten unbedingt fachärztlich behandelt werden. Nur in Übereinstimmung mit dem Arzt sollten Hildegards Rezepte als ergänzende Maßnahmen angewendet werden.

Hildegard von Bingen sieht als Ursache seelischer Erkrankungen ein Ungleichgewicht der Körpersäfte an, die sich gegenseitig bekämpfen und den Menschen bis zur Tobsucht treiben können. Viele Erkrankungen seelischer Art führt sie auch auf das Einwirken von Dämonen zurück.

Gelbsucht

Durch einen abnorm gesteigerten Übertritt von Galle in das Blut infolge einer Störung der Gallenabsonderung kommt es zu einer gallig-gelben Verfärbung des Körpers. Die Gelbsucht ist also keine Krankheit an sich, sondern ein Symptom verschiedener anderer Erkrankungen, denen eine Störung der Gallenausscheidung zugrunde liegt.

Dies hat auch Hildegard von Bingen bereits gewußt, denn sie beschreibt die Gelbsucht folgendermaßen:

> „Sie entsteht durch ein Überlaufen der Galle infolge kranker Säfte, Fieberanfälle oder heftiger zahlreicher Zornesausbrüche. Diesen Überschuß von der Galle nehmen die Leber und die übrigen inneren Organe auf. Er durchdringt auch den ganzen übrigen Körper, so wie ein scharfer Essig ein neues Gefäß durchdringt, und schadet dem Menschen. Man erkennt die Gelbsucht an der unnatürlichen Hautfarbe des Menschen." (*Causae et Curae*)

Eisenkraut-Wein

Zutaten:
1 Teil Eisenkraut
2 Teile Knoblauchzehen
3 Teile Pfennigkraut
1/2 l Landwein

Zubereitung und Anwendung:
Die Kräuter mit dem Wein übergießen und in einem bauchigen, gut verschlossenen Gefäß aufbewahren. Von diesem Wein 9 Tage lang auf nüchternen Magen ein Likörglas trinken, außerdem jeweils einen kleinen Schluck nach dem Frühstück. Abends soll noch einmal ein Gläschen von dem Wein erwärmt getrunken werden. Darauf zu Bett gehen und warm zudecken, damit es zu guter Schweißbildung kommt.

Außerdem empfiehlt Hildegard eine Suppe, die aus dem erwärmten Wein und einem darin verschlagenen Ei zubereitet wird.
Ihre Erklärung für die Wirksamkeit dieser Kur: Eisenkraut, Knoblauch und Pfennigkraut seien ihrer Natur nach warm und enthielten scharfe Säfte, die durch die Wärme des Weines gemäßigt würden. Sie seien

stärker als die Bitterkeit der Galle und Schwarzgalle und schwächten deshalb die Krankheit ab.

Weiterhin rät Hildegard dazu, häufig gedünstete Brunnenkresse zu essen.

Ob das folgende Rezept ausprobiert werden sollte, ist sicher nicht nur eine Frage des Tierschutzes. Der Kuriosität halber aber sei es hier mitgeteilt:

> „Wenn ein Mensch die Gelbsucht hat, dann durchstich eine Fledermaus so, daß sie nicht gleich stirbt, und binde sie auf seine Nieren, den Rücken der Fledermaus auf den Rücken des Menschen. Nach kurzer Zeit nimm sie wieder dort weg und binde sie auf seinen Magen. Lasse sie dort, bis sie stirbt." (*Physica*)

Als wirksame Edelsteine gegen die Gelbsucht empfiehlt Hildegard von Bingen Sarder und Diamant. Nähere Angaben finden Sie im Kapitel *Edelsteine*.

Geschwüre

Hautentzündungen wie Furunkel und Karbunkel werden volkstümlich als Geschwüre bezeichnet. Sie befinden sich meistens auf der Hautoberfläche, können aber bei längerem Bestehen auch bis in die Lederhaut oder tiefer reichen. Mitunter sind die Schleimhäute betroffen.

Hildegard rät, die Geschwüre reif werden zu lassen, damit sie ausfließen können. Danach sollten die Wundstellen mit einer Heilsalbe behandelt werden.

Manchmal sind Geschwüre vor dem Aufbrechen sehr schmerzhaft. In diesem Fall rät Hildegard dazu, etwas reines Bienenwachs aufzulösen und ein sauberes Leinentuch damit zu tränken, dieses außerdem mit etwas Olivenöl zu bestreichen und auf das Geschwür zu legen. So würden die schädlichen Säfte herausgezogen und das Geschwür breche leichter auf.

Eisenkrautkompresse

In ihrer *Physica* empfiehlt Hildegard das Auflegen von Eisenkrautkompressen. Dazu wird eine Handvoll Eisenkraut 5 Minuten lang in etwas Wasser gekocht, leicht ausgedrückt und in ein Leinentuch gelegt. Diese Kompresse wird erneuert, sobald sie getrocknet ist.

Veilchensalbe

Zutaten:
3 TL Veilchenöl
1 TL Olivenöl
3 TL Hammelfett

Zubereitung und Anwendung:
Den Hammeltalg sanft schmelzen, dann die Öle darunterrühren und alles zu einer Salbe erstarren lassen.
Die Geschwüre sachte damit bestreichen.
Übrigens soll diese Salbe, wenn man sie auf die Stirn gibt, auch gegen Kopfschmerzen helfen.

Schöllkrautsalbe

Diese Salbe hilft nach den Angaben, die Hildegard in ihrer *Physica* macht, vor allem bei Geschwüren und Ausschlägen, die durch „unreine oder eklige Speisen" hervorgerufen wurden. Dabei kann es sich aber auch um Allergien gegen bestimmte Lebensmittel handeln.
Zutaten:
einige Handvoll frisches Schöllkraut
50 g altes Fett (am besten ungesalzenes Schweineschmalz)

Zubereitung und Anwendung:
Das Kraut in den Entsafter geben, den Saft auffangen und gut mit dem leicht erhitzten Fett zu einer Salbe vermischen.
Diese in einen Cremetopf abfüllen.

Bohnenmehlauflage

Ebenfalls in ihrer *Physica* gibt Hildegard das folgende Rezept gegen Geschwüre an.

Zutaten:
50 g zu Mehl zermahlene weiße Bohnen
5 g Fenchelpulver
50 g Weizenmehl
etwas Wasser

Zubereitung und Anwendung:
Aus den Zutaten einen Teig formen, diesen dünn ausrollen und in Stücke schneiden.
An der Sonne oder im Backofen trocknen lassen.
Die Auflage mit einer Binde über dem Geschwür befestigen. Täglich mehrmals erneuern.

Als wirksamen Edelstein gegen Geschwüre empfiehlt Hildegard von Bingen den Smaragd. Nähere Angaben dazu finden Sie im Kapitel *Edelsteine*.

Was Sie sonst noch tun können:
- Bei durch Nahrungsmittel verursachten Geschwüren empfiehlt sich eine Nahrungsumstellung. Wichtig ist der Verzicht auf fette Speisen und – für eine Zeitlang zumindest – auf Fleisch. Nähere Angaben zu einer gesunden Ernährung finden Sie in dem Kapitel *Ernährung*.
- Hartnäckige Geschwüre kann man auch mit schwarzer Zugsalbe (in der Apotheke erhältlich) behandeln.

Gicht

Siehe auch unter *Rheuma*
Diese Erkrankung (früher „Podagra" oder auch „Zipperlein" genannt) entsteht durch eine Stoffwechselstörung, bei der harnsaure Salze in den Gelenken und Organen abgelagert werden. Dadurch kommt es zum Anschwellen der Gelenke sowie zu heftigen Schmerzen, vor allem in den Fingern oder im großen Zeh. Die Schmerzen kommen in Schüben, meistens in der Nacht.
Sehr häufig sind diese Beschwerden durch zuviel Alkohol oder durch falsche Ernährungsgewohnheiten (vor allem durch ein Übermaß an tierischem Eiweiß) hervorgerufen. Bei Gichtbeschwerden sollten unbe-

dingt die Hinweise in dem Kapitel *Ernährung* beachtet werden. Eine
Ernährungsumstellung kann oft mehr bewirken als alle Medikamente.

Hildegard von Bingen weist darauf hin, daß die Gicht durch ein Ungleichgewicht der Körperflüssigkeiten entsteht (das eben durch eine falsche
Ernährung verursacht wird) und schildert die Folgen recht drastisch:

> „Diese Säfte stiften in ihrer Uneinstimmigkeit Verwirrung und beu-
> gen dadurch den Nacken des Menschen, krümmen seinen Rücken
> und machen ihn ganz steif, bis er von diesem Leiden erlöst wird. Er
> kann aber auch noch lange auf diese Art leben." (*Causae et Curae*)

Um der Gicht vorzubeugen oder sie zu heilen, empfiehlt sie eine
Ernährungsumstellung, wie das unsere heutige Medizin tut. Schon
wenn man auf zwei „falsche", also zu fette Gerichte ein drittes, „gesundes" ißt, kann dem Patienten geholfen werden. Aber auch übermäßigen Weingenuß macht sie für diese Krankheit verantwortlich. Hildegard stellt fest, daß wesentlich mehr Männer als Frauen von der
Gicht betroffen sind. Ihre Begründung: Die schädlichen Säfte, die diese
Erkrankung verursachen, werden durch die Menstruation ausge-
schwemmt.

Bei Gichtanfällen, die zu Lähmungen führen, sollen die Kranken nüchtern etwas Wein oder Bier trinken. Eine andere Möglichkeit ist, etwas
Brot in Wasser zu kochen, dieses abzuseihen und das Wasser zu trinken. Wenn man dies jeden Tag tut, können – nach Hildegards Angaben –
die heftigen Gichtanfälle unter Kontrolle gebracht werden.

In ihrer *Physica* rät sie Gichtkranken zum Verzehr von Kranichfleisch,
weil dieses gerade bei dieser Erkrankung besonders heilsam sein soll.
Allerdings stehen Kraniche heute unter Naturschutz und sind außerdem
wohl nicht besonders wohlschmeckend. Auch eine Salbe, die Hildegard als besonders kostbar empfiehlt, wird sich im Haushalt aus Mangel an Zutaten nicht herstellen lassen – sie besteht nämlich im wesentlichen aus gekochtem Geierfleisch.

Hildegard empfiehlt bei Gichtschmerzen das Ansetzen von Schröpfköpfen an den Beinen. Näheres dazu unter „Die Ausleitungsverfahren"
(s. Seite 29).

Außerdem rät sie zu einem Würzmittel, das ebenfalls hilfreich wirken soll.

Hildegards Gichtpulver

Dies ist nach Hildegards Angaben das beste Pulver gegen Gicht und Rheuma.
Zutaten:
60 g Selleriesamen
20 g Weinraute
15 g Muskatnuß
10 g Gewürznelken
5 g Steinbrech

Zubereitung und Anwendung:
Alle Zutaten im Mörser pulverisieren und gut miteinander vermischen. Nach jeder Mahlzeit etwas davon auf einem Stückchen Brot essen.

Hildegards Wermutsalbe

Zutaten:
Wermutsaft oder im Mörser zerstoßene Wermutblätter
Schweineschmalz

Zubereitung und Anwendung:
Den Saft oder die zerstoßenen Blätter mit dem handwarmen Schweineschmalz gut verkneten.
In ein Steinguttöpfchen oder ein Glasgefäß abfüllen und die schmerzenden Stellen regelmäßig damit einreiben.

Kastanienaufguß

Zutaten:
2 Handvoll Blätter und Schalen der Edelkastanie
2 l Wasser

Zubereitung und Anwendung:
Die zerkleinerten Blätter und Schalen in Wasser aufkochen und eine Viertelstunde lang sachte köcheln lassen.
Dann abseihen und als Saunaaufguß oder Badezusatz verwenden.

In ihrer *Physica* empfiehlt Hildegard auch, keine Hühnerfedern für die Betten zu verwenden, weil diese die Gicht verstärkten oder sogar erregen könnten. Deshalb sollte man besser auf Schafwollkissen schlafen.

Im selben Buch erwähnt sie die Heilsamkeit des Ulmenholzes. Wenn sich jemand mit Gichtbeschwerden vor ein solches Feuer setze, würden seine Schmerzen schon bald weichen. Wer einen offenen Kamin hat, sollte deshalb auch einen Vorrat an Ulmenholz haben.

Bachbungen-Spinat

Nach Hildegards Angaben in ihrer *Physica* unterdrückt die Bachbunge die Gicht. Sie rät deshalb, diese so oft wie möglich – z. B. als Spinat – zu essen.

Gewürznelken

Gerade im Anfangsstadium der Gicht können Gewürznelken durch ihre schmerzlindernden und desinfizierenden Eigenschaften sehr hilfreich sein, besonders wenn die Füße betroffen sind. Dazu schreibt Hildegard von Bingen:

> „Wer die Fußgicht ... hat, esse oft Nelken. Denn die Kraft der Nelke geht in das Mark des Menschen über und verhindert, daß die Fußgicht schlimmer wird."

Anwendung:
Geben Sie während einiger Wochen möglichst in jede Speise Gewürznelken oder das entsprechende Pulver.
Oder legen Sie jeden Abend 5 Gewürznelken in kaltes Wasser, und trinken Sie das Wasser am nächsten Morgen.

Als weitere Heilmaßnahme gegen die Gicht empfiehlt Hildegard von Bingen das Schröpfen. Die Schröpfköpfe sollen vor allem an den Beinen angesetzt werden. Näheres dazu finden Sie unter „Die Ausleitungsverfahren" (s. Seite 29).

Als wirksame Edelsteine gegen die Gicht empfiehlt Hildegard von Bingen Saphir, Jaspis, Chrysopras, Rubin und Diamant. Als heilsames Metall rät sie zum Kupferwein. Näheres finden Sie im Kapitel *Edelsteine*.

Grippe

Siehe auch unter *Atembeschwerden, Halsschmerzen, Heiserkeit, Husten, Schnupfen, Fieber, Bronchitis, Schüttelfrost.*
Dabei handelt es sich um eine fieberhafte Infektionskrankheit, die meistens im Winter und oft auch als Epidemie auftritt. Grippe wird durch Tröpfcheninfektion (Niesen, Anhusten usw.) übertragen. Symptome sind Schüttelfrost, hohes Fieber, Kopf-, Augen-, Brust-, Kreuz- und Gliederschmerzen. Bei schwerem Verlauf kann es zu Herz- und Nierenschädigungen kommen.
Häufiger tritt der grippale Infekt auf, der zwar dieselben Symptome, aber meistens in leichterer Form aufweist.

Was Sie tun können:
- Wichtig ist vor allem eine Abhärtung des Körpers: Trockenbürsten, Wechselduschen und viel Bewegung an der frischen Luft.
- Eine gute Ergänzung zur Hildegard-Medizin sind Produkte, die aus der Echinacea-Pflanze gewonnen werden. Diese konnte Hildegard noch nicht kennen, weil sie in Amerika beheimatet ist. Fragen Sie in Ihrer Apotheke danach!

Halsschmerzen

Siehe auch unter *Erkältung, Heiserkeit, Husten.*
Halsschmerzen können aus vielen Gründen auftreten – etwa infolge von Überbeanspruchung (z. B. bei Rednern, Schauspielern, Sängern usw.), durch Kälteeinwirkung oder als Begleiterscheinung von Erkältungen oder grippalen Infekten, manchmal auch bei Infektionskrankheiten wie Scharlach, Masern usw.

Andornwein

Zutaten:
2 EL geschnittenes Andornkraut
1/4 l Wasser
1/4 l weißer Landwein
etwas Butter oder Sahne

Zubereitung und Anwendung:
Das Andornkraut mit Wasser aufkochen lassen und abseihen.
Weißwein und Butter oder Sahne hinzufügen und nochmals kurz aufkochen lassen.
In eine Flasche abfüllen und täglich 2- bis 3mal ein Likörglas des angewärmten Weines trinken.

Was Sie sonst noch tun können:
- Als Vorbeugung hilft bei feuchtem, kaltem oder windigem Wetter oft, daß man den Hals durch ein Tuch oder einen Schal schützt. Das muß gar kein dicker Wollschal sein (dieser wäre gerade im Sommer nicht gerade angenehm zu tragen) – meistens reicht schon ein dünnes Seidentuch aus, das die Kehle bedeckt.
- Immer wieder einen Löffel Honig essen – das besänftigt die Stimmbänder und lindert auch das Halsweh.
- Bei starken Halsschmerzen – die beispielsweise durch eine Mandelentzündung hervorgerufen werden – ist Speiseeis eine ideale Erste Hilfe, die die oft heftigen Schmerzen lindert.

Hämorrhoiden

Dabei handelt es sich um krampfaderartige Erweiterungen von Blutadern in der Aftergegend. Sie können innerlich und äußerlich auftreten. Meistens ist die Anlage dazu erblich bedingt. Verstärkt werden die Beschwerden durch üppiges Essen, scharfe Gewürze, sitzende Tätigkeit und häufige Stuhlverstopfung.

Hildegard von Bingen führt Hämorrhoidalleiden darauf zurück, daß schädliche, wäßrige oder dünne Säfte im menschlichen Organismus überhandnähmen und so das Blut ohne verdaute Nahrung durch den After abfließen ließen.

Was Sie dagegen tun können:
- Wichtig ist vor allem ein geregelter und nicht zu harter Stuhlgang. Hier hat sich Dörrpflaumensaft (in jedem Reformhaus und in vielen Supermärkten erhältlich) bewährt.

- Hygiene ist ein anderer wichtiger Faktor, weil sich sonst durch Bakterien offene Hämorrhoiden verschlimmern können. Nach jedem Stuhlgang den After sorgfältig säubern. Außerdem häufig baden oder duschen.
- Unbedingt vermeiden sollte man das Sitzen auf kaltem Metall – beispielsweise auf Geländern, Gartenstühlen usw.
- Sehr hilfreich ist auch ein Training des Afterschließmuskels. Dazu öfter am Tag den Schließmuskel mehrere Male kräftig zusammenziehen und wieder erschlaffen lassen.

Hautleiden

Siehe auch unter *Ausschlag, Krätze.*
Hauterkrankungen können aus verschiedensten Gründen auftreten. Ursachen können Infektionskrankheiten oder Allergien sein, aber auch Ernährungsfehler (zu fette Speisen, Mangel an Spurenelementen), umweltbedingte Einflüsse (chemische Stoffe, Strahlungen) und seelische Gründe. Bei länger anhaltenden Problemen sollte deshalb unbedingt ein Facharzt zur Abklärung der Ursachen aufgesucht werden.

Hildegard von Bingen hat zahlreiche Ratschläge zur Behandlung von Hautleiden gegeben. Die meisten Hinweise finden Sie unter *Krätze* zusammengefaßt – ein Begriff, mit dem im Mittelalter die meisten krankhaften Hautveränderungen bezeichnet wurden.

Was Sie dagegen tun können:
- Wichtig ist als Vorbeugung und als Voraussetzung zur Heilung eine gesunde Lebensweise. Zur Ernährung finden Sie Hinweise Kapitel *Ernährung.* Aber auch ausreichende Bewegung an der frischen Luft, körperliche Abhärtung und genügend Entspannung, um seelische Probleme abklingen zu lassen, sind notwendig.

Heiserkeit

Siehe auch unter *Erkältung, Halsschmerzen, Husten.*
Heiserkeit ist oft eine Begleiterscheinung von Erkältungen und grippalen Infekten. Aber auch Überanstrengung – etwa, wenn man viel sprechen muß, z. B. als Lehrer – kann eine Ursache sein. Nicht zuletzt führt oft übermäßiges Rauchen (übrigens auch Passiv-Rauchen) zu Heiserkeit.

Heilwein gegen Heiserkeit

Hildegard von Bingen, die ja selbst oft Reden halten mußte, gibt ein Rezept an, das sehr empfehlenswert ist:

> „Nimm Königskerze und Fenchel im gleichen Gewicht und koche es in gutem Wein. Anschließend seihe dieses durch ein Tuch, und trinke es oft." (*Physica*)

Zubereitung und Anwendung:
Je 1 EL Königskerzenblüten und Fenchelsamen mit 1/4 l Landwein übergießen.
Etwa 5 Minuten leise köcheln lassen, dann abseihen.
Über den Tag verteilt immer wieder einen Schluck von diesem Heilwein nehmen. Da er warm angenehmer und wirksamer ist, empfiehlt es sich, den Wein in einer Thermosflasche aufzubewahren.

Außerdem empfiehlt Hildegard auch das Süßholz. Man kann das Pulver in etwas Wein auflösen, und man kann es in Form von Lakritzkonfekt zu sich nehmen.

Was Sie sonst noch tun können:
- Schützen Sie Ihren Hals vor allem bei feuchtem und windigem Wetter. Oft reicht schon ein leichter Seidenschal.
- Ein sehr gutes homöopathisches Mittel, das auch in schwerwiegenden Fällen, in denen es zu einer Art Stimmverlust kommt, fast unfehlbar hilft, ist Zinnober-Pyrit. Fragen Sie in Ihrer Apotheke danach!

Herzbeschwerden

Herzbeschwerden aller Art sind immer ernst zu nehmen. Sie können ihre Ursache in Aufregungen oder Überanstrengungen haben, aber auch viele chronische Krankheiten wirken herzbelastend. Die Beschwerden können sich in unterschiedlichster Art äußern, etwa als Stiche, Druck oder als akuter Schmerz.

Hildegard von Bingen sieht die Ursache für Herzschmerzen in einer Erregung der Körpersäfte, vor allem der Schwarzgalle. Diese „erhebt sich unwillig, steigt mit einem schwarzen schädlichen Brodem zum Herzen empor und ermüdet es durch viele plötzliche Anfälle". (*Causae et Curae*) Die betroffenen Menschen seien dadurch niedergeschlagen und verbittert und nähmen ihrer Erfahrung nach nur wenig Speise und Trank zu sich, so daß sie abmagerten und sehr schwach würden.

Hildegards Herzkekse

Zutaten:
8 g Galgant
8 g Bertram
4 g weißer Pfeffer
250 g Bohnenmehl (kann aus weißen Trockenbohnen auch selbst gemahlen werden)
5 g Bockshornklee

Zubereitung und Anwendung:
Die Gewürze gut miteinander vermischen, wenn nötig im Mörser zerstoßen.
Mit dem Bohnenmehl vermischen.
Aus dem Bockshornklee einen kräftigen Tee kochen. (Eigentlich empfiehlt Hildegard von Bingen den Saft, die Herstellung wäre aber zu umständlich für den heutigen Hausgebrauch.)
Aus allem einen Teig mischen und daraus Kekse formen.
Diese an der Sonne oder im Backofen trocknen lassen.
Morgens nüchtern einen solchen Keks essen und einen oder zwei weitere im Laufe des Tages.
Hildegards Begründung für die Wirksamkeit dieser Herzkekse:
„Die Wärme des Galgants, des Bertrams und des weißen Pfeffers und der Bohne, gemildert durch die Kälte des Bockshornklees und der gesunden Sonnenwärme ausgesetzt, mildert das Herzweh." (*Physica*)

Hildegards Frühstückspulver

Zutaten:
6 Teile weißer Pfeffer
2 Teile Kümmel
1 Teil Bockshornklee

Zubereitung und Anwendung:
Die Zutaten im Mörser pulverisieren.

Auf ein Stück trockenes Brot streuen und dieses morgens auf nüchternen Magen essen.

Enzianpulver

Gegen heftige Herzschmerzen empfiehlt Hildegard von Bingen in ihrer *Physica* den Enzian. Dazu wird etwas pulverisierte Enzianwurzel über die Suppe oder eine andere Speise gegeben, „denn dieses stärkt das Herz".

Königskerzen-Würze

Hildegard empfiehlt die Königskerze allen, die „ein schwaches oder trauriges Herz" haben, weil sie herzstärkend wirkt und wieder fröhlich macht:

> „Man koche Königskerze mit Fleisch oder mit Fischen oder mit Getreidegerichten [‚Kucheln'] ohne andere Würzkräuter." (*Physica*)

Am besten verwendet man die Königskerze frisch – entweder die Blätter oder die Blütenknospen.

Diptampulver

Ebenso wird das Diptampulver verwendet, das man außerdem auch auf ein Stückchen Brot streuen kann. Hildegard begründet in ihrer *Physica* die Wirksamkeit des Diptams damit, daß dieser nicht nur seiner Natur nach warm und trocken ist, sondern auch die Kräfte des Feuers und des Steins in sich trägt.

Außerdem empfiehlt Hildegard, die Speisen häufig mit Galgant zu würzen. Durch seine Schärfe kann dieses Gewürz krampflösend wirken:

> „Wer Herzschmerzen und ein schwaches Herz hat, sollte genügend Galgant essen, und es wird ihm bald bessergehen." (*Physica*)

In Geschäften, die auf Hildegardpräparate spezialisiert sind, sowie im Fachhandel gibt es auch Galgant-Tabletten, die bei Herzbeschwerden als Notfallmedikament eingesetzt werden können, bevor der Arzt kommt oder aufgesucht werden kann.

Als weitere Maßnahme rät Hildegard von Bingen zum Aderlaß, und zwar sollte dieser an der Mittelader des rechten Armes vorgenommen werden. Näheres dazu finden Sie unter „Die Ausleitungsverfahren" (s. Seite 29).

Hildegards Angabe, daß auch das von einem Kamelhöckerknochen ab-
geschabte Pulver hilfreich gegen Herzbeschwerden wirkt, wird wohl
unüberprüfbar bleiben, da es hierzulande recht schwierig ist, Kamel-
höcker zu erwerben.

Als wirksame Edelsteine gegen Herzbeschwerden empfiehlt Hildegard
von Bingen Smaragd, Jaspis, Onyx, Chrysolith und Bergkristall. Näheres dazu finden Sie im Kapitel *Edelsteine*.

Was Sie sonst noch tun können:
- Bei Herzbeschwerden, die nachts auftreten, sollten Sie Ihren Ober-
körper möglichst hoch lagern – also alle verfügbaren Kissen in den
Rücken legen.
- Oft hilft ein nasser Waschlappen, der auf die Herzgegend gelegt wird.
- Bei nervösen Herzbeschwerden ist die „Herzübung" aus dem auto-
genen Training sehr hilfreich, um die Herzfrequenz zu normalisieren:
Entspannt hinsetzen oder hinlegen. Tief und ruhig atmen. Dann fol-
gende Vorsatzformel denken: „Mein Herz schlägt ganz ruhig und
gleichmäßig."
- Achten Sie auch auf die Geräusche in Ihrer Umgebung. So kann Musik den Herzschlag verlangsamen oder beschleunigen. Hören Sie sich
deshalb bei Herzproblemen eine möglichst ruhige Musik an: Vivaldi,
Bach, Smetana usw. sind besonders gut geeignet.

Husten

Siehe auch unter *Grippe, Erkältung, Lungenleiden*.
Der Husten ist im Grunde keine Erkrankung für sich, sondern kann
Symptom für verschiedene Krankheiten sein – meistens für Erkältungen oder grippale Infekte. Beim Husten sind die Schleimhäute geschwollen und sondern vermehrt Schleim ab. Die kleinen Flimmerhärchen, die diesen Schleim normalerweise aus den Atemwegen heraus-
transportieren, sind durch die Erkältung geschwächt. Dadurch sind die
Luftwege eingeengt und müssen durch kräftige Hustenstöße für die Atmung frei gemacht werden. Sind Flimmerhärchen und Schleimhäute
durch häufige Erkältungen angegriffen, können sie die Krankheitskei-
me nicht mehr abwehren. So erhöht sich die Gefahr, daß es immer wieder zu einer Infektion kommt. Deshalb sind nicht nur eine naturgemäße

Behandlung, sondern auch Vorbeugungsmaßnahmen wie Abhärtung des Körpers (etwa durch Wechselduschen, Bürstenmassage, viel Bewegung im Freien) und eine ausgewogene Ernährung sehr wichtig.

Hildegard von Bingen schreibt über den Husten, daß er durch Fäulnisstoffe im Lungenbereich hervorgerufen werde, wodurch der erkrankte Mensch viel Schleim auswerfe. Würde er dies nicht tun, müßte er ihrer Meinung nach schon nach kurzer Zeit zugrunde gehen, weil diese Krankheit manchmal gefährlich sein könne.

Hildegards Pflaumenkern-Kur

Diese Kur empfiehlt sie besonders bei trockenem Husten – also dann, wenn wenig oder gar kein Schleim ausgeworfen wird. Diese Kur hilft auch bei chronischem Husten.

Zutaten:
20 Pflaumenkerne
1/4 l Landwein

Zubereitung und Anwendung:
Die Pflaumenkerne mit dem Nußknacker aufknacken und das Innere mit dem Wein übergießen.
Zugedeckt 1 bis 2 Tage quellen lassen.
Dann täglich einige Kerne essen.
Einige Kerne fein hacken und mit etwas von dem Wein einer Dinkelschrotsuppe hinzugeben.

Brombeerwein

Zum Erfolg dieses Weins schreibt Hildegard:
„Die Lunge erhält ihre Gesundheit zurück, und der Schleim wird aus der Brust entfernt." (*Physica*)

Zutaten:
10 g Bertramwurzel
knapp 10 g Brombeerblätter
8 g Ysop
5 g Oregano
50 g Honig
1 l Landwein

Zubereitung und Anwendung:
Die Kräutermischung mit dem Honig etwa 10 Minuten in dem Wein köcheln lassen, dann abseihen und in eine Flasche abfüllen.
Nach jeder Mahlzeit ein kleines Likörglas davon trinken. (Bei größeren Mahlzeiten empfiehlt Hildegard etwas mehr.)

Akelei-Honig

Hildegard schreibt zur Behandlung von Husten, der von reichlichem Schleimauswurf begleitet ist:
> „Lege Akelei in Honig und iß diesen oft. Er mindert die Verschleimung und reinigt die Atemwege." (*Physica*)

Zutaten:
1 Handvoll frische Akeleiblätter und -blüten
250 g Honig

Zubereitung und Anwendung:
Akelei sehr fein zerkleinern und unter den Honig rühren. In ein Glas füllen und gut verschließen. Davon bei Bedarf mehrere Löffel nehmen.

Wermut-Einreibung

Zutaten:
reichlich frischer Wermut
Olivenöl

Zubereitung und Anwendung:
Dieses Rezept benötigt einige Vorbereitungszeit, denn das Öl muß einige Monate lang stehen, damit es seine Wirksamkeit entfaltet.
Man mischt entweder ausgepreßten Wermutsaft (in manchen Fachgeschäften auch als fertiges Produkt erhältlich) im Verhältnis 1 zu 3 mit Olivenöl.
In einem gut verschlossenen Glas einige Monate lang an einem warmen Ort stehenlassen.
Oder man legt die Wermutpflanzen in dem Öl ein und läßt sie dort ebenfalls einige Monate lang ziehen.
Dann abseihen (durch Kaffeefilterpapier oder durch ein sauberes Küchentuch).
Mit diesem Öl wird bei Husten die Brust sanft massiert.

Wichtig: Wenn es zu Hautreizungen kommt, die Behandlung unterbrechen oder ganz aufgeben.

Was Sie sonst noch tun können:
- Bei heftigem Husten – vor allem, wenn er von Fieber begleitet ist – empfehlen sich Brustwickel. Dazu wird ein Küchenhandtuch unter kaltes Wasser gehalten, ausgewrungen und auf die Brust gelegt. Darüber kommt ein Frotteetuch, und das Ganze wird mit einem Wollschal fixiert.
- Immer wieder einen Löffel Honig nehmen. Auch den Tee mit Honig süßen.

Insektenstiche

Insektenstiche sind nicht nur lästig – durch Aufkratzen kann es leicht zu Infektionen kommen. Hier weiß Hildegard von Bingen in ihrer *Physica* ein einfaches Mittel, das vor allem bei Wanderungen – wenn man möglicherweise gerade kein anderes Medikament zur Hand hat – sehr hilfreich sein kann: Die Einstichstelle mit Wegerichsaft abreiben. Dazu werden einige Wegerichstengel zerdrückt, und der Saft wird dann direkt auf den Stich aufgetragen. Dies sollte mehrfach wiederholt werden. Dadurch geht die Schwellung rasch zurück, und auch die Schmerzen klingen ab. Für zu Hause empfiehlt sich ein Fläschchen mit Spitzwegerich-Urtinktur (im Reformhaus oder in der Apotheke erhältlich).

Was Sie sonst noch tun können:
- Bei Anschwellen und Juckreiz ist Kühlung wichtig. Deshalb ein sauberes, feuchtes Tuch auf die Einstichstelle legen.
- Ein Mittel, das Hildegard von Bingen noch nicht kennen konnte, das aber fast unfehlbar wirkt, ist das australische Teebaumöl. Einfach ein Tröpfchen davon auf die Einstichstelle geben – der Juckreiz läßt nach, die Schwellung geht zurück, und eventuelle Infektionen werden schon im Keim verhindert.

Kolik

Bei Koliken handelt es sich um heftige krampfartige Bauchschmerzen, die durch Zusammenziehungen der Muskulatur innerer Organe (Magen, Darm, Galle, Nieren, Blase) hervorgerufen werden. Oft sind sie mit Schweißausbrüchen und Brechreiz verbunden. Obwohl man sich bei einer Kolik häufig selbst helfen kann, sollte bei sehr starken Schmerzen und länger dauerndem Anfall der Arzt gerufen werden.

Hildegards Koliksalbe

Zutaten:
frische Kamillenblüten
Butter

Zubereitung und Anwendung:
Die Blüten zu einem Brei zerstoßen und mit der Butter zu einer Salbe verrühren.
Diese auf die schmerzenden Stellen auftragen.
Hildegards Erklärung für die Wirksamkeit dieser Salbe: Die Wärme und Kraft der Kamille lindere in Verbindung mit der milden Wärme die Schmerzen.

Was Sie sonst noch tun können:
- Bettruhe ist eines der wichtigsten Heilmittel. Stellen Sie dabei möglichst auch die Türklingel und das Telefon ab, um ungestört ausruhen zu können.
- Feuchtwarme Umschläge, auf die betroffenen Stellen gelegt, können oft lindernd wirken.

Konzentrationsstörungen

Siehe auch unter *Durchblutungsstörungen, Kopfschmerzen.*
Konzentrationsstörungen können durch äußere Umstände verursacht werden – etwa Lärm, häufige Störungen bei der Arbeit –, aber auch durch seelische Probleme – z. B. Versagensangst und Überforderung. Allerdings können sie auch organische Ursachen haben, deshalb sollte im Zweifelsfalle ein Arzt konsultiert werden.
Hildegard von Bingen rät hier zu gekochten Kastanien und zu Brennesseln. Letztere kann man in jeder Form zu sich nehmen – als Salat, als frischen Saft oder als Tee.

Was Sie sonst noch tun können:
- Sorgen Sie, soweit es möglich ist, für optimale Arbeitsbedingungen, wenn Sie eine Aufgabe durchzuführen haben, die Konzentration erfordert: den Anrufbeantworter einschalten, die Türklingel abschalten, die Arbeitszimmertür schließen und notfalls ein „Bitte nicht stören"-Schild davorhängen.
- Oft helfen frische Luft und etwas Bewegung, um sich danach um so besser konzentrieren zu können.
- Auch Meditationstechniken wie Zen, Yoga, autogenes Training usw. können durch ihren entspannenden Effekt zu besserer Konzentration verhelfen.

Kopfschmerzen

Diese Schmerzen können in verschiedenster Form und Stärke auftreten und unterschiedlich lang andauern. Ebenso können sie die verschiedensten Ursachen haben:
Überarbeitung, Verspannungen der Nackenmuskulatur, Sehstörungen, Hormonschwankungen, Erkrankungen, die nicht unbedingt ausschließlich den Kopfbereich betreffen müssen. Bei heftigen, länger anhaltenden oder oft auftretenden Kopfschmerzen sollte unbedingt der Arzt aufgesucht werden, um die Ursache abzuklären. Kopfschmerztabletten sind nur für den akuten Notfall gedacht und sollten nicht gewohnheitsmäßig verwendet werden.

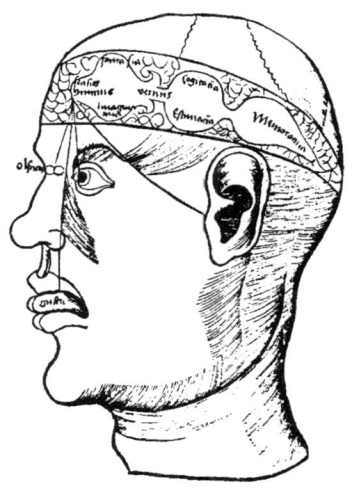

Hildegard von Bingen führt viele Arten von Kopfschmerzen auf fiebrige Erkrankungen zurück, die auf die „Schwarzgalle" einwirken. Auch die Migräne, bei der heftige einseitige Kopfschmerzen auftreten, rühren von der Schwarzgalle her und „von allen schlechten Säften, die im Menschen sind".

(*Causae et Curae*) Die Behandlung wird durch das Ungleichgewicht dieser Säfte erschwert:

> „Man kann sie nur schwer loswerden, weil das, was die Schwarzgalle unterdrückt, wiederum die schlechten Säfte aufregt, und das, was die schlechten Säfte beruhigt, die Schwarzgalle wieder zunehmen läßt." (*Causae et Curae*)

Birnhonig

Für Hildegard ist dieses Mittel als Arznei gegen Kopfschmerzen „kostbarer und nützlicher als das reinste Gold ..., denn es vernichtet alle üblen Säfte im Menschen und reinigt den Menschen so, wie ein Geschirr vom Schmutz gereinigt wird". (*Physica*)

Zutaten:
5 Birnen
250 g Honig
30 g Bärwurzpulver
25 g Galgantpulver
20 g Süßholzpulver
15 g Mauerpfefferpulver

Zubereitung und Anwendung:
Die Birnen waschen und vierteln. Das Kerngehäuse und die Stiele entfernen.
Die Birnenviertel in Wasser weichkochen.
Das Wasser abgießen und die Birnen pürieren.
Den Honig im Wasserbad erwärmen.
Das Kräuterpulver und das Birnenpüree kräftig darin verrühren.
Von diesem Birnhonig nimmt man morgens nüchtern 1 Teelöffel, nach dem Mittagessen 2 Eßlöffel und abends vor dem Schlafengehen 3 Eßlöffel.

Salbei-Majoran-Kompresse

Diese Kompresse ist vor allem dann geeignet, wenn die Kopfschmerzen aufgrund einer Magenverstimmung entstanden sind.
Zutaten:
je 1 Handvoll frischen Salbei, Majoran und Fenchel
3 Handvoll Andorn

Zubereitung und Anwendung:
Den Kräutersaft auspressen und eine Kompresse darin befeuchten, die
auf die Stirn aufgelegt wird. Wenn keine frischen Kräuter vorhanden
sind, aus den getrockneten Kräutern (die auch in der Apotheke erhältlich sind) einen starken Tee kochen, diesen abkühlen lassen und abseihen. In der Flüssigkeit eine Kompresse anfeuchten.

Behandlung mit Weihrauch

Über den Weihrauch schreibt Hildegard:

> „Er ist seiner Natur nach mehr warm als kalt. Sein Geruch steigt
> ohne Feuer empor und erhellt die Augen und reinigt das Gehirn."
> (*Physica*)

Deshalb hält sie ihn auch für besonders geeignet zur Behandlung von
Kopfschmerzen.

Zutaten:
1 EL Weihrauchpulver
2 EL Dinkelmehl
1 Eiweiß

Zubereitung und Anwendung:
Mehl und Weihrauchpulver mit dem Eiweiß gut vermischen und daraus
kleine Plätzchen formen.
Diese an der Sonne oder bei kleinster Hitze im Backofen trocknen lassen.
An diesen Plätzchen soll man bei Kopfschmerzen oft riechen, weil allein schon der Geruch stärkend wirkt. Bei sehr starken Kopfschmerzen
soll man sich auf jede Schläfe eines der Plätzchen legen und diese mit
einem Schal oder Tuch befestigen.

Tannensalbe

Diese Salbe empfiehlt Hildegard, denn „die Tanne ist ihrer Natur nach
mehr warm als kalt und enthält viele Kräfte. Außerdem bezeichnet sie
die Tapferkeit". (*Physica*)
Zutaten:
50 g Tannenrinde, -nadeln und wenn möglich auch etwas Tannenholz
(Am besten eignet sich die Tanne zu diesem Zweck im Frühjahr – etwa
März bis Mai –, weil sie dann voller Saft ist.)
25 g Salbeiblätter

250 ml Wasser
75 g Kuhbutter (am besten ist Maibutter geeignet)

Zubereitung und Anwendung:
Tannennadeln, -rinde und -holz fein hacken, die Salbeiblätter zerkleinern.
Mit dem Wasser köcheln lassen, bis ein dicker Brei entstanden ist.
Unter ständigem Rühren die Butter dazugeben.
Die Salbe durch ein Tuch abfiltern und in ein Cremetöpfchen füllen.
Dieses sollte im Kühlschrank aufbewahrt werden, damit die Butter nicht ranzig wird.
Bei Kopfschmerzen mehrmals täglich zunächst die Herzgegend, dann die Stirn mit dieser Salbe sanft massieren.

Außerdem empfiehlt Hildegard bei Kopfschmerzen, das Essen mit Gewürznelken zu würzen. Denn:

> „Wer solche Kopfschmerzen hat, daß ihm der Kopf brummt, als wenn er taub wäre, der sollte oft Nelken essen. Dadurch wird das Brummen im Kopf gemildert." (*Physica*)

In der Tat wirken Gewürznelken schmerzlindernd und leicht betäubend.

Veilchenöl

Zutaten:
10 g Veilchenöl
50 g Olivenöl (Hildegard empfiehlt Veilchensaft – der in der von ihr angegebenen Menge aber kaum gepreßt werden kann – und außer dem Olivenöl Bockstalg – der auch kaum erhältlich sein wird – zur Zubereitung. Deshalb sind die Zutaten dieses Rezeptes heutigen Möglichkeiten angepaßt worden.)

Zubereitung und Anwendung:
Die Öle miteinander vermischen und in ein dunkles Fläschchen abfüllen.
Bei Kopfschmerzen etwas Öl auf die Fingerspitzen geben und Stirn und Schläfen sanft damit massieren.

Außerdem rät Hildegard dazu, bei durch Durchblutungsstörungen verursachten Kopfschmerzen süße Mandeln zu essen.

Als weitere Heilmaßnahme gegen Kopfschmerzen empfiehlt Hildegard von Bingen das Schröpfen im Bereich zwischen Hals und Rücken. Näheres dazu finden Sie unter „Die Ausleitungsverfahren" (s. Seite 29). Das gleiche gilt für die Behandlung mit Brennkegeln.

Andere Empfehlungen Hildegards – etwa die Verwendung von pulverisierter Pelikanleber – sind weniger leicht nachzuvollziehen. Aber vielleicht hat jemand ein Löwenfell zu Hause – dann soll er das Fell des Kopfes kurze Zeit auf seinen Kopf legen, bis sich dieser erwärmt.

Als gegen Kopfschmerzen wirksame Edelsteine empfiehlt Hildegard von Bingen Smaragd, Rubin und Flußperlen. Näheres finden Sie im Kapitel *Edelsteine*.

Was Sie sonst noch tun können:
- Bei leichteren Kopfschmerzen helfen mitunter Unterarmbäder in kaltem Wasser.
- Im autogenen Training gibt es eine Übung zur „Stirnkühlung", die bei leichten Kopfschmerzen sehr wirksam sein kann: Entspannt hinsetzen oder hinlegen. Tief und ruhig atmen. Dann folgende Vorsatzformel denken: „Meine Stirn ist angenehm kühl."

Krämpfe

Durch Überbeanspruchung, langes Sitzen oder Stehen, aber auch durch Magnesiummangel kann es – vor allem in Waden und Füßen – leicht zu Krämpfen kommen.

Ölmassage

Hildegard rät zu einer Massage mit Olivenöl oder einem guten Massageöl. Wenn beides nicht zur Verfügung steht, reicht oft auch eine Massage ohne Öl. Sie empfiehlt, die schmerzende Stelle kräftig zu massieren.

Was Sie sonst noch tun können:
- Aufstehen und herumgehen oder – vor allem bei Zehenkrämpfen –
  auf den Zehenspitzen stehen.
- Magnesiumhaltige Nahrung kann viele solcher Krämpfe verhindern.
  Essen Sie regelmäßig Bananen, oder nehmen Sie als Nahrungsergän-
  zung Magnesiumtabletten ein.

Krätze

Diese Hautkrankheit wird durch die Krätzmilbe hervorgerufen und
meistens von Mensch zu Mensch oder durch mit Milbenbefall ver-
seuchte Bett- oder Leibwäsche übertragen. Durch den Kot und die Eier
der Milben entsteht vor allem in zarten Hautbereichen (Achseln, Hand-
gelenkbeugen, Geschlechtsteile) ein starker Juckreiz. Durch das Krat-
zen können nässende, teilweise chronische Ekzeme auftreten.

Heilsalbe
Zutaten:
1 Teil Kerbel
3 Teile Engelsüß
5 Teile Alant
1/4 l Wasser
etwas Weihrauch
etwas Schwefel
Schweineschmalz

Zubereitung und Anwendung:
Aus den Kräutern und dem Wasser einen kräftigen Tee kochen, zu-
gedeckt abkühlen lassen und abseihen.
Nochmals erwärmen.
Gleichzeitig das Schmalz sachte auflösen und alle anderen Zutaten dar-
unterrühren.
Abkühlen lassen und immer wieder umrühren, so daß eine geschmeidi-
ge Salbe entsteht. Mit dieser die betroffenen Stellen einreiben.

Hildegards Erklärung für die Wirksamkeit dieser Salbe:
- Der Kerbel enthalte Wärme und Kälte gleichermaßen und wirke dadurch gegen die unrechte Kälte und Wärme der Krätzegeschwüre.

- Die Wärme des Engelsüßes trockne die schädlichen Säfte aus.
- Die Wärme des Alants vertreibe die schädlichen Säfte.
- Die Wärme des Weihrauchs wirke heilend.
- Die Wärme des Schwefels wirke abschwächend auf die Geschwüre.
- Die Wärme des Schmalzes heile, besonders wenn es ganz frisch ist, die Krätzegeschwüre auf sanfte Weise.

Zur Heilung von innen empfiehlt Hildegard von Bingen den Quendel. Er soll in der Küche so oft wie möglich als Würzmittel verwendet werden.

Hildegards Vorschlag, zum besseren Ausheilen eines Geschwürs eine getrocknete Pfauenblase darüberzubinden, wird sich heute dagegen kaum durchführen lassen.

Was Sie sonst noch tun können:
- Einen kräftigen Quendeltee zubereiten und ihn für Waschungen, Kompressen oder als Badezusatz verwenden.
- Einige Wochen lang reichlich Brennesseltee trinken.
- Bett- und Leibwäsche häufig wechseln.

Kreislaufstörungen

Siehe auch unter *Durchblutungsstörungen*.

Kreislaufstörungen können die verschiedensten Ursachen haben. So können sie witterungs- oder streßbedingt sein, aber auch als Folge anderer Erkrankungen auftreten. Bei längerem Anhalten der Symptome sollte unbedingt ein Arzt aufgesucht werden.

Symptome sind häufig Herzbeschwerden, Blutdruckschwankungen, Schwindel, Kopfschmerzen, kalte Hände und Füße.

Die Hildegard-Medizin empfiehlt bei Kreislaufstörungen vor allem den Fenchel, der nach Hildegards Worten „den Körper angenehm durchwärmt". (*Physica*) Fenchel in jeder Form – ob als Gemüse oder als Tee – ist bei Kreislaufstörungen immer eine gute natürliche Medizin.

Auch „Hildegards Herzwein mit Petersilie" ist für Menschen mit Kreislaufproblemen eine hilfreiche Medizin.

Was Sie sonst noch tun können:
- Wichtig ist eine Abhärtung des Körpers, die den Kreislauf wieder in Schwung bringt: Trockenbürsten, Wechselduschen und (für alle, die es gut vertragen) Saunabesuche.
- Überprüfen Sie Ihre Lebensgewohnheiten! Rauchen und Alkohol sowie übermäßiger Streß können Kreislaufprobleme verursachen.
- Entspannende Übungen können den Kreislauf entlasten. Besonders empfehlenswert sind Yoga, autogenes Training und Meditation.

Läuse

Läuse sind heute offensichtlich wieder auf dem Vormarsch. Besonders in Kindergärten und Schulen kommt es immer wieder zu Läusebefall. Diese nisten sich vorwiegend in den Haaren ein, es kommt zu Juckreiz und rötlichen Entzündungen im Nackenbereich. Da Läuse Hautkrankheiten verursachen und übertragen können, sollte man bei ihrer Bekämpfung sehr gründlich vorgehen.

Hildegard von Bingen führt den Läusebefall auf die unterschiedliche Konstitution der Menschen zurück. So befallen ihrer Meinung nach Läuse eher grobknochige Menschen, die nicht sehr intelligent sind und leicht schwitzen, während zartgliedrige Menschen nicht so schnell betroffen werden.

Hildegards Rezeptur gegen Läuse – sie besteht im wesentlichen aus Aalgalle, Elfenbein und pulverisierten Geierschnäbeln – ist heute wohl kaum noch praktikabel und gehört eher in den Bereich von Mythos und Magie.

Was Sie sonst noch tun können:
- Bei Verdacht auf Läusebefall sollte das Haar mit einem speziellen Läusekamm (in der Apotheke erhältlich) gründlich ausgekämmt werden.
- Wichtig ist auch das getrennte und gründliche Waschen der Bettwäsche, der Handtücher und auch der Kopftücher, Pullover usw.
- In der Apotheke gibt es wirksame Mittel, die nach den Angaben auf der Gebrauchsanweisung verwendet werden sollten.

Als wirksamen Edelstein gegen Läuse empfiehlt Hildegard von Bingen den Amethyst. Näheres dazu finden Sie im Kapitel *Edelsteine*.

Leberbeschwerden

Zu den wichtigsten Funktionen der Leber gehört die Entgiftung des Blutes, sie greift aber auch regulierend in fast alle Stoffwechselvorgänge ein. Deshalb kann eine Erkrankung der Leber den ganzen Körper schwer beeinträchtigen. Leberentzündungen können z. B. zur Hepatitis mit darauf folgender Gelbsucht führen, es kann zur Leberschrumpfung oder zur Lebervergrößerung kommen usw. Oft ist übermäßiger Alkoholkonsum eine Ursache, mitunter spielen Infektionskrankheiten eine Rolle, sehr oft ist eine falsche und deshalb belastende Ernährung der Auslöser.

Hildegard von Bingen sieht eine Ursache von Lebererkrankungen des weiteren in einer falschen und vor allem übermäßigen Ernährung:
„Wenn ein Mensch die verschiedenen Speisen ohne Maß und ohne Unterschied zu sich nimmt, dann wird infolge der verschiedenen Säfte dieser Speisen seine Leber geschädigt und verhärtet, so daß ihr heilsamer Saft, den sie wie eine Salbe in alle Glieder, Gelenke und Eingeweide senden müßte, dadurch verdorben wird." (*Causae et Curae*)

Hildegard empfiehlt Leberleidenden, ihr Essen mit einem guten Essig zuzubereiten, „weil die Wärme und die Schärfe des Essigs die Leber zusammenzieht". (*Causae et Curae*)

Leberwein

Zutaten:
4 g Süßholz
4 g Zimt
4 g Ysop
10 g Fenchel
1 l Landwein
Honig nach Geschmack

Zubereitung:
Die Gewürze mit dem Wein übergießen und einige Tage lang gut ver-
schlossen ziehen lassen.
Dann abseihen und den Wein mit Honig vermischen und kurz auf-
kochen lassen.
Wenn nötig, Honig nachgeben – nach Hildegards Angaben soll „keine
Bitterkeit darin sein". (*Physica*)
Zur Anwendung sagt Hildegard:

> „Wenn in der Leber (oder auch in der Lunge) die Schmerzen sehr
> stark sind, dann trinke diesen Wein neun Tage lang jeden Tag, und
> zwar morgens nach einem kleinen Frühstück und vor dem Schla-
> fengehen nach dem Abendessen." (*Physica*)

Ysop ist für Hildegard ein wichtiges Heilkraut zur Linderung von Leberbeschwerden. So empfiehlt sie einen Wein, in dem frische Ysopzweige eingelegt wurden. Dieser soll nicht nur regelmäßig getrunken –
auch die eingelegten Ysopzweige sollen gegesssen werden.

Lavendelwein

Über diesen Wein schreibt Hildegard in ihrer *Physica*, daß er nicht nur
die Schmerzen in Leber und Lunge mildere, sondern auch „reines Wissen und einen klaren Verstand" bereite. Verwendet wird dafür der wilde
Speik-Lavendel.
Zutaten:
20 g Lavendel
1 l Landwein

Zubereitung und Anwendung:
Den Lavendel etwa 10 Minuten lang in dem Wein köcheln lassen.
Abseihen und in eine Flasche abfüllen.
2- bis 3mal täglich ein kleines Likörglas davon trinken.

Kastanienhonig

Zutaten:
100 g Kastanienkerne
Honig nach Belieben

Zubereitung und Anwendung:
Die Kastanienkerne kochen, zerdrücken und mit Honig mischen.
In ein gut verschließbares Glas abfüllen.
Von diesem Honig mehrmals am Tag einen Löffel essen.
(In Fachgeschäften gibt es auch Edelkastanienhonig.)

Mandeln

Leberkranken empfiehlt Hildegard von Bingen außerdem, häufig Mandelkerne zu essen.

Als weitere Heilmaßnahme gegen Lebererkrankungen empfiehlt Hildegard von Bingen das Schröpfen. Und zwar sollen dabei die Schröpfköpfe an den Unterarmen angesetzt werden. Näheres dazu finden unter „Die Ausleitungsverfahren" (s. Seite 29).

Was Sie sonst noch tun können:
- Bei Leberbeschwerden sollten Sie auf Alkohol verzichten! Hildegards Rezepte beziehen sich immer nur auf gekochten Wein, der kaum noch Alkohol enthält.
- Joghurt und vor allem Quark sind wichtige Lebensmittel, die der Leber wohltun – verwenden Sie sie so häufig wie möglich auf Ihrem Speisezettel.

Lungenleiden

Siehe auch unter *Leberbeschwerden* (viele von Hildegards Rezepten beziehen sich auf beide Erkrankungen), *Asthma*, *Atembeschwerden*, *Husten*.
Schon ein Bronchialkatarrh kann die Lungenfunktionen beeinträchtigen. Schwerwiegendere Erkrankungen – z. B. Abszesse, Emphyseme oder Entzündungen – können vor allem durch Infektionen, allergische Prozesse und äußere Schadstoffe hervorgerufen werden. Früher gehörte die Lungentuberkulose zu den wichtigsten Infektionskrankheiten; sie ist aber heute in unseren Gegenden glücklicherweise kaum noch anzutreffen.

Hildegard empfiehlt, bei Lungenleiden fettes Fleisch und gekochten Käse zu meiden, weil diese zur Lungenschwindsucht führen könnten.

Ebenso sollte man auf Erbsen, Linsen, rohes Obst und Gemüse sowie auf Nüsse und Öl verzichten. Wer Fleisch essen möchte, sollte sich an die mageren Sorten halten. Wasser und Wein sind als Getränke ebenfalls nicht empfehlenswert, hingegegen schadet dem Kranken Bier – in Maßen genossen – nicht, weil es gekocht ist. Vor allem rät sie zu Ziegenmilch:

> „Wer Schmerzen an der Lunge hat, sollte häufig Ziegenmilch trinken, und er wird geheilt werden. Auch süße Mandeln sind ein wohlschmeckendes Heilmittel." (*Physica*)

Hildegards Lungenpulver

Zutaten:
1 Prise Galgant
1 Prise Fenchel
2 Prisen Muskatnuß
2 Prisen Kamille

Zubereitung und Anwendung:
Alles im Mörser zu einem feinen Pulver verreiben und täglich auf nüchternen Magen ein Stück Brot essen, das mit diesem Pulver bestreut ist.

Wacholderbeerwein

Zutaten:
1 Teil Wacholderbeeren
4 Teile Bertram
1 l roter Landwein

Zubereitung und Anwendung:
Alle Zutaten miteinander aufkochen lassen.
Ein Stück zerschnittene Alantwurzel hineingeben und den Wein zugedeckt einige Stunden ziehen lassen. Dann abseihen.
2 bis 3 Wochen lang jeden Morgen auf nüchternen Magen ein kleines Likörglas davon trinken.

Auch den Veilchenwein empfiehlt Hildegard, und zwar besonders dann, wenn die Lungenbeschwerden durch Depressionen verursacht oder von ihnen begleitet werden, denn er heilt ihrer Meinung nach nicht nur die Lunge, sondern macht den Menschen auch wieder froh. (Rezept unter *Depressionen*, s. Seite 43)

Alantwein

Hildegard empfiehlt diesen Wein gegen Lungenkrankheiten, weil dadurch der Schleim ausgetrieben wird. Gleichzeitig warnt sie aber davor, ihn zu häufig zu trinken, denn „er könnte wegen seiner Stärke schädigen". (*Physica*)

Zutaten:

30 g Alantwurzel

1 l Landwein

Zubereitung und Anwendung:

Den Alant mit dem Wein übergießen und 1 Tag lang ziehen lassen. Vor jeder Mahlzeit 1 Eßlöffel davon nehmen.

Als weitere Heilmaßnahme empfiehlt Hildegard von Bingen das Schröpfen im Bereich der Schulterblätter. Näheres darüber finden Sie unter „Die Ausleitungsverfahren" (s. Seite 29).

Was Sie sonst noch tun können:
- Auf jeden Fall ist eine gesunde Lebensweise wichtig. Das bedeutet vor allem bei Lungenleiden, *nicht* zu rauchen. Achten Sie auf Ihre Ernährung. Näheres zu diesem Thema finden Sie im Kapitel *Ernährung*.
- Oft hilft schon eine Luftveränderung. Ein Reizklima – also das Klima am Meer oder im Hochgebirge – wirkt manchmal wahre Wunder.

Magenbeschwerden

Wie viele andere Beschwerden können auch Magenbeschwerden sehr unterschiedliche Ursachen haben. Beispielsweise können diese seelischer Natur sein – der Volksmund hat nicht von ungefähr den Ausdruck geprägt, daß uns „etwas auf den Magen geschlagen" sei. Oft liegt die Ursache in falscher oder zu üppiger Ernährung, aber auch andere Krankheiten können als Symptom Magenbeschwerden aufweisen. In schwerwiegenden Fällen sollte man deshalb unbedingt den Arzt aufsuchen.

Hildegard von Bingen führt viele Magenbeschwerden auf eine falsche Ernährung zurück. Das können z. B. ungekochte Speisen sein (auch die ansonsten so gesunde Rohkost ist ja nicht jedem Menschen bekömmlich, weil sie eine starke Herausforderung an sein Verdauungssystem stellt), aber auch sehr fette und schwere oder sehr trockene und saftlose Nahrungsmittel. In solchen Fällen können oft die anderen Körperorgane „dem Magen kein so großes und starkes Feuer geben, daß diese Speisen gar werden könnten. Daher gerinnen sie im Magen und werden hart und schimmelig". (*Causae et Curae*) So könne der Mensch sie nicht richtig verdauen und leide infolgedessen unter Magenschmerzen.

Dinkeltrank

Da der Dinkel nach Hildegards Worten „innerlich heilt wie eine gute und gesunde Salbe" (*Physica*), ist er für alle Magen- und Darmbeschwerden – auch bei Kindern – gut geeignet.
Zutaten:
1 l Wasser
50 g ganze Dinkelkörner
Honig

Zubereitung und Anwendung:
Die Dinkelkörner mit dem Wasser 1/2 Stunde lang köcheln lassen, dann abseihen und etwas Honig unter die Flüssigkeit rühren.
Dieses Getränk über den Tag verteilt trinken. Kleinkindern wird es im Fläschchen gegeben.

Sanikel-Elixier

Dieses Elixier nimmt „den Schleim aus dem Magen weg und hilft den kranken Eingeweiden". (*Physica*)
Zutaten:
1 Handvoll frische Sanikelpflanzen (mit Wurzeln)
1 l Wasser
100 g Honig
etwas Süßholz

Zubereitung und Anwendung:
Die Sanikelpflanzen etwa 10 Minuten lang in dem Wasser kochen, dann abseihen.

Dem Absud den Honig und das Süßholzpulver hinzufügen und nochmals kurz aufkochen lassen.

In eine Flasche abfüllen und nach jeder Mahlzeit ein Likörglas davon trinken.

Man kann dieses Rezept auch mit getrocknetem Sanikel herstellen. Dieser sollte jedoch an der Sonne getrocknet werden, „weil diese die Kräfte der Kräuter nicht wegnimmt". (*Physica*)

Ysop-Magenwein
Zutaten:
einige Stengel Ysop
1/2 l weißer Landwein

Zubereitung und Anwendung:
Die Ysopstengel für einige Tage in den Wein legen und gut verschlossen aufbewahren.

Von dem Wein morgens auf nüchternen Magen 1 kleines Likörglas trinken. Ysop zum Würzen der Speisen verwenden.

Aronstabwein

Zutaten:
5 g Aronstabwurzel
1 l Landwein

Zubereitung und Anwendung:
Die Aronstabwurzel zerkleinern und etwa 10 Minuten lang in dem Wein köcheln lassen.

Abkühlen lassen und vor dem Trinken einen erhitzten Stahl in den Wein tauchen oder den Wein in einem Edelstahltopf erhitzen, 2- bis 3mal täglich 1 Likörglas von diesem Wein trinken.

Beifußwürze

Hildegard von Bingen empfiehlt den Beifuß als Würze, aber auch als Gemüse:

„Denn der Beifuß ist seiner Natur nach warm, und sein Saft ist sehr nützlich. Wenn er gekocht und als Spinat gegessen wird, heilt er die kranken Eingeweide und wärmt den kranken Magen." (*Physica*)

Auch bei Speisen, die nicht so bekömmlich sind – etwa wegen ihres hohen Fettgehalts –, sollte Beifuß mitgekocht werden. Dies ist etwa bei Schweine- oder Gänsebraten besonders empfehlenswert.

Schlehenkur

Hildegard empfiehlt auch die Schlehen:
„Wer einen schwachen Magen hat, der soll Schlehen braten oder kochen und sie oft essen. Dadurch werden Schadstoffe und Schleim aus dem Körper abgeführt. Auch schadet es nicht, wenn man die Kerne mitißt." (*Physica*)

Ingwer-Galgant-Pulver

Auch dieses Rezept empfiehlt Hildegard in ihrer *Physica*.
Zutaten:
20 g Ingwerpulver
40 g Galgantpulver
10 g Zitwerpulver

Zubereitung und Anwendung:
Alle Pulver gut miteinander vermischen.
Nach jeder Mahlzeit und vor dem Schlafengehen eine Prise davon in 1 Likörglas Landwein geben.

Als einfaches Mittel gegen Magenbeschwerden empfiehlt Hildegard von Bingen, nach dem Essen einige frische Weinrautenblätter zu kauen, denn „diese mindern den Schmerz, den ein Mensch spürt, nachdem er etwas gegessen hat". (*Physica*) Dieses Mittel ist also vor allem bei Völlegefühl angebracht.

Ringelblumen gegen verdorbenen Magen:
Wer unzuträgliche oder verdorbene Speisen gegessen hat und infolgedessen unter einer Magenverstimmung leidet, kann sich mit der Ringelblume helfen, denn „diese hat eine starke Grünkraft in sich und ist gut gegen Gift". (*Physica*)

Ringelblumenkompresse

Zutaten:
1 Handvoll Ringelblumenblüten
1/2 l Wasser

Zubereitung und Anwendung:
Die Ringelblumenblüten etwa 5 Minuten köcheln lassen, dann abseihen und etwas ausdrücken.
In einem Tuch als Kompresse auf den Magen auflegen. Dabei die Temperatur kontrollieren, damit es nicht zu Verbrennungen kommt. Eventuell noch ein Frotteehandtuch unter die Kompresse legen.

Als wirksame Edelsteine gegen Magenbeschwerden empfiehlt Hildegard von Bingen Smaragd, Onyx und Bergkristall sowie die Metalle Gold und Eisen. Näheres finden Sie im Kapitel *Edelsteine*.

Was Sie sonst noch tun können:
- Immer wieder eine Tasse Brennesseltee zur Magenreinigung trinken.
- Die Magengegend warm halten – etwa mit einer Leibbinde aus Angora oder einer Wärmflasche.
- Cuprum-metallicum-Salbe auf die Magengegend auftragen. Sie erhalten diese Salbe in der Apotheke.

Magerkeit

Siehe auch unter *Appetitlosigkeit.*
Während die meisten Menschen eher mit Übergewicht zu tun haben, leiden andere unter ihrer Magerkeit. Dabei mag die Ursache nicht nur in der psychisch verursachten krankhaften Magersucht liegen, sondern auch in körperlicher Veranlagung oder fehlerhaften Ernährungsgewohnheiten.

Mispelmarmelade

Hildegard rät bei Magerkeit dazu, Mispeln zu essen, weil sie „das Fleisch wachsen lassen". In ihrer *Physica* empfiehlt sie diese Frucht gesunden und kranken Menschen ohne jede Beschränkung, „denn die ganze Kraft dieses Baumes steckt in seiner Frucht".

Leider werden Mispeln bei uns nicht sehr häufig kultiviert, obwohl die Früchte mit ihrem säuerlichen, aromatischen Geschmack für Kenner eine Delikatesse sind, mit der es kein Zuchtapfel aufnehmen kann. Wer das Glück hat, wildwachsende Mispeln zu finden, sollte diese nach dem ersten Frost ernten. Man kann sie roh essen oder zu einer wohlschmeckenden Marmelade verarbeiten. Diese gibt es auch in manchen Spezialitätengeschäften.

Menschen, die unter Magerkeit leiden, rät Hildegard, Butter zu essen – und zwar vor allem Butter aus Kuhmilch:

> „Die Butter, die aus der Milch gewonnen wird, ist von angenehmer Wärme. Dabei ist die Kuhbutter besser und heilsamer als die von Ziegen und Schafen. Ein Mensch ..., der einen mageren Körper hat, soll Butter essen, soviel er mag. Sie heilt ihn innerlich und belebt ihn." (*Physica*)

Hildegard von Bingen empfiehlt übermäßig mageren Menschen in ihrem Buch *Causae et Curae*, manchmal mäßig fettes Fleisch zu essen und ein Glas Wein zu trinken. Dieser sei heilsam und vermehre die Blutfülle im menschlichen Körper.

Schwachen, mageren Menschen rät Hildegard außerdem dazu, Dinkel in ihren Speisezettel aufzunehmen.

Getreidetrank

In ihrer *Physica* gibt sie ein Rezept für einen stärkenden Getreidetrank an, der vor allem dann guttut, wenn ein Widerwille gegen feste Nahrung besteht.
Zutaten:
50 g Gerstenkörner
50 g Haferkörner
20 g Fenchelsamen
1 l Wasser

Zubereitung und Anwendung:
Getreide und Fenchel 1/2 Stunde lang köcheln lassen, dann abseihen und über den Tag verteilt trinken.

Gerstenbad

Ergänzend zu den Ernährungsmaßnahmen kann der Körper auch von außen angeregt werden – z. B. durch ein Gerstenbad. Dazu schreibt Hildegard, daß der Kranke dadurch „das Fleisch seines Körpers wiedererlangt und gesundet". (*Physica*)
Zutaten:
1 kg Gerstenkörner
5 l Wasser

Zubereitung und Anwendung:
Die Gerste in dem Wasser 1 Stunde lang köcheln lassen.
Dann die Flüssigkeit durch ein Sieb ins Badewasser abseihen.
1- bis 2 mal wöchentlich ein solches Gerstenbad nehmen.

Was Sie sonst noch tun können:
- So paradox es klingt – oft hilft bei Magerkeit eine Fastenkur, um den Körper wieder in Harmonie zu bringen.
- Sehr magere Menschen haben manchmal eine sehr negative Einstellung zu sich selbst – sie können sich nichts gönnen. Mitunter hilft dann nur eine entsprechende Psychotherapie. Aber oft reicht es schon,

ein bißchen freundlich zu sich selbst zu sein – nach dem Motto: „Nur wenn ich gut zu mir selbst bin, kann ich auch gut zu anderen sein."

Mandelentzündung

Siehe auch unter *Halsschmerzen, Erkältung.*
Dabei handelt es sich um eine akute Entwicklung einer allgemeinen Entzündung im Rachenbereich, die vor allem die Gaumenmandel betrifft. Sie wird meistens durch Streptokokken (eine Bakterienart) verursacht. Nur selten wird sie durch Viren übertragen. Symptome sind Frösteln, hohes Fieber und oft sehr schmerzhafte Schluckbeschwerden. Die Mandeln sind geschwollen und weisen gelblich-weiße Beläge auf.

Andorn

Hildegard von Bingen empfiehlt in ihrer *Physica* vor allem den Andorn zur Behandlung der Mandelentzündung.
Zutaten:
1 EL Andornkraut
1/4 l Wasser
1/2 l Wein
etwas Butter oder Sahne

Zubereitung und Anwendung:
Andorn im Wasser etwa 10 Minuten köcheln lassen, dann abseihen. Das Wasser mit dem Wein und dem Fett noch einmal kurz aufkochen lassen.
Täglich 2 bis 3 kleine Gläser davon trinken.

Eisenkrautwickel

Außerdem rät Hildegard auch zu folgendem Halswickel: Eine Handvoll Eisenkraut in etwas Wasser etwa 5 Minuten kochen, dann leicht ausdrücken und in ein Tuch geben. Dieses – noch warm – um den Hals legen.

Was Sie sonst noch tun können:
- Bei heftigen Schluckbeschwerden hilft – wenigstens vorübergehend
  – Speiseeis, den Schmerz zu lindern.

- Auch ein kühlender Halswickel kann Linderung bringen.
- Wichtig ist vor allem Bettruhe.

Migräne

Die Migräne ist eine Sonderform der Kopfschmerzen, die einseitig auftritt und mit heftigen Schmerzen, Übelkeit usw. einhergeht. Noch immer sind trotz ausdauernder Forschungsarbeit weder die Ursachen
noch sichere Heilmethoden ermittelt worden. Verschiedene Faktoren
können zu Migräneanfällen führen, z. B. Wetterumschwünge, Hormonschwankungen, Streß, zuviel oder zuwenig Schlaf, eine falsche
Ernährung, aber auch grelles Licht, laute Musik oder bestimmte
Gerüche.

Apfelknospen-Einreibung

In ihrer *Physica* gibt Hildegard auch das folgende Rezept an.
Zutaten:
20 g Apfelblütenknospen
100 g Olivenöl

Zubereitung und Anwendung:
Die Apfelblütenknospen mit dem Olivenöl übergießen und in ein fest
verschlossenes Glas geben.
Dieses eine Woche lang an einen warmen Platz stellen (am besten auf
eine sonnige Fensterbank).
Mit diesem Öl vor dem Schlafengehen die Schläfen sanft massieren.

Nach Hildegards Angaben hilft auch der „Alant-Wein" gegen Migräne
(Rezept s. unter *Lungenleiden*, S. 84).

Was Sie sonst noch tun können:
- Sehr oft verschlimmert die Angst vor einer sich ankündigenden
  Migräne die Schmerzen. Deshalb ist Entspannung besonders wichtig.
  Dazu gehören klassische Entspannungstechniken wie Yoga, autoge-
  nes Training, verschiedene Arten der Meditation, aber auch entspan-
  nende Tätigkeiten wie Malen, Musizieren, Tanzen.
- Viele Sportarten wirken nicht nur vorbeugend, sondern können bei
  beginnender Migräne zur „Schadensbegrenzung" eingesetzt werden.

Dazu gehören Joggen, Radfahren, Schwimmen und Reiten.
- Nicht selten kann eine Behandlung durch Akupressur oder Akupunktur helfen. Fragen Sie Ihren Arzt danach, oder erkundigen Sie sich nach einem Heilpraktiker mit entsprechender Erfahrung.

Milzbeschwerden

Die Milz ist ein wichtiges Verdauungsorgan, das sich im linken Oberbauch befindet. Bei vermehrtem Sauerstoffbedarf (z. B. beim Laufen) zieht sie sich zusammen – dadurch entsteht das Seitenstechen. Die Milz spielt eine wichtige Rolle bei der Immunabwehr des Körpers. Bei schweren Infektionskrankheiten kann sie infolge der Beanspruchung schmerzhaft anschwellen.

Hildegard von Bingen führt diese Schwellung aber auch auf schädliche Speisen und Getränke zurück, die Magen und Blase beeinträchtigten und dadurch auf die Milz wirken könnten. Auch rohe Speisen könnten ihrer Meinung nach zu Schmerzen in der Milz führen.

Gewürzbrot

Zutaten:
1 kleines Stück Weizenbrot
etwas Obst- oder Weinessig
Kerbel
Dill

Zubereitung und Anwendung:
Das Weizenbrot mit den kleingehackten Kräutern bestreuen und mit etwas Essig beträufeln.
Täglich 1 oder 2 dieser Brote essen.
Hildegards Begründung für die Wirksamkeit:
„Die milde Kälte des Kerbels beseitigt und heilt den Schmerz in der Milz, während die Kälte des Dills die Milz stärkt. Das Weißbrot läßt die Milz wachsen und der Essig reinigt sie durch seine Schärfe." (*Physica*)

Maroni gegen Milzleiden

Hildegard von Bingen schreibt, daß jemand, der unter Milzbeschwerden zu leiden hat, die Kerne von Edelkastanien rösten und sie so oft wie möglich warm essen sollte – davon „wird die Milz warm und strebt nach völliger Gesundheit". (*Physica*)
In der Winterzeit werden bei uns – vor allem in Süddeutschland – an vielen Straßenecken geröstete Maroni (Edelkastanien) angeboten, die nicht nur die Hände wärmen, gut schmecken, sondern auch gesund sind. Aber man kann sie auch selbst machen.
Zutaten:
1 Handvoll Edelkastanien

Zubereitung und Anwendung:
Die ungeschälten Kastanien mit einem scharfen Messer kreuzweise auf der gewölbten Seite einritzen (sonst platzen sie später), auf ein mit etwas Wasser befeuchtetes Blech legen und bei 200 Grad eine Viertelstunde lang im Backofen backen. Täglich 1 Handvoll noch lauwarm essen.

Leinsamenpackung:

Zutaten:
100 g Leinsamen
Wasser

Zubereitung und Anwendung:
Die Leinsamen in dem Wasser 1/2 Stunde leise köcheln lassen, durch ein sauberes Küchenhandtuch abseihen und gut ausdrücken.
Mit einem Frotteehandtuch umwickeln (besser noch in ein Frottee- oder Leinensäckchen geben, damit der Leinsamen gut fixiert bleibt) und so heiß wie möglich auf die Milzgegend legen.
Hildegards Erklärung für die Heilwirkung:
„Der Leinsamen ist warm und schleimig und durchdringt und heilt die Milz, wenn er durch die milde Wirkung des Wassers zu seiner Kraftentfaltung angeregt wird." (*Physica*)

Als weitere Heilmaßnahme empfiehlt Hildegard das Schröpfen. Bei Milzbeschwerden sollen die Schröpfköpfe vor allem an den Unterarmen angesetzt werden. Näheres darüber finden Sie unter „Die Ausleitungsverfahren", S. 29.

Als wirksame Edelsteine gegen Milzleiden empfiehlt Hildegard von Bingen Onyx und Topas. Näheres dazu finden Sie im Kapitel *Edelsteine*.

Müdigkeit

Siehe auch unter *Depressionen, Durchblutungsstörungen.*
Ständige Müdigkeit kann viele Ursachen haben – zuwenig Schlaf, aber auch zuviel Schlaf, Überarbeitung, Blutarmut, seelische oder organische Erkrankungen. Nicht selten ist es der Lichtmangel während der dunklen Winterzeit, der zur sogenannten Frühjahrsmüdigkeit führt. Die Gründe sollten bei längerem Anhalten dieser Müdigkeit gemeinsam mit dem Arzt abgeklärt werden.

Ein Symptom für chronische Müdigkeit ist etwa, daß man sich am Morgen nach dem Nachtschlaf oft noch müder fühlt als am Abend zuvor. Selbst geringe Anstrengungen führen zu schneller Ermüdung. Ganz allgemein herrschen Lustlosigkeit, Abgeschlagenheit und teilweise die Unfähigkeit vor, überhaupt eine Arbeit in Angriff zu nehmen.

Wermuttee

Für Hildegard von Bingen ist der Wermut „der wichtigste Meister gegen alle Erschöpfungszustände". (*Physica*)
Zutaten:
1 Prise getrocknetes oder frisches Wermutkraut
1 Tasse kochendes Wasser

Zubereitung und Anwendung:
Das Kraut mit dem kochenden Wasser übergießen und 1 Minute ziehen lassen (nicht länger, sonst wird er zu bitter).
Dann abseihen und schlückchenweise trinken.
Davon täglich 1 Tasse trinken. Nach einem Monat zu einem anderen Kräutertee wechseln, weil Wermut im Übermaß Nebenwirkungen wie Schwindel und Kopfweh nach sich ziehen kann.

Was Sie sonst noch tun können:
- Täglich 2 bis 3 Tassen Brennesseltee trinken.
- Auch Johanniskrauttee und Selleriesaft wirken aufmunternd.

- Etwas Bewegung zwischendurch – möglichst an frischer Luft – kann mitunter die Müdigkeit sehr schnell verscheuchen.
- Ein kleiner Trick, dessen Wirkungsweise im Grunde nicht erklärbar ist: Zähneputzen macht munter.
- Wichtig ist eine vollwertige Ernährung – also viel Vollkornprodukte, Obst, Gemüse und Milchprodukte. Besonders hilfreich können Haferflocken und Bananen sein.

Nasenbluten

Nasenbluten kann durch äußere Einwirkung entstehen, etwa durch Schlag oder Stoß. Es kann allerdings seine Ursache auch in einer Mißbildung der Nasenscheidewand oder in erhöhtem Blutandrang haben. In den meisten Fällen ist Nasenbluten jedoch harmlos und tritt vor allem bei Kindern und Jugendlichen häufig auf.

Der erhöhte Blutandrang kann nach Hildegards Meinung auch durch seelische Probleme ausgelöst werden:
„Bei Menschen, die in ihrem Innern großen Zorn oder Trotz hegen, dies aber aus irgendeinem Grund ... nicht äußern, brechen und platzen mitunter Gefäße ihres Gehirns, ihres Nackens und ihrer Brust und fließen dann durch die Nase aus." (*Causae et Curae*)

Kräuterpackung
Hier gibt Hildegard folgendes Rezept an:
„Wenn starkes Nasenbluten auftritt, soll man Dill und die doppelte Menge Schafgarbe um Stirn, Schläfen und Brust des Betroffenen legen. Die Kräuter müssen frisch sein, weil ihre Kraft hauptsächlich durch ihr Grün wirkt. – Im Winter pulverisiere man die getrockneten Kräuter, besprenge sie mit etwas Wein und gebe sie in kleine Säcklein.
Diese lege man ebenfalls auf Stirn, Schläfen und Brust." (*Physica*)

Als wirksamen Edelstein gegen Nasenbluten empfiehlt Hildegard von Bingen den Karneol. Näheres darüber finden Sie im Kapitel *Edelsteine*.

Was Sie sonst noch tun können:
- Wichtig ist, das Blut ausfließen zu lassen. Das bedeutet, nicht – wie oft empfohlen wird – mit dem Kopf nach hinten zu liegen und die Nase zuzustopfen. Das Blut fließt wesentlich schneller ab und führt nicht zu Verschleimungen oder anderen Komplikationen, wenn man mit nach unten gebeugtem Kopf das Blut – z. B. über einem Waschbecken – einfach ablaufen läßt.
- Um Nasenbluten zu stoppen, gibt es einen Trick, der fast 100 prozentig funktioniert (obwohl bisher noch kein Wissenschaftler erklären konnte, weshalb). Einfach ein Stückchen saugfähiges Papier (Küchenkrepp, Papiertaschentuch oder einfach Toilettenpapier) unter die Zunge legen. In wenigen Minuten ist die Blutung in den meisten Fällen gestillt.

Nervosität

Siehe auch unter *Depressionen, Kopfschmerzen, Magenbeschwerden, Migräne, Schlafstörungen, Konzentrationsstörungen.*
Nervosität ist wohl eines der hauptsächlichen „Zivilisationsleiden" unserer Zeit. Soziale Veränderungen, ein immer anspruchsvoller werdendes Arbeitsleben, verändertes Freizeitverhalten, eine in jeder Beziehung immer schnelllebiger werdende Zeit – das alles fordert seinen Tribut. Daraus können seelische und körperliche Erkrankungen aller Art entstehen.
Wichtig ist es, bei all diesen Anforderungen nicht „die eigene Mitte" zu verlieren. Hildegard von Bingen stellt alle Erkrankungen in einen spirituellen Zusammenhang – und hat damit praktisch die moderne psychosomatische Therapie vorweggenommen. Meditationstechniken führen nicht nur zur Entspannung, sondern auch zu unserem eigenen Selbst.

Als hilfreiche Edelsteine empfiehlt Hildegard den Achat und den Topas. Näheres dazu finden Sie im Kapitel *Edelsteine.*

Nervosität kann nicht nur durch geistige und körperliche Überanstrengung hervorgerufen werden. Auch physische Ursachen (z. B. Herzprobleme oder eine Schilddrüsenfehlfunktion) sowie eine falsche Ernährung können Ursachen sein. Tranquilizer zur „Ruhigstellung" lösen das Problem nicht und machen zudem oft süchtig. Bei anhaltender

Nervosität empfiehlt sich das Gespräch mit einem erfahrenen Therapeuten.

Hildegards Nervenkekse

Zutaten:
1 geriebene Muskatnuß
1 geriebene Zimtstange
2 pulverisierte Gewürznelken
500 g Dinkelmehl
100 g Butter
1 Ei
etwas Honig zum Süßen

Zubereitung und Anwendung:
Die Zutaten gut miteinander verkneten und daraus kleine Plätzchen formen.
Diese bei geringer Hitze (etwa 180 Grad) ungefähr 10 Minuten im Backofen goldgelb backen.
Von diesen Keksen täglich bei Bedarf essen.

Was Sie sonst noch tun können:
- Oft hilft schon ein bewußtes Atmen. Das bedeutet vor allem eine langsame, tiefe Atmung, bei der länger aus- als eingeatmet wird. Die entsprechenden Techniken kann Ihnen ein Therapeut vermitteln. Aber es gibt inzwischen auch Volkshochschulkurse dazu und eine ausreichende Menge guter Literatur.
- Meditationstechniken wie Zen, Yoga und autogenes Training wirken nicht nur beruhigend und entspannend, sondern können auch zu einer neuen Sinnfindung führen.

Nierenleiden

Die häufigsten Erkrankungen der Niere sind wohl die Entzündungen. Diese werden oft durch eine Primärkrankheit ausgelöst, z. B. eine Erkältung oder Mandelentzündung oder Infektionskrankheiten wie Scharlach. Symptome sind Wasseransammlungen im Körpergewebe (anfangs vor allem an den Augenlidern), Müdigkeit, Kopfschmerzen und Fieber. Der Urin ist meistens dunkel gefärbt.

Eine andere Nierenerkrankung ist die Nierenbeckenentzündung, die durch Bakterien verursacht wird. Symptome sind plötzliche Übelkeit, hohes Fieber, Schüttelfrost, Kopfweh und Schmerzen in der Nierengegend. Der Urin ist trüb.

Nierensteine verursachen in vielen Fällen keine Beschwerden, selbst wenn sie recht groß sind. Entsteht allerdings ein Harnstau in der Niere, kann es zu Schmerzen kommen, die von der Niere bis zur Blase und zur Lende ausstrahlen.

Hildegards Nierensalbe

Zutaten:

Weinraute und Wermut (frisch oder getrocknet)
etwas reines Schweineschmalz (Hildegard empfiehlt zwar Bärenfett – aber dieses ist bei uns wohl kaum erhältlich; die wärmenden Eigenschaften des Schweineschmalzes sollten jedoch in etwa denen des Bärenfettes entsprechen.)

Zubereitung und Anwendung:
Die Kräuter im Mörser zerstoßen und mit dem Schmalz zu einer Salbe vermischen.
Die Salbe auf den schmerzenden Stellen verreiben.

Was Sie sonst noch tun können:
- Die Nieren – besonders wenn sie krank sind – möchten warm gehalten werden. Deshalb sollten Sie die entsprechende Unterwäsche (z. B. aus Angora) tragen.
- Nieren wollen immer gut durchspült werden, um funktionieren zu können. Trinken Sie deshalb viel – mindestens zwei Liter Flüssigkeit am Tag. Am besten sind Mineralwasser und Kräutertee.

Ohrenbeschwerden

Hierbei kann es sich um Schmerzen – wie z. B. die besonders bei Kindern häufig auftretende Mittelohrentzündung – handeln, aber auch um ein nachlassendes Hörvermögen.

Hildegard von Bingen führt manche vorübergehenden Hörstörungen auf Magenerkrankungen zurück, wobei sich das Phlegma bis zum Kopf ausbreiten kann. Solche Störungen gehen entweder von selbst wieder zurück oder können leicht behandelt werden.

Gundelrebe gegen Ohrensausen

In ihrer *Physica* empfiehlt Hildegard folgendes Verfahren: Frisches oder getrocknetes Gundelrebenkraut in Wasser einige Minuten leicht köcheln lassen, dann ausdrücken und in einem Tuch so warm wie möglich auf die Ohren legen. Mit einem Schal – oder bei Kindern mit einer Mütze – fixieren.

Als weitere Heilmaßnahme empfiehlt Hildegard die Behandlung mit Brennkegeln. Näheres dazu finden Sie unter „Die Ausleitungsverfahren" (s. Seite 29).

Als wirksames Metall gegen Ohrenbeschwerden empfiehlt Hildegard von Bingen das Gold, als wirksame Edelsteine Sarder und Jaspis. Näheres finden Sie im Kapitel *Edelsteine.*

Was Sie sonst noch tun können:
- Ein wirksames Heilmittel gegen die überaus schmerzhaften Mittelohrentzündungen, die bei Kindern häufig auftreten, ist eine Zwiebelpackung. Dazu eine Zwiebel schälen, hacken und ohne Fett kurz anrösten. Noch warm in ein Mullsäckchen geben (das man leicht mit ein paar Stichen aus einem Stückchen Mullbinde herstellen kann) und auf das schmerzende Ohr legen. Am besten mit einer Ohrenklappenmütze oder einem Kopftuch fixieren. Meistens werden dadurch selbst die schlimmsten Schmerzen innerhalb kürzester Zeit behoben.
- Als Vorsorgemaßnahme gegen Mittelohrentzündung empfiehlt es sich, Kinder vor allem in der kühleren Jahreszeit nicht mit ungeschützten Ohren ins Freie zu lassen.

Rheuma

Siehe auch unter *Gicht.*
Alle Angaben, die Hildegard von Bingen zum Thema Gicht macht, betreffen auch rheumatische Erkrankungen, da man damals noch nicht so genau zwischen den beiden Krankheitskomplexen unterschied.

Unter dem Sammelbegriff „Rheuma" faßt man alle Krankheiten des Bewegungsapparates zusammen, die Schmerzen auslösen und die Beweglichkeit behindern. Dazu gehört also jedes Ziehen und Reißen in den Gelenken ebenso wie Muskelverspannungen, Sehnenentzündungen, schmerzende Gelenke, Ischias, Hexenschuß und Kreuzweh bis hin zu schweren, entzündlichen Formen, die zu Verkrüppelungen der Gelenke führen können. Die Medizin kennt etwa 400 verschiedene Erscheinungsformen.

Goldkur

Zur Linderung, aber auch zur Vorbeugung empfiehlt die Hildegard-Medizin hier die von Hildegard zur Behandlung der Gicht empfohlene Goldkur.
Zutaten:
0,6 g reines Goldpulver (entweder aus einem auf Hildegardpräparate spezialisierten Versand oder Geschäft oder vom Apotheker)
4 EL Dinkelmehl
etwas Wasser

Zubereitung und Anwendung:
Für den 1. Tag verkneten Sie 0,6 g Goldpulver mit 2 EL Dinkelmehl und etwas Wasser zu einem Teig und formen daraus kleine Küchlein, die Sie am nächsten Morgen roh auf nüchternen Magen essen.
Für den 2. Tag backen Sie diese Küchlein bei niedriger Hitze (etwa 180 Grad) goldgelb und essen sie ebenfalls nüchtern vor dem Frühstück.
Nach Hildegards Angaben hilft diese Kur für ein ganzes Jahr.
Eine gute Ergänzung dazu ist der in Spezialgeschäften erhältliche Goldwein nach Hildegards Rezept.

Was Sie sonst noch tun können:
- In vielen Fällen hilft eine Akupunktur. Erkundigen Sie sich nach einem erfahrenen Therapeuten!
- Kneippkuren – also in der Hauptsache Wasseranwendungen – können manchmal wahre Wunder bewirken.
- Auch die Ernährung ist ein wichtiger Faktor bei der Rheumabekämpfung. Eine vollwertige, vitaminreiche Ernährung kann nicht nur vorbeugend, sondern auch heilend wirken. Näheres dazu finden Sie im Kapitel *Ernährung.*

Rückenschmerzen

Siehe auch unter *Gicht, Rheuma.*

Viele Gründe können zu Rückenschmerzen führen, unter denen heute wohl jeder Mensch gelegentlich oder – im schlimmsten Fall – ständig leidet. Oft ist es eine falsche Körperhaltung – vor allem bei einer stehenden oder sitzenden Arbeit, die den Rücken immer stärker belastet und so zu ständigen Schmerzen führt. Manchmal sind es aber auch seelische Probleme, die einem im wahrsten Sinne des Wortes „das Rückgrat" nehmen. Bandscheibenprobleme, Hexenschuß, rheumatische Beschwerden (deren Ursachen fast im ganzen Körper, sogar im Zahnbereich, zu finden sind), aber auch organische Krankheiten können zu Rückenschmerzen führen. Bei länger anhaltenden und sehr heftigen Schmerzen sollte unbedingt ein Arzt konsultiert werden.

Entspannungswein

Hildegard rät in Fällen von Rückenschmerzen zu einem entspannenden Galgantwein.

Zutaten:

1 TL kleingeschnittene Galgantwurzeln

1/4 l Landwein

Zubereitung und Anwendung:

Die Wurzeln mit dem Wein aufkochen und auf kleiner Flamme einige Minuten sanft köcheln lassen. Dann abseihen.

Von diesem Wein täglich hin und wieder ein Likörglas – möglichst warm – trinken.

Hildegards Erklärung für die Heilkraft des Galgant:

„Er ist ganz warm und ohne Kälte und ist heilkräftig." (*Physica*)

Weizenauflage

Für die äußere Anwendung rät Hildegard in ihrer *Physica* zur Verwendung von Weizenkornauflagen.

Zutaten:

500 g Weizenkörner

gut 1 l Wasser

Zubereitung und Anwendung:
Den Weizen weichköcheln lassen, dann abgießen und die noch warmen
Körner in ein Säckchen oder einen kleinen Kissenbezug geben.
Diesen mit einem dicken Frotteetuch umwickeln (damit es nicht zu
Verbrennungen am Rücken kommt) und auf die schmerzende Stelle le-
gen. Gut zudecken und 2 bis 3 Stunden lang einwirken lassen.
Hildegards Erklärung für die Wirksamkeit dieser Behandlung ist, daß
der Weizen seiner Natur nach warm sei und durch diese Wärme die
Schmerzen vertreiben könne.

Als weitere Heilmaßnahme empfiehlt Hildegard die Behandlung mit
Brennkegeln. Näheres dazu finden Sie unter „Die Ausleitungsverfahren" (s. Seite 29).

Als wirksamen Edelstein gegen Rückenschmerzen empfiehlt Hildegard
von Bingen den Jaspis, der auf die schmerzende Stelle aufgelegt wird.
Näheres finden Sie im Kapitel *Edelsteine*.

Was Sie sonst noch tun können:
- Da eine falsche Körperhaltung sehr häufig zu Rückenschmerzen
  führt, empfiehlt sich hier eine gezielte Gymnastik oder eine sanfte
  Sportart – etwa Radfahren oder Schwimmen. Viele Sportvereine bie-
  ten heute eine sogenannte Rückenschule an – durch die Übungen
  wird oft mehr geholfen als durch Medikamente oder ärztliche Eingriffe.
- In den meisten Fällen ist Wärme ein heilsamer Faktor bei Rückenbe-
  schwerden – etwa warme Bäder, Einreibungen und Packungen, ange-
  messene Kleidung (z.B. Angorawäsche).
- Oft helfen Massagen, um Rückenschmerzen für längere Zeit zu beseitigen. Sprechen Sie mit Ihrem Arzt darüber, oder gehen Sie direkt
  zu einer Massagepraxis.

Ruhr

Die Ruhr, auch Dysenterie genannt, ist eine mit heftigen Durchfällen
verbunden Darmerkrankung. Oft wird sie durch mangelnde Hygiene
oder durch infizierte Nahrungsmittel oder verunreinigtes Trinkwasser,
aber auch durch Übertragung hervorgerufen. Bei leichten Formen

kommt es nach raschem Fieberanstieg, Übelkeit und Erbrechen zu krampfartigen Leibschmerzen mit wäßrigen Durchfällen. Schwere Fälle oder die (meldepflichtige) Bakterien-Ruhr können durch den Verlust an Wasser und Mineralien zu Austrocknung und schweren Schockzuständen führen.

Hildegard von Bingen führt die Ruhr auf ein Überhandnehmen schädlicher Säfte im menschlichen Körper zurück. Diese lösten eine Art Überschwemmung in den Gefäßen aus, aus denen dann zuviel Blut abfließe, und zwar in verkehrter Richtung. Dieses Blut mische sich auch in die Verdauungsorgane und trete mitunter beim Stuhlgang aus.

Heilkekse
Zutaten:
2 Eidotter
100 g Weizenmehl

Zubereitung und Anwendung:
In einer beschichteten Pfanne das Eigelb leicht stocken lassen, das Mehl daruntermischen und die Masse etwas abkühlen lassen.
Dann kleine Kuchen daraus formen und diese im abgekühlten Backofen oder bei niedrigster Hitze trocknen lassen.
Jeweils einen Keks nach einem leichten Imbiß essen.
Hildegards Begründung für die Heilwirkung der Kekse: Das Fett des Eigelbs und die Wärme und Stärke des Weizens wirkten dem Durchfall entgegen.

Zur Ernährung rät Hildegard folgendes:
- Da die inneren Säfte eines Ruhrpatienten erkaltet sind, sollte er nur erwärmte Speisen zu sich nehmen.
- Empfehlenswert sei alles, was weich ist und einen zarten Geschmack hat, also Huhn und anderes weiches Fleisch sowie Fische.
- Gemieden werden sollten Hering, Lachs, Rindfleisch, Käse, rohes Gemüse, Roggen- und Gerstenbrot, alles Gebratene (außer gebratenen Birnen).

Schlafstörungen

Zu Schlafstörungen kann es aus den verschiedensten Gründen kommen. Manchmal hat man nur zu schwer gegessen, oder die Raumtemperatur im Schlafzimmer stimmt nicht. Halten Schlafstörungen aber über einen längeren Zeitraum an, sollte man nach den Ursachen suchen. Gibt es schwere seelische Belastungen – etwa im Beruf oder in der Familie? Oder liegt eventuell eine körperliche Ursache vor? Auf jeden Fall sollten Sie einen Arzt aufsuchen, der Ihnen grundlegend helfen kann. Denn genauso, wie der Mensch Essen und Trinken braucht, benötigt er seinen Schlaf als „Lebensmittel". Ein durch Tabletten herbeigeführter Schlaf kann immer nur ein „künstlicher" Schlaf sein, der nicht die nötige Erfrischung bringt. Deshalb sollten Sie möglichst auf solche Medikamente verzichten.

Hildegard von Bingen schreibt, daß der Schlaf das „Mark" des Menschen wachsen lasse. Dadurch würden die Knochen gestärkt, die Blutbildung werde unterstützt und überhaupt der ganze Körper gekräftigt. Sie vergleicht den Schlaf des Menschen mit der Winterruhe der Pflanzen, deren Wurzeln im Winter ja auch ihre Wachstumskraft in sich behalten und diese im Sommer in Gestalt von Blüten entfalten.

Auch beim Schlaf ist das richtige Maß zu beachten. So schreibt Hildegard von Bingen, daß zuviel Schlaf zu Krankheiten führen kann. Das gleiche gilt aber auch für zuwenig Schlaf:

> „Wer aber zuviel wacht, wird körperlich schwach, büßt viele Kräfte ein und verliert auch teilweise sein Empfindungsvermögen." (*Causae et Curae*)

Zudem röten sich seine Augen und schmerzen.

Salbei-Kompresse

Zutaten:
etwas frischer oder getrockneter Salbei
etwas Wein

Zubereitung und Anwendung:
Den Salbei in etwas Wein legen, einige Stunden lang ziehen lassen. Abseihen und in dem Wein zwei Kompressen einweichen.

Die eine aufs Herz, die andere um den Hals legen.
Hildegards Erklärung für die Wirksamkeit dieser Kompresse: Die Wärme des Salbeis lasse das Herz langsam und ruhig schlagen und führe dadurch einen ruhigen Schlaf herbei.

Speisemohn

Hierbei handelt es sich um ein altbekanntes Mittel zum Einschlafen, das Hildegard von Bingen bereits in ihrer *Physica* empfiehlt. Man kann die Mohnkörner kochen, aber Hildegard hält sie für wirksamer, wenn sie roh gegessen werden. Zum Einschlafen abends 1 Eßlöffel Speisemohnkörner essen oder etwas Mohngebäck knabbern.

Im selben Buch rät Hildegard zu einem recht kuriosen Einschlafmittel: Man solle sich die Knochen des Eisvogels unters Kopfkissen legen. Da der Eisvogel bei uns (Gott sei Dank!) unter Naturschutz steht, wird es schwierig sein, dieses Rezept auszuprobieren.

Was Sie sonst noch tun können:
- Abends sollten Sie nicht zu schwer essen, weil dies die Verdauungsorgane so stark belasten könnte, daß es zu Einschlafproblemen kommt. Andererseits hilft aber oft eine kleine Süßigkeit beim Ein- und Durchschlafen.
- Ein Glas Wein oder Bier (letzteres ist besonders durch den beruhigenden Hopfen empfehlenswert) können ein sehr gutes Einschlafmittel sein.
- Ein kleiner Spaziergang vor dem Schlafengehen kann ebenfalls zur Beruhigung der Nerven und damit zu einem besseren Schlaf beitragen.
- Gehen Sie möglichst jeden Abend zur gleichen Zeit zu Bett und gewöhnen Sie sich einige „Einschlafrituale" an – etwa, daß Sie noch ein Glas warme Milch oder einen beruhigenden Tee (Kamille, Baldrian o.ä.) trinken.
- Bei Durchschlafschwierigkeiten gibt es einen kleinen Trick, der fast immer wirkt: Legen Sie die Bettdecke neben sich, bis Sie zu frieren beginnen. Meistens bewirkt die darauf folgende Bettwärme ein ruhiges Wiedereinschlafen.

Schluckauf

Beim Schluckauf handelt es sich um ein schnelles, unwillkürliches Zusammenziehen des Zwerchfells. Es ist zwar lästig, aber meistens harmlos. Oft ist es durch eine Magenreizung, etwa durch hastiges Essen oder durch das Trinken alkoholischer oder kohlensäurehaltiger Getränke verursacht.

Hildegard sieht die Ursache für den Schluckauf hauptsächlich in der „Kälte des Magens". (*Causae et Curae*) Sie vergleicht ihn mit dem Zähneklappern, das auch auf eine innere Kälte zurückzuführen sei.

Zuckerwasser

Zubereitung und Anwendung:
Reichlich Zucker in etwas warmem Wasser auflösen und warm trinken.
Hildegards Begründung für die Wirksamkeit dieses Rezeptes:
- Das warme Wasser vertreibe die trockene Kälte, die den Schluckauf verursache.
- Auch der Zucker vermindere diese Trockenheit.
  (Oft reicht es schon, einen Löffel Zucker zu schlucken.)

Was Sie sonst noch tun können:
- Die Ohren zuhalten und bei angehaltenem Atem 5mal hintereinander schlucken.
- Oft hilft auch eine Ablenkung – etwa, daß man durch etwas „erschreckt" wird (Telefon- oder Türklingel).

Schmerzen

Schmerzen können durch die unterschiedlichsten Ursachen auftreten, z. B. durch innere Erkrankungen (besonders gravierend wäre hier eine Kolik oder eine Blinddarmentzündung) oder durch äußere Einwirkung (durch einen Unfall oder durch eine Verletzung im Haushalt oder beim Sport).
Interessant ist, daß die sogenannte Schmerzschwelle des Menschen zu verschiedenen Zeiten unterschiedlich hoch sein kann (z. B. bei Zahnarztbesuchen, Spritzen usw.). Dies hängt immer mit der jeweiligen psychischen Befindlichkeit des Menschen zusammen – manche Schmerzen lassen sich leichter ertragen als andere (man denke nur an die

Schmerzen bei der Geburt eines Kindes, die viele Mütter wissentlich mehrfach auf sich nehmen!).

Außerdem gibt es Schmerzen, deren Ursachen nicht genau zu lokalisieren sind, was oft zu langen und leidvollen Erfahrungen der Betroffenen führt. Deshalb gibt es inzwischen spezielle „Schmerzkliniken", die den Ursachen auf die Spur zu kommen und so den Patienten zu helfen suchen. Oft werden dabei alternative Heilmethoden wie etwa die Akupunktur eingesetzt.

Bei häufigen oder heftigen Schmerzen sollte unbedingt ein Arzt aufgesucht werden. Denn letztlich ist der Schmerz keine Krankheit, sondern lediglich ein Symptom, das auf eine möglicherweise ernsthafte Erkrankung hinweist.

Hirschzungenpulver als Erste Hilfe

Als Erste Hilfe empfiehlt Hildegard die pulverisierte Hirschzunge. Dieses Pulver ist in der Apotheke oder im auf Hildegard-Medikamente spezialisierten Fachhandel erhältlich. (Man kann es zwar selbst herstellen, aber da die Hirschzunge unter Naturschutz steht, sollte man davon absehen.)

„Man lecke das Hirschzungenpulver aus der Hand oder trinke es in warmem Wein. Dann wird es dem Schmerzleidenden bessergehen." (*Physica*)

Was Sie sonst noch tun können:
- Durch verschiedene Entspannungstechniken – z. B. Yoga, verschiedene Arten von Meditation, autogenes Training – kann die Schmerzschwelle erhöht werden. Kurse werden von verschiedenen Therapeuten, aber auch bei Volkshochschulen angeboten.
- Schmerzen haben in vielen Fällen nicht nur körperliche Ursachen, sondern sind gewissermaßen ein „Aufschrei der Seele". Im Zweifelsfalle sollte deshalb ein Psychotherapeut zu Rate gezogen werden.

Schnupfen

Der Schnupfen ist in den meisten Fällen eine Begleiterscheinung von Erkältungskrankheiten und grippalen Infekten. Er kann durch Kälte oder Viren, aber auch durch beides gleichzeitig ausgelöst werden. Im

Grunde ist der Schnupfen eine gesunde Abwehrreaktion des Körpers, mit dem dieser sich von störenden Schleimstoffen befreit.

Hildegard von Bingen hat dafür einen schönen Vergleich:
„So reinigen sich auch die Sterne in der Luft, und auch die Erde stößt gewisse schmutzige, übelriechende Stoffe ab." (*Causae et Curae*)
Sie hält das Schneuzen für eine sehr wichtige Funktion des menschlichen Organismus, durch die dieser ständig feucht gehalten werde (was für die empfindlichen Schleimhäute sehr wichtig ist).
„Die kalten, feuchten, übelriechenden Säfte sammeln sich an den Ausgängen der Nase und der Kehle – denn das Gehirn kann sie nicht vertragen, sondern gibt sie zur Reinigung des Menschen ab und befördert sie durch einen Luftstoß hinaus." (*Causae et Curae*)
Die Folgen eines fehlenden Schleimflusses aus der Nase beschreibt sie sehr drastisch folgendermaßen:
„Würde diese Reinigung beim Menschen auf irgendeine Weise verhindert, würde er die Sinne verlieren und austrocknen, weil der Magen zugrunde gehen und das Gehirn verfaulen würde." (*Causae et Curae*)
Sie vergleicht diese Körperfunktion mit dem Meer, das auch keinen Unrat verträgt, sondern diesen an Land wirft.

Fenchel-Dill-Inhalation

Zutaten:
4 Teile Dill
1 Teil Fenchel

Zubereitung und Anwendung:
Nach Hildegards Angaben sollen diese Kräuter auf einem im Feuer erhitzten Dachziegel zum Rauchen gebracht und die Dämpfe dann eingeatmet werden.
Man kann aber genausogut ein Inhalations-Dampfbad daraus zubereiten. Dazu werden die Kräuter mit kochendem Wasser übergossen. Man beugt sich über die Schüssel mit dem Kräuteraufguß, nimmt ein großes Handtuch über den Kopf, damit die heilsamen Dämpfe in den Nasen-Rachen-Raum aufsteigen können, und inhaliert, bis das Wasser abzukühlen beginnt.
Hildegard rät außerdem, bei Schnupfen Dill und Fenchel in den Speisen zu sich zu nehmen, z.B. auch in pulverisierter Form auf einem Stück Brot.

Ihre Begründung für die Wirksamkeit dieser Behandlung:
- Wärme und Feuchtigkeit des Fenchels sammelten die Säfte, die nicht
  auf die richtige Art und Weise ausströmen könnten und den Schnupfen verursachten.
- Die trockene Kälte des Dills trockne diese schädlichen Säfte aus.

Bertram

Auch der Bertram ist ein wichtiges Gewürz bei der Schnupfenbehand-
lung, das man in Erkältungszeiten möglichst oft den Speisen beigeben
sollte. Gerade bei Nebenhöhlenerkrankungen kann er sehr wirksam
sein.

Weihrauch

Gegen Schnupfen empfiehlt Hildegard auch den Weihrauch, weil dieser „das Gehirn reinigt". (*Physica*) Am einfachsten ist es, bei Schnupfen Weihrauch-Räucherstäbchen anzuzünden. Wer ein Stück Elfenbein
im Haus hat, sollte dieses in der Sonne erwärmen und auf die Nase legen, bis auch diese sich erwärmt. Laut Hildegard soll dieses Verfahren
sehr wirksam gegen Schnupfen sein.

Als wirksamen Edelstein gegen Schnupfen empfiehlt Hildegard von
Bingen den Jaspis. Näheres dazu finden Sie im Kapitel *Edelsteine.*

Was Sie sonst noch tun können:
- Bei verstopfter Nase – wenn der Schnupfen nicht abfließen will –
  hilft mit großer Sicherheit ein Fußbad. Stellen Sie Ihre Füße dazu in
  eine Schüssel mit gerade noch erträglich heißem Wasser, und gießen
  Sie nach und nach heißes Wasser dazu, bis die Füße sich röten. Dann
  gut abfrottieren und warme Socken anziehen.

Schüttelfrost

Siehe auch unter *Fieber.*
Der Schüttelfrost ist – wie das Fieber – keine Krankheit, sondern lediglich eine Begleiterscheinung von Primärerkrankungen, z. B. von Infektionen. Dabei erfolgt nach einem raschen Temperaturanstieg mit
Schweißbildung ein akutes Kältegefühl, das von „Gänsehaut" begleitet

wird. Auch ein Zittern des ganzen Körpers und sogar Zähneklappern können auftreten.

Hildegards Aloe-Wein

Zutaten:
10 g Andornpulver
12 g Aloepulver
10 g Süßholzpulver
8 g Lorbeerpulver
1 l Landwein
Honig nach Geschmack

Zubereitung und Anwendung:
Die Kräuterpulver mit dem Wein einige Minuten kochen lassen. Währenddessen den Honig im Wasserbad erwärmen und unter den Wein rühren.
In eine Flasche abfüllen und vor Gebrauch leicht schütteln.
Von diesem Wein nach Bedarf 1 Likörglas trinken.

Übergewicht

Übergewicht hat neben körperlichen (etwa einer Drüsenfehlfunktion) häufig seelische Gründe, die zum sogenannten Frustessen führen. Sehr oft sind falsche Ernährungsgewohnheiten die Ursache dafür, daß sich überflüssige Pfunde ansammeln, die nicht selten die Gesundheit beeinträchtigen. In unserer dem Schlankheitsideal verschriebenen Gesellschaft kommen ständig neue Diäten auf den Markt, von denen die meisten nach Angaben von Ärzten und Ernährungswissenschaftlern mehr oder weniger wirkungslos, wenn nicht sogar – etwa wegen der vorgeschlagenen einseitigen Kost – schädlich sind.

Das Idealgewicht kann nicht unbedingt durch eine Formel – die sich z. B. aus Alter, Körpergröße usw. zusammensetzt – errechnet werden. Diese bietet immer nur einen groben Anhaltspunkt. Als wichtig sieht man inzwischen das „Wohlfühlgewicht" an – also das Gewicht, bei dem sich ein Mensch seelisch und körperlich gut fühlt.
Bei einer Reduktionsdiät sollte man darauf achten, daß sie nicht einseitig ist, sondern Vitamine, Ballaststoffe usw. in ausgewogener Zusam-

mensetzung enthält. Außerdem sollte es eine „sanfte" Diät sein, bei der maximal 1 Kilogramm pro Woche abgenommen werden soll. Sogenannte Blitzdiäten, die eine schnellere Abnahme versprechen, führen zum „Jojo-Effekt". Das bedeutet, daß die abgenommenen Pfunde sehr schnell wieder da sind, was dazu führt, daß sich viele Menschen nach der nächsten Diät umsehen – mit einem ähnlichen Ergebnis. Eine ausgewogene Ernährung, wie sie in dem Kapitel *Ernährung* beschrieben wird, sowie vernünftiges Fasten führen zu einer dauerhaften Gewichtsreduktion ohne gesundheitliches Risiko.

Hildegard von Bingen führt in ihrem Buch *Causae et Curae* Übergewicht auf zu fette Speisen zurück. In einem besonderen Absatz geht sie auch auf die „Freßlust" ein: Wenn Menschen trunksüchtig sind und zudem noch zu üppige Speisen zu sich nähmen, könne dies – bei sonst guter Gesundheit – zu Hautgeschwüren führen.

Als heilsamen Edelstein bei Übergewicht empfiehlt Hildegard von Bingen den Diamanten, der vor übermäßiger Eßlust schützen soll. Näheres dazu finden Sie im Kapitel *Edelsteine*.

Was Sie sonst noch tun können:
- Bei nervöser Eßlust geht es im wesentlichen darum, etwas „zwischen den Zähnen" zu haben. Hier können vor allem Möhren helfen, die nicht nur Ballaststoffe liefern (und dadurch ein Sättigungsgefühl hervorrufen), sondern dem Körper auch wichtige Vitamine zuführen.
- Um das Hungergefühl zu besänftigen, ist Mineralwasser wegen des Kohlensäuregehaltes gut geeignet.

Verbrennungen

Zu Verbrennungen kann es durch Unfälle und übermäßige Sonnenbestrahlung kommen. Schwere und großflächige Verbrennungen müssen sofort vom Arzt behandelt werden, weil es sonst zu irreparablen Hautschädigungen kommen kann.

Leinsamenauflage

In ihrer *Physica* empfiehlt Hildegard von Bingen Leinsamenwasser zur Schmerzlinderung und Wundheilung.

Zutaten:
1 Handvoll Leinsamenschrot
1 l Wasser

Zubereitung und Anwendung:
Das Leinsamenschrot etwa 10 Minuten lang kochen, dann abseihen. Die Flüssigkeit auf Körpertemperatur abkühlen lassen, ein sauberes Leinentuch darin tränken und auf die verbrannte Stelle legen. Immer wieder anfeuchten, damit das Tuch nicht auf der Haut antrocknet.

Was Sie sonst noch tun können:
- Bei Verbrennungen und Verbrühungen, wie sie durch heißes Fett oder Wasserdampf immer wieder einmal in der Küche vorkommen können, ist die schnellste und wirksamste Hilfe, die Hand oder den Arm für einen Moment ins Tiefkühlfach zu legen.
- Ein Mittel, das Hildegard von Bingen noch nicht kennen konnte, ist das australische Teebaumöl. Einfach einige Tropfen sanft auf der Wundstelle verstreichen – der Schmerz läßt dann sehr schnell nach, und die Haut heilt rasch.

Verdauungsstörungen

Siehe auch unter *Durchfall*, *Verstopfung*.
Verdauungsstörungen können als Begleiterscheinungen anderer Erkrankungen auftreten. Bei länger anhaltenden Problemen sollte deshalb der Arzt aufgesucht werden, um die Ursache abzuklären. Oft liegt der Grund im seelischen Bereich, weil man auch im übertragenen Sinn etwas nicht „verdauen" kann. In diesem Fall sollte man zunächst eine Lösung für das auslösende Problem suchen, nötigenfalls mit Hilfe eines Therapeuten.

Es ist interessant, daß die Naturheilkunde die beiden Extreme der Verdauungsstörungen – Durchfall und Verstopfung – oft mit den gleichen Mitteln behandelt. Der Grund dafür ist, daß nicht „am Symptom kuriert" werden soll, sondern eine Harmonisierung des Allgemeinzustandes angestrebt wird.

Hildegard von Bingen empfiehlt bei Verdauungsstörungen die Brunnenkresse:

> „Wer gegessene Speisen kaum verdauen kann, der dünste Brunnenkresse in einer Schüssel und esse sie, und sie wird ihm helfen."
> (*Physica*)

Hildegard begründet die Wirksamkeit der Brunnenkresse damit, daß ihre Kräfte aus dem Wasser stammten und so auch die wäßrigen Bestandteile im Darm des Menschen aktivieren könnten.

Auch Süßholz normalisiert die Verdauung. Man kann es als Pulver mit etwas Wein vermischen und nach den Mahlzeiten trinken. Zudem kann das Essen von Lakritzkonfekt die Verdauung regulieren.

Kräuterpulver

Das folgende, von Hildegard empfohlene Kräuterpulver sorgt auch ganz allgemein für körperliches Wohlbefinden:

> „Es erhält dem gesunden Menschen die Gesundheit, den Kranken aber stärkt es. Es verhilft dem Menschen zu guter Verdauung, gibt ihm Kraft und eine schöne, gesunde Gesichtsfarbe. Es nützt jedem Menschen, ob gesund oder krank, wenn es nach dem Essen genommen wird." (*Causae et Curae*)

Zutaten:
32 g Fenchelsamen
16 g Galgant
8 g Diptam
4 g Habichtskraut

Zubereitung und Anwendung:
Alle Kräuter im Mörser pulverisieren, dann durch ein feines Sieb schütten.
Von diesem Pulver nimmt man täglich nach der Hauptmahlzeit 1/2 Teelöffel – entweder auf einem Stückchen Brot oder in einem Schluck Wein.

Ob getrocknete Löwenleber – wie von Hildegard in ihrer *Physica* empfohlen – wirklich gegen Verdauungsstörungen hilft, wird kaum zu überprüfen sein. Das gleiche gilt für ihren Hinweis, daß eine noch warme Tigerleber, auf den Magen gelegt, für eine gute Verdauung sorge.

Was Sie sonst noch tun können:
- Wichtig ist eine ausgewogene Ernährung, die viele Ballaststoffe enthält. Vollkornprodukte können hier eine regulierende Wirkung haben.
- Auch Bewegung kann die Verdauung positiv beeinflussen. Das gilt vor allem für Menschen mit vorwiegend sitzender Lebensweise. Eine leichte Gymnastik, Schwimmen, Spazierengehen und Radfahren können oft Medikamente ersparen.

Verstopfung

Siehe auch unter *Verdauungsstörungen*
Darunter versteht man die verzögerte oder erschwerte Darmentleerung Normalerweise sollte der Darm täglich entleert werden, und der Stuhl sollte sich leicht absetzen. Durch Streß, aber auch durch falsche Ernährung kann es dabei zu Problemen kommen, die zu gesundheitlichen Beeinträchtigungen führen können.

Viele der im Handel erhältlichen Abführmittel (vor allem, wenn ihnen auch noch eine schlankmachende Wirkung nachgesagt wird) greifen die empfindliche Darmflora zu sehr an. Achten Sie deshalb darauf, daß es sich bei Abführmitteln auch wirklich um rein pflanzliche Produkte handelt, die eine sanfte Wirkung haben!

Flohsamenwasser

Das wirksamste Mittel der Hildegard-Medizin gegen Verstopfung ist der Flohsamen, bei dem es sich um den Samen einer Spitzwegerichart handelt. Der Samen ist sehr quellfähig – darin beruht seine abführende Wirkung –, deshalb muß während seiner Einnahme ausreichend getrunken werden (mindestens 3 Liter pro Tag).
Zutaten:
1 TL Flohsamen
1 Tasse lauwarmer Tee

Zubereitung und Anwendung:
Den Flohsamen eventuell vorher 1/2 Stunde lang quellen lassen. Dann mit dem Tee hinunterspülen.

Auch die Minze empfiehlt Hildegard von Bingen gegen Darmträgheit und Verdauungsschwäche:

> „Wer einen kalten Magen hat und deshalb die Nahrung nicht verdauen kann, der esse die Minze roh oder mit Fleisch- oder Fischgerichten. Denn sie wärmt den Magen und sorgt für eine gute Verdauung." (*Physica*)

Pfefferminze eignet sich nicht nur als Fleisch- und Fischwürze, sondern auch als Kraut für den Salat.

Auch die Bachbunge – wenn sie erhältlich ist – ist ein gutes Mittel gegen die Verstopfung. Man kann sie als leckeren Spinat servieren:

> „Ihrer Natur nach ist die Bachbunge warm. Wenn man daraus unter Beigabe von etwas Fett einen Spinat kocht, kann man damit seinen Bauch erleichtern wie durch einen Abführtrank." (*Physica*)

Was Sie sonst noch tun können:

- Überprüfen Sie Ihre Ernährung! Ballastreiche, vitaminhaltige Vollwertkost verhindert Verstopfungen und kann bestehende Leiden heilen. Also viel Obst, Gemüse und Vollkornprodukte in den Speiseplan aufnehmen.
- Oft wird eine Verstopfung durch vorwiegend sitzende Lebensweise (vormittags im Büro, dann im Auto, abends vor dem Fernseher) verursacht oder begünstigt. Sorgen Sie deshalb für Bewegung! Wenn Sie keinen Sport treiben, sollten Sie jeden Tag einen kleinen Spaziergang machen – statt des Fahrstuhls lieber die Treppen nehmen, Gymnastik treiben, schwimmen usw.
- Oft helfen auch Dörrpflaumen, die man am Vorabend einweicht und dann zum Frühstück ißt. Es gibt auch fertigen Dörrpflaumensaft; dieser ist im Reformhaus und in vielen Supermärkten erhältlich.
- Nehmen Sie sich Zeit für Ihren Stuhlgang! Oft hilft es schon, ein Buch oder eine Zeitschrift mit auf die Toilette zu nehmen.

Wassersucht

Dabei handelt es sich um eine krankhafte Ansammlung von Körperflüssigkeiten im Bauchraum, im Brustraum, im Herzbeutel, in den Gelenken oder auch im Gewebe. Der Grund ist eine Störung des Flüssigkeitsgleichgewichtes zwischen den Blutgefäßen und dem Gewebe.

Hildegard führt die Wassersucht auf das schwermütige Naturell eines Menschen zurück. Dadurch werde das Phlegma in ihm vermindert und das Wasser nimmt überhand. Weiter schreibt sie:

„Wenn Blut und Phlegma bei einem Menschen eintrocknen, geben sie ihre Verdauungsprodukte an die Blase ab und scheiden sie im Urin aus. Aber die Blase kann den Urin nicht ausreichend ‚auskochen‘, weil sie nicht die in Blut und Phlegma enthaltene Wärme hat." (*Causae et Curae*)

Deshalb könne sie ihn nur unverändert und nicht auf dem richtigen Weg – nämlich über die Blase – ausscheiden, sondern ließe ihn auf unnatürlichem Weg zwischen Haut und Fleisch gelangen.

Ihr Rezept gegen die Wassersucht – nämlich einen männlichen Pfau zu kochen und zu essen, außerdem Klauen, Herz und bestimmte Knochen zu pulverisieren und als Heilmittel zu verwenden – gehört aber wohl eher in das Reich von Mythos und Magie.

Realistischer ist ihr Hinweis, die Speisen reichlich mit Nelken zu würzen.

Was Sie sonst noch tun können:
- Entwässernde Tees wie z. B. Löwenzahntee sollten kurmäßig eingenommen werden.

Wunden

Siehe auch unter *Geschwüre*.
Offene Wunden können durch Schnitt, Schlag, Abschürfung usw. verursacht werden. Oft heilen sie sehr schlecht und sind überdies schmerzhaft.

Schafgarben-Kompresse

Hildegard von Bingen empfiehlt bei offenen Wunden die Schafgarbe, die für diese Fälle fast weltweit eines der bekanntesten Naturheilmittel ist. Ihr Rezept:

„Die Wunde in Wein waschen, dann frische, mäßig in Wasser gekochte und dann ausgedrückte Schafgarbe in einem Tuch über die Wunde geben. Sie nimmt der Wunde die Fäulnis und die Schwären

[Geschwüre] und heilt sie. Dies so oft durchführen, wie es nötig ist. Wenn die Wunde beginnt, sich zusammenzuziehen und abzuheilen, kann die Schafgarbe direkt auf die Wunde gelegt werden – dadurch wird sie um so besser und vollkommener geheilt werden." (*Physica*)

Sanikel

Zur inneren Unterstützung des Heilungsprozesses empfiehlt Hildegard in ihrer *Physica* den Sanikel. Und zwar soll man im Sommer einige Tropfen des frisch ausgedrückten Saftes in etwas Wasser geben und dies nach dem Essen trinken. Im Winter gibt man etwas getrocknetes Sanikelpulver ins Wasser. Hildegard schreibt dem Sanikel die Kraft zu, daß er die Wunde von innen reinige und sie allmählich vollständig ausheile.

Was Sie sonst noch tun können:
- Ein Heilmittel, das Hildegard noch nicht kennen konnte, ist das australische Teebaumöl. Einige Tropfen, auf die Wunde geträufelt, schützen nicht nur vor einer Infektion, sondern beschleunigen auch den Heilungsprozeß.

Wurmerkrankungen

Eine Infektion mit Eingeweidewürmern entsteht meistens durch die Aufnahme der Wurmeier oder -larven mit rohen Nahrungsmitteln wie verseuchtem Gemüse und Salat und befallenem Fleisch und Fisch. Symptome eines Befalls können Gewichtsverlust, Müdigkeit, Fieber und Juckreiz sein.

Hildegard von Bingen meint, daß Würmer aus schlechten, körperschädlichen Säften entstehen. Dies komme besonders häufig bei Kindern vor, weil deren Säfte meistens noch ziemlich stark mit Milch vermischt seien. In einem sauren Milieu – wie man heute sagen würde – könnten Würmer sich gar nicht erst entwickeln.

Kirschenkernkur

Hildegard von Bingen empfiehlt als Wurmkur, Kirschkerne aufzu-
knacken, das weiche Innere in etwas Essig einzulegen und täglich einige dieser Kerne auf nüchternen Magen zu essen.

Was Sie sonst noch tun können:
- In der Volksmedizin ist die wurmtreibende Wirkung der Möhre von
  alters her bekannt. Bei Wurmbefall sollten deshalb reichlich Möhren
  gegessen werden.
- Eine ähnliche Wirkung kann Sauerkraut haben.
- Bei Wurmbefall ist auf peinliche Sauberkeit zu achten. Das bedeutet,
  daß nach jedem Toilettenbesuch die Hände mit Wasser und Seife gereinigt werden. Auch sollte die Unterwäsche täglich gewechselt
  werden.

Zahnschmerzen

Zahnschmerzen werden häufig – aber durchaus nicht immer – durch
mangelnde Pflege verursacht. Wichtig ist auch und vor allem eine richtige Ernährung. Dazu werden ausführliche Hinweise im Kapitel
Ernährung gegeben.

Hildegard von Bingen gibt bereits eine Anleitung zur Zahnreinigung:
„Wenn der Mensch seine Zähne durch Ausspülen mit Wasser nicht
oft zwischendurch reinigt, bildet sich dadurch manchmal ein schlei-
miger Belag auf dem Zahnfleisch. Wenn dieser sich vermehrt, wird
das Zahnfleisch krank." (*Causae et Curae*)
Bei eiterigen Fisteln im Zahnfleisch empfiehlt Hildegard, diese mit einer sterilisierten Nadel zu öffnen, damit der Eiter austreten kann. Danach sollte man den Mund gut mit einem desinfizierenden Mundwasser ausspülen. Diese Behandlung lindere den Druck auf den Zahnnerv
und lasse die Entzündung schneller verheilen.

Hildegards Rezept gegen Zahnschmerzen
Zutaten:
Wermut und Eisenkraut (frisch oder getrocknet)
1 Glas trockener Weißwein

Zubereitung und Anwendung:
Die Kräuter in dem Wein kurz aufkochen lassen, dann abseihen. Den Wein vor dem Schlafengehen trinken, die noch warmen Kräuter in eine Mullkompresse geben und auf die schmerzende Stelle legen.
Hildegards Erklärung für die Wirksamkeit dieses Rezepts:
„Der mit den Kräutern vermischte Wein reinigt, wenn man ihn trinkt, von innen die feinen Gefäße, die sich von der Hirnhaut bis zum Zahnfleisch hinziehen. Die auf den Kiefer aufgelegten Kräuter mildern die Zahnschmerzen von außen." (*Physica*)

Mundwasser mit Myrrhe und Aloe

(Eigentlich empfiehlt Hildegard eine Räucherung der Mundhöhle mit diesen Kräutern – allerdings braucht man dafür ein Feuer aus Buchenholz und ein irdenes Gefäß mit einem engen Hals. Leichter anzuwenden und genauso wirksam ist das folgende Mundwasser.)
Zutaten:
Myrrhe- und Aloetinktur (in der Apotheke erhältlich)

Anwendung:
Geben Sie je ein paar Tropfen ins warme Zahnputzwasser und spülen Sie damit gründlich den Mund aus.

Was Sie sonst noch tun können:
- Bei akuten Zahnschmerzen eine Gewürznelke in oder neben den schmerzenden Zahn stecken. Die betäubende Wirkung lindert den Schmerz.

Ernährung

Hildegard von Bingen – eine Pionierin der modernen Ernährungslehre

ℋILDEGARD von Bingen war nicht nur eine Mystikerin, die Äbtissin eines Klosters, Beraterin von Kaisern und Königen, sondern auch Forscherin und Naturwissenschaftlerin. Entsprechend verbindet sich in ihren Werken eine tiefe Gläubigkeit mit einer genauen Beobachtungsgabe. Obwohl sie zu ihrer Zeit noch nichts über Vitamine, Eiweiße und andere Inhaltsstoffe unserer täglichen Nahrung wissen konnte, erfaßte sie durch Beobachtung und Intuition, welche Nahrungsmittel dem Menschen zuträglich oder schädlich sind.

Ihre Systematik – etwa die Unterscheidung in kalte und warme Speisen (siehe im Kapitel „Vier Elemente, vier Säfte", Seite 135) – ist eine andere als die heute bei uns gebräuchliche, in den meisten Fällen aber durchaus nachvollziehbar. Bei manchen Lebensmitteln mögen allerdings die Meinung Hildegards und die der modernen Ernährungswissenschaftler weit auseinandergehen. Hier kann nur empfohlen werden, nach dem eigenen Körpergefühl zu gehen und selbst nachzuspüren, was einem guttut und was nicht.

Hildegard war nie Dogmatikerin – im Gegenteil: Ihr wichtigster Leitspruch war der von der *discretio*. Das bedeutet, daß der Mensch in allem, auch in der Ernährung, *das rechte Maß* halten soll. Schon der griechische Arzt Hippokrates empfahl: „Die Nahrungsmittel sollen unsere Heilmittel sein – unsere Heilmittel sollen die Nahrungsmittel sein." Dies ist ein Leitspruch, den wir uns immer bewußt machen sollten – immerhin ist ein großer Prozentsatz der Erkrankungen in unserer westlichen Zivilisation ernährungsbedingt.

Hildegard von Bingen hat kein spezielles Werk über die Ernährungslehre geschrieben. Aber in vielen ihrer Bücher finden sich detaillierte Hinweise zur Ernährung von Gesunden und Kranken, mitunter sogar Kochrezepte.

Dabei hatte sie drei wesentliche Anliegen:

- Die Speisen sollen gesund oder sogar – im Krankheitsfalle – heilsam sein.

- Die Speisen sollen wohlschmeckend sein und den Menschen erfreuen, denn nur ein fröhliches Herz kann Gott in der rechten Weise dienen.
- Die Speisen sollen den Menschen in Einklang mit dem Kosmos – oder in ihren Worten: mit Gott – bringen. Deshalb empfiehlt sie, das Leben auf die Jahreszeiten abzustimmen, auch in der Ernährung.

Hildegard von Bingen weiß als Klosterfrau natürlich auch um die segensreiche Auswirkung des Fastens auf Körper, Seele und Geist – aber auch hier empfiehlt sie das rechte Maß. Übertriebene Askese und Selbstkasteiung können ihrer Meinung nach Gott nicht wohlgefällig sein, denn sie hindern den Menschen daran, hier auf Erden seinen Auftrag frohen Herzens zu erfüllen – nämlich Gott und den Mitmenschen zu dienen.

Die Ernährungslehre der Hildegard von Bingen enthält Elemente, die dem normalen Haushalt vielleicht nicht so vertraut sind – beispielsweise einige Kräuter oder Getreide usw. Andererseits rät sie von verschiedenen Nahrungsmitteln ab, die uns selbstverständlich geworden sind – etwa von Erdbeeren. Mit den Nahrungsmitteln sollte mit der von ihr so stark betonten *discretio* umgegangen werden. Wenn Sie Ihre Ernährung umstellen, wählen Sie am besten den sanften Weg, um so Ihre Familie von den Vorteilen der Hildegard-Küche überzeugen zu können. Stellen Sie die Ernährung langsam um, Schritt für Schritt. In einem späteren Band werden detaillierte Hinweise und Rezepte gegeben, die zeigen, daß die Ernährung nach den Richtlinien Hildegards nicht nur gesund, sondern auch wohlschmeckend und überaus abwechslungsreich sein kann!

So ernährte man sich im Mittelalter

ⅅIE UNS erhaltenen Quellen über die Eßgewohnheiten im Mittelalter beziehen sich in der Hauptsache auf das Leben an den Fürsten-, Königs- und Kaiserhöfen. Dort waren natürlich mehrgängige Speisefolgen üblich, die zu einem großen Teil aus Fleisch – vor allem vom Wild – und Fisch bestanden. Brot gehörte selbstverständlich zu jeder Mahlzeit, da die Kartoffel ja noch unbekannt war. Bereits damals gab es zahlreiche Brotsorten aus den verschiedensten Mehlen, wobei „bei Hofe" natürlich Backwaren aus dem feineren Weizenmehl bevorzugt wurden.

Das Essen war reichlich und üppig und wurde mit Wein und Bier heruntergespült. Frisches Gemüse und Kräuter waren eine willkommene Bereicherung, außerdem waren Früchte als Ergänzung in frischer oder konservierter Form (eingemacht oder getrocknet, oft auch kandiert) beliebt. Insgesamt allerdings wurde an den meisten Höfen nicht nur zuviel, sondern auch zu fett gegessen – daraus entstanden viele ernährungsbedingte Krankheiten, vor allem die Gicht.

Als besonders delikat und luxuriös galten übrigens ausgefallene Fleischarten, die uns heute als ungenießbar erscheinen, z. B. gebratener Schwan oder Pfau. Hildegard empfiehlt sogar als besonders gesundheitsfördernd das Straußenfleisch! Von den Römern war die (Un-)Sitte übernommen worden, alle Gerichte möglichst stark zu würzen – nicht zuletzt, um dadurch zu zeigen, daß man sich die teuren ausländischen Gewürze wie Zimt, Pfeffer, Safran und Nelken leisten konnte. Dabei wurde meistens recht wahllos mit diesen Gewürzen umgegangen, so daß die Gerichte selbst den bescheidensten kulinarischen Ansprüchen unserer Zeit nicht gerecht werden würden.
Anders sah es beim „einfachen Volk" aus, das den überwiegenden Teil der Bevölkerung ausmachte. Die Bauern mußten entweder dem Grundherrn oder dem Kloster, dem sie sich unterstellt hatten, Abgaben in Form von Naturalien und Diensten leisten, so daß ihnen oft genug kaum das Lebensnotwendige übrigblieb. Sie waren froh, wenn es zum täglichen Getreidebrei reichte oder sogar zu einem gebackenen Brot. Beides mußte in schlechten Zeiten mit gemahlenen Eicheln oder mit

den mehligen Früchten des Weißdorns gestreckt werden. Als Gemüse gab es im besten Fall Kohlgemüse oder Hülsenfrüchte. Die Gartenkultur, wie wir sie heute kennen, war bei der armen Landbevölkerung des Mittelalters noch so gut wie unbekannt.

Deshalb war man froh, wenn man auf die Schätze der Natur zurückgreifen konnte – auf Wildfrüchte und -gemüse, auf die ersten frischen Kräuter, auf Nüsse und Pilze. Fleisch kam nur selten auf den Tisch. Die Waidgerechtigkeit – das Recht, Wild in den Wäldern zu jagen – lag bei den Grundherren und konnte nur durch Wilddieberei (die schwer bestraft wurde) umgangen werden. Und die Kuh oder Ziege, die ein Bauer eventuell hielt, war in erster Linie zur Milchproduktion da.

Trotzdem ernährten sich die Bauern – wenn sie nicht gerade hungern mußten, weil die Abgaben zu drückend waren oder es eine Mißernte gegeben hatte – wesentlich gesünder als die Fürsten. Getreide, Kräuter, Wildgemüse und -früchte sind auch nach den Erkenntnissen unserer modernen Ernährungswissenschaft eine ideale Grundlage für eine gesunde Ernährung.

Ganz anders sah es in den Klöstern aus. Zum einen wurden dort die vielen Fastentage, an denen man entweder gar nichts oder zumindest kein Fleisch essen durfte, streng eingehalten. Zum anderen waren die Klöster meistens gut mit allen notwendigen Lebensmitteln versorgt – entweder durch die Bauern, die sich in ihre Obhut begeben und so ein leichteres Los hatten als unter der Herrschaft ihrer früheren Grundherren, oder durch eigenen Anbau. Die Gartenkultur war in den Klöstern des Mittelalters schon recht weit entwickelt. Das hatte seinen Grund nicht zuletzt darin, daß man auf die Aufzeichnungen römischer Naturwissenschaftler und Gartenkünstler zurückgreifen und diese erweitern und vervollkommnen konnte.

Die Klöster hatten neben ihrer geistlichen Aufgabe meistens die Pflicht, als Herbergen zu dienen – sowohl für durchreisende Fürsten als auch für reisende Mönche und arme Wanderer. Das bedeutete, daß Küche und Keller immer gut gefüllt sein mußten. Eine weitere Aufgabe der Klöster war die Gesundheitspflege – meistens gab es sogar eine Art Krankenhaus. Da Gesundheit sehr eng mit der richtigen Ernährung verbunden ist, was man damals in diesen Kreisen durchaus schon wußte, wurde viel Wert auf die Auswahl der richtigen und bekömmlichen Nahrungsmittel gelegt. Wie dieses Buch zeigt, hat auch Hildegard von Bingen sich ausführlich mit dieser Thematik beschäftigt. Man kann also die Klöster des Mittelalters als die „Wiege der gesunden Eßkultur" betrachten.

Leib und Seele gehören zusammen

ILDEGARD von Bingen war keine Ökotrophologin (Ernährungs-wissenschaftlerin), obwohl viele ihrer Anmerkungen zur Ernährungslehre dies fast vermuten lassen könnten. Sie war in erster Linie eine tief religiöse Frau, die alle Bereiche des menschlichen Lebens nur auf ein Ziel hin ausrichtete: Gott besser dienen zu können.

So sieht sie die Ernährung nicht als einseitig physische Angelegenheit an, sondern weiß, daß auch die Seele ernährt werden muß, um den Körper gesund zu erhalten. Diese Wechselwirkung zwischen Körper und Seele ist einer der Kernpunkte ihrer ganzheitlichen Anschauung des Menschen. Diese Erkenntnisse mußten sich die moderne Naturheilkunde und die Psychotherapie erst wieder erarbeiten und mühsam gegen die Schulmedizin durchsetzen.

Wir alle wissen, daß positive Gedanken und Gefühle den körperlichen Zustand positiv beeinflussen können. Nicht umsonst sagt man, daß der Patient sein eigener Arzt sein muß: Nur wenn er den Willen zur Gesundheit aufbringt, wenn er sich mit sich selbst und dem Kosmos, mit Gott eins fühlt, kann ihm medizinisch nachhaltig geholfen werden. Ebenso können natürlich negative Gedanken und Gefühle – Haß, Neid, Eifersucht usw. – den Menschen krank machen.

Die Ernährung kann ebenfalls viel für den Gemütszustand eines Menschen bewirken. Warum – beispielsweise – ist Boris Becker ein begeisterter Bananenesser? Die Banane liefert ihm nicht nur Energien, sondern sie aktiviert auch Hormone, die ihn gelassen und positiv gestimmt in ein Spiel gehen lassen. Viele dieser Stoffe und ihre Wirkungen sind heute wissenschaftlich erforscht – Hildegard von Bingen hat vor Hunderten von Jahren bereits intuitiv einige dieser Eigenschaften erkannt. Wenngleich manches uns heute nicht mehr zeitgemäß erscheint – so war sie doch eine Vorreiterin der modernen ganzheitlichen Sicht des Menschen, nicht zuletzt in der Ernährungslehre.

„Die Seele gleicht dem Feuer, der Körper aber dem Wasser, und beide bestehen gemeinsam, denn der Mensch ist ein Geschöpf Gottes. Der Körper ist voller Verlangen, die Seele aber ist das Schaffende. Deshalb ist die Seele mächtiger als der Körper, weil sie sein Verlangen stillt."

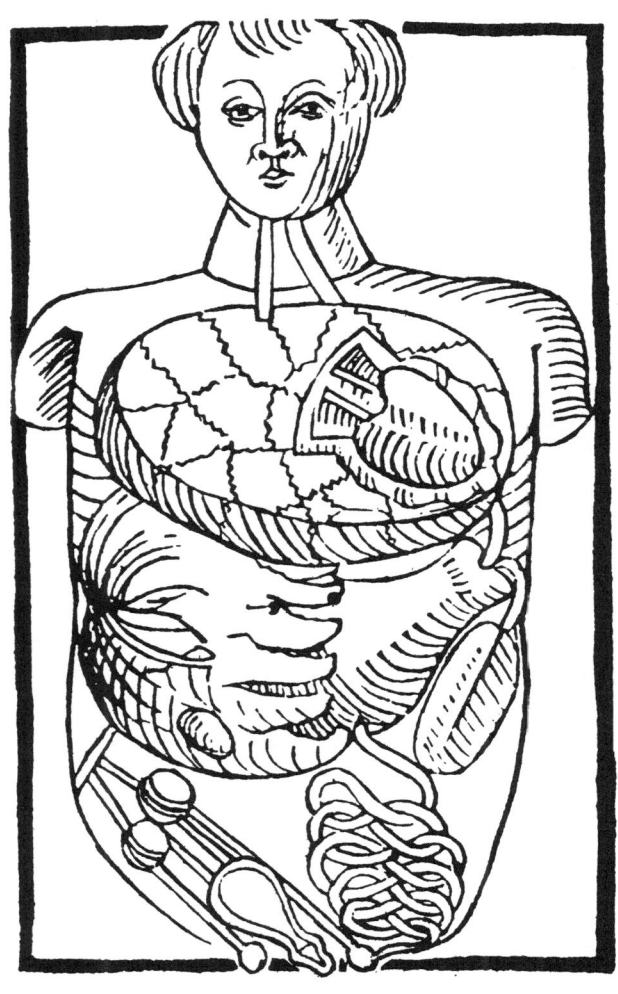

Wie entstand Hildegards Ernährungslehre?

ILDEGARD von Bingen hat kein spezielles Werk zur Ernährung geschrieben. Vielmehr sind alle Angaben in diesem Buch verschiedenen anderen Schriften entnommen, in denen sie darauf eingeht, wie wichtig eine ausgewogene Ernährung für die seelische und körperliche Gesundheit des Menschen ist.

In der Hauptsache wird Bezug genommen auf zwei ihrer wesentlichen Werke:

- *Causae et curae* (Die Ursachen der Krankheiten und ihre Heilung)
  In diesem aus fünf Teilen bestehenden Buch spannt Hildegard einen weiten Bogen von der Erschaffung der Welt über die Beschaffenheit des Menschen (wie etwa dessen Temperamente und Körpersäfte) bis hin zu detaillierten Angaben zu einer gesunden Lebensweise ganz allgemein. Im Anschluß daran geht sie auf die einzelnen Krankheiten ein und gibt dabei auch Ernährungshinweise.

- *Physica* (Naturlehre)
  Dieses Werk besteht aus insgesamt neun Teilen, in denen Hildegard sich mit Pflanzen, Elementen, Bäumen, Edelsteinen, Fischen, Vögeln, Reptilien und anderen Tieren sowie Metallen beschäftigt. Diese werden ebenfalls nach ihrer Zuträglichkeit für die menschliche Gesundheit betrachtet.

Aber natürlich sind nicht nur die naturwissenschaftlichen Schriften der Hildegard von Bingen im Zusammenhang mit der Ernährungslehre wichtig. Auch in ihren theologischen Werken weist sie immer wieder darauf hin, daß das rechte Maß – die *discretio* – wie in allen anderen Lebensbereichen so auch in der Ernährung von größter Bedeutung ist.

So ernähren Sie sich richtig und gesund

OBWOHL Hildegard von Bingen nie ein Kochbuch geschrieben hat, wußte sie doch genau, wie wichtig eine richtige Ernährung für die innere und äußere Gesundheit des Menschen ist.

„Wann auch immer der Körper des Menschen ohne Diskretion ißt oder trinkt oder etwas anderes dieser Art verrichtet, werden die Kräfte der Seele verletzt."

Deshalb finden wir in Hildegards Schriften immer wieder sehr detaillierte Hinweise zur Ernährungslehre. Im Mittelpunkt steht dabei das Prinzip der *discretio*, denn „die Seele liebt das vernünftige Maß, und Essen und Trinken können ihr bei Unmäßigkeit Schaden zufügen".

Genauso wie äußere Ereignisse, seelische Schwierigkeiten usw. uns „auf den Magen schlagen", kann eine falsche Ernährung im Umkehreffekt negative seelische Auswirkungen haben. Dagegen kann eine richtige Ernährung nicht nur die Gesundheit stärken, Krankheiten vorbeugen oder sogar lindern und mitunter heilen – sie kann auch auf unsere Gemütsverfassung positiv Einfluß nehmen.

Wenn Hildegard von Bingen von der *discretio* in der Ernährung spricht, meint sie damit durchaus keine kärglichen Mahlzeiten, sondern eine ausgewogene Ernährung, damit es dem Menschen „nicht an der Freude der Seele ermangele".

Vom bewußten Essen

ᴡENN ESSEN mehr sein soll als ein bloßes Lebenserhaltungssystem, wenn es mit Genuß, mit gesundheitlichem Wert für Körper und Seele verbunden sein soll, reicht es nicht aus, möglichst „richtige" Nahrungsmittel zu sich zu nehmen, man sollte diese auch in der richtigen Weise würdigen und genießen.

In der Kantine, bei einem Arbeitsessen oder bei einem kleinen Imbiß zwischendurch wird dies meistens nicht möglich sein. Aber zu Hause, in Ihrem eigenen, ganz privaten Umfeld können Sie die Mahlzeiten ganz bewußt gestalten. Das beginnt schon bei der Zubereitung:

- Selbst wenn es abends Fast food aus der Dose oder aus der Tiefkühltruhe gibt, bereiten Sie das Essen mit Liebe zu.

- Denken Sie dabei daran, daß Sie sich selbst und Ihrer Familie etwas Gutes tun wollen, und zwar nicht nur für den Leib, sondern auch für die Seele.

- Wenn Sie aus Zeitmangel nicht die ganze Mahlzeit selbst zubereiten können, haben Sie vielleicht die Möglichkeit, einen frischen Salat vorweg zu machen oder etwas frisches Obst für den Nachtisch herzurichten.

- Decken Sie den Tisch so schön wie möglich – mit Servietten, Blumen, einer Kerze.

- Lassen Sie sich während der Mahlzeiten nicht stören – vor allem nicht durchs Telefon. Sollte ein unangemeldeter Besucher kommen, legen Sie einfach ein zusätzliches Gedeck auf, so war es auch zu Hildegards Zeit in den Klöstern üblich. Dazu gibt es ein hübsches Sprichwort: „Fünf waren geladen, zehn sind gekommen. Tu Wasser zur Suppe – heiß alle willkommen."

- Besonders wichtig ist es, daß vor der Mahlzeit ein Augenblick der Stille eintritt. Zum einen ist es nämlich nicht selbstverständlich, daß wir uns zu Tisch setzen und satt zu essen haben, deshalb ist ein Moment des dankbaren Innehaltens durchaus angebracht. Zum anderen müssen Körper und Seele zur Ruhe kommen können, damit die Mahlzeit auf beide auch die richtige Wirkung hat.

- Am besten eignet sich dazu ein Tischgebet. Diese schöne Sitte ist uns modernen Menschen, die oft weder eine religiöse Erziehung noch eine kirchliche Bindung haben, leider abhanden gekommen. Dabei hat dieses Gebet nicht nur einen religiösen, sondern auch einen diätetischen Sinn – nämlich: Körper und Seele vor dem Essen zur Ruhe kommen zu lassen.

- Wenn Sie kleine Kinder haben, wird es Ihnen leichtfallen, diese Sitte einzuführen, die nicht nur den Kindern, sondern auch Ihnen selbst einen Ruhepunkt bietet. Übrigens gibt es auch sehr schöne, nicht religiöse Tischsprüche. (Naturgemäß wird sich die Sitte des Tischspruches mit dem Größerwerden der Kinder verflüchtigen – das ist nun einmal so, und man muß es akzeptieren. Zwang wäre hier das falscheste Mittel.)

- Oft ist es so – weil diese Mahlzeit meistens die einzige gemeinsame des Tages ist –, daß alle zur gleichen Zeit etwas erzählen wollen und dabei das Essen einfach hinunterschlingen. Hier hat sich ein kleiner Trick bewährt: Stellen Sie eine Eieruhr auf den Tisch. Bis der Sand durchgelaufen ist, wird nicht geredet, nur in Ruhe gegessen. Während dieser Zeit kann jeder seine Gedanken sammeln und danach viel ruhiger von seinen Erlebnissen und Problemen erzählen.

- Achten Sie darauf, daß jeder seinen Teller und sein Besteck selbst abräumt, so daß der Tisch auch nach dem Essen wieder einen angenehmen Anblick bietet.

- Und: Wenn es jemandem nicht geschmeckt hat, fragen Sie ihn nach seinen Vorlieben, und richten Sie sich von Zeit zu Zeit nach den Wünschen der Familie. Das gesündeste Essen nützt nichts, wenn es aufgezwungen wird – aber Kompromisse sind immer möglich.

Sie sehen: Auch bei dem „Wie" der Nahrungsaufnahme ist Hildegards Regel vom rechten Maß von größter Bedeutung.

Vier Elemente, vier Säfte

ILDEGARD von Bingen kannte natürlich die Fachbegriffe unserer modernen Ernährungswissenschaft wie Kalorien (oder Joule), Eiweißgehalt, Spurenelemente, Vitamine usw. noch nicht. Alle diese Zusammenhänge wurden viel später entdeckt – teilweise erst in unserem Jahrhundert.

Dafür gab es im Mittelalter eine Systematik, die uns heutzutage unbekannt ist. So unterscheidet Hildegard die Nahrungsmittel, aber auch die Beschaffenheit des Menschen nach den vier Elementen:

Feuer   = warm,
Luft   = kalt,
Wasser = feucht,
Erde   = trocken.

Die „trockenen" Menschen beispielsweise sind in Hildegards Kategorien eher dünn und können deshalb Nahrungsmittel vertragen, die einem „feuchten" (etwa lungenkranken) Menschen nicht bekömmlich sind. So ordnet sie jedem Menschen die zu ihm passende Nahrung zu.

Auch die vier Körpersäfte (die *humores*), die schon in der altgriechischen Medizin eine wichtige Rolle spielten, werden von ihr angeführt:

Blut,
Schleim,
gelbe Galle,
schwarze Galle.

In ihren Hinweisen zur Ernährungslehre bezieht Hildegard von Bingen sich hauptsächlich auf Blut und Schleim, die durch eine falsche Ernährung beeinträchtigt bzw. hervorgerufen werden können.

Daß das Blut als „Lebenssaft" sehr wichtig ist und durch eine entsprechende Ernährung gestärkt werden muß, ist uns modernen Menschen geläufig. Mit dem „Schleim", der – laut Hildegard – beispielsweise durch das Essen von Erdbeeren erzeugt wird, wissen wir allerdings weniger anzufangen. Hildegard-Forscher vermuten, daß sie sich dabei auf die lymphatischen Organe des Menschen bezieht. Die Lymphe ist eine klare, farblose bis gelblichweiße Flüssigkeit, die aus den Blutgefäßen austritt, in die Zellzwischenräume gelangt und von dort ins Lymphsystem abgeleitet wird. Sie hat die gleichen Bestandteile wie das Blutplasma und dient dem Transport von Nährstoffen in das Gewebe sowie dem Abtransport von Abfallstoffen.

Obwohl Hildegard von diesen wissenschaftlichen Zusammenhängen noch nichts ahnen konnte, hatte sie doch ein intuitives Wissen über die Aufgabe der Lymphe und warnt deshalb immer wieder vor schleimbildenden Nahrungsmitteln.

Die Lebensmittel der Hildegard-Küche

Getreide

Getreide ist eine der Hauptgrundlagen von Hildegards Ernährungslehre. Es war und ist eines unserer wertvollsten Lebensmittel. Während es im Mittelalter mehr oder weniger die Nahrungsgrundlage zumindest der ärmeren Bevölkerung darstellte, ist es heute eine wichtige Ergänzung unseres Speiseplans. Dabei sollte aber unbedingt das unbehandelte, keimfähige Getreidekorn verwendet werden, das vor der Verwendung jeweils frisch gemahlen wird – entweder im Naturkostladen, im Reformhaus oder in der eigenen Getreidemühle. Wenn Sie diese Möglichkeiten nicht haben oder die Getreideküche erst einmal ausprobieren wollen, können Sie auch fertiggemahlene Vollkornmehle verwenden, die es inzwischen sogar in Supermärkten zu kaufen gibt.

Werfen wir nun einen Blick auf die verschiedenen Getreidearten:

Dinkel

Der Dinkel ist das für die Ernährungslehre der Hildegard von Bingen wichtigste Getreide. Er ist eine Kulturform des Weizens, die wahrscheinlich schon im alten Ägypten angebaut wurde. In deutschen Gebieten war der Dinkel früher ebenfalls sehr beliebt, da er – obwohl nicht sonderlich ertragreich – auch auf kargen Böden und bei rauhen Witterungsbedingungen wächst.

Dinkel enthält reichlich Eiweiß, Kalium, Phosphor und Eisen. Außerdem haben Backwaren und Mehlspeisen, die mit Dinkel hergestellt werden, einen besonders herzhaften, nußartigen Geschmack. Auch Grünkern ist ein Dinkelprodukt. Dafür wird der Dinkel unreif geerntet (daher der Name) und auf speziellen Darren geröstet. So erhält er ein besonders würziges Aroma. Ganz allgemein können Sie Dinkel genauso wie Weizen beim Kochen und Backen verwenden. Das günstigste Ergebnis erzielen Sie, wenn Sie ein Drittel bis die Hälfte der angegebenen Weizenmenge durch Dinkel ersetzen.

Hildegard betont besonders die Milde und die gute Verträglichkeit des Dinkels:

„Der Dinkel ist das beste Getreide. Er ist warm und fett und kräftig. Er ist heilsam für Fleisch und Blut und er macht den Menschen fröhlich. In welcher Zubereitung man den Dinkel auch ißt, ob als Brot oder in einer anderen Speise – er ist immer gut und mild." (*Physica*)

Gerste

Die Gerste ist eine der ältesten Kulturpflanzen. Besonders bei den Griechen wurde sie sehr geschätzt – diese betrachteten sie als ein Geschenk der Göttin Demeter, der „Getreidemutter". Gerstenbrei und Fladenbrot aus Gerstenmehl gehörten lange Zeit zu den Hauptnahrungsmitteln unserer Vorfahren.

Gerste enthält viele Vitamine und Mineralstoffe, vor allem Kalium, Kalzium, Phosphor und Kieselsäure. Gerstenschleim kann vor allem bei Magen- und Darmerkrankungen eine wirksame Krankenkost sein. Und natürlich werden aus Gerste auch die meisten Bierarten gebraut. In dieser Form ist diese Getreideart laut Hildegard sowohl Gesunden wie Kranken zuträglich. Ansonsten nämlich hält sie die Gerste nicht für besonders empfehlenswert, denn:

„Die Gerste ist kälter und schwächer als andere Feldfrüchte. Wenn sie als Brot oder in Mehlspeisen gegessen wird, schadet sie sowohl Gesunden wie Kranken, eben weil sie nicht solche Kräfte hat wie die übrigen Arten der Feldfrüchte." (*Causae et curae*)

Hafer

Auch Haferbrei war über lange Zeiten hinweg die Alltagsspeise unserer Vorfahren. In England und vor allem in Schottland ißt man heute noch vielfach das morgendliche Porridge, weil es kräftigend nicht nur auf den Körper, sondern auch auf die Seele wirkt. Nicht umsonst sagt man, daß Pferde, die mit reichlich Hafer gefüttert werden, besonders feurig sind.

Hafer enthält reichlich Eiweiß, Kieselsäure, Kalzium, Phosphor und Fluor, außerdem die Vitamine B1, B2, B6, E und das selten vorkommende Biotin (Vitamin H), das sich besonders günstig auf Haut und Haare auswirkt.

Hildegard empfiehlt den Hafer nicht nur als gesunde Kost, sondern auch als natürlichen Stimmungsaufheller:

> „Der Hafer ist warm und eine beglückende und gesunde Speise für gesunde Menschen. Er macht ihren Sinn froh und ihren Verstand hell und klar; außerdem wird ihre Gesichtsfarbe davon frisch und ihr Fleisch gesund. Auch Menschen, die etwas schwächlich sind, ist Hafer empfehlenswert und schadet ihnen nicht. Sehr kranken Menschen allerdings ist Hafer nicht so bekömmlich, denn er sucht immer Wärme. Da sehr kranke Menschen aber kalt sind, würde sich der Hafer in ihrem Bauch wälzen und ihnen keine Kraft geben, sondern eher Beschwerden verursachen." (*Physica*)

Hirse

Die Hirse, die über Indien und China nach Europa gelangte, wurde früher auch bei uns angebaut. Da Hirse zum Gedeihen allerdings viel Wärme braucht, wird sie heute vor allem in Afrika, Asien und Südamerika kultiviert.

Selbst geschälte Hirse ist noch ein wertvolles Getreideprodukt, denn im Gegensatz zum Weizen sind ihre Wirkstoffe nicht nur in der äußeren Hülle, sondern im ganzen Korn vorhanden. Von allen Getreidearten enthält die Hirse die meisten Mineralstoffe – so können wir schon mit 50 Gramm Hirse unseren gesamten Tagesbedarf an Eisen decken! Weitere wichtige Inhaltsstoffe sind Magnesium, Kalium, Phosphor und Fluor.

Trotzdem bewertet Hildegard die Hirse nicht besonders positiv:

> „Die Hirse ist kalt und etwas warm. Sie ist für den Verzehr nicht geeignet, weil sie weder Fleisch noch Blut kräftigt. Sie füllt lediglich den Bauch, mindert aber nicht den Hunger, weil sie keinen erquickenden Geschmack hat. Außerdem macht sie das Gehirn des Menschen wässerig." (*Physica*)

Roggen

Roggenbrot war eines der wichtigsten Nahrungsmittel der Kelten, Slawen und Germanen. Die Römer lehnten diese kräftig schmeckende „Barbarenspeise" ab und hielten sich lieber an das helle Weizenbrot, das auch in Deutschland bei Hofe üblich und gewissermaßen ein Status-

symbol war. Roggen gedeiht selbst in nördlichen Ländern und in Berg-
regionen, wo kein Weizen mehr gedeiht.

Roggen enthält in reichem Maße Vitamine des B-Komplexes sowie
Mineralien, vor allem Kalium, Phosphor, Fluor, Kieselsäure und Eisen.

Hildegard lobt den Roggen wegen seiner gesundheitlich vorteilhaften
Eigenschaften, rät aber vernünftigerweise Kranken und Menschen mit
einem schwachen Magen davon ab, weil er für sie zu schwer verdaulich ist:

> „Der Roggen ist warm, allerdings kälter als der Weizen, und er hat
> viel Kraft. Das aus Roggen gebackene Brot ist gut für gesunde
> Menschen, denn es macht sie stark. Übergewichtige behalten durch
> Roggenbrot ihre Kraft, ohne dabei zuzunehmen. Menschen, die ei-
> nen kalten Magen haben und dadurch entkräftet sind, sollten keinen
> Roggen essen, weil er für sie zu schwer verdaulich ist." (*Physica*)

Weizen

Unser heutiger Weizen entstand aus verschiedenen Wildformen durch
Züchtung. Dies gelang allerdings erst in geschichtlicher Zeit, es handelt sich also um eine recht „moderne" Form des Getreides. In Europa
kannte man vorher nur Getreidearten, die ein dunkleres Mehl lieferten.
Deshalb wurden der mildere Geschmack und die feinere Beschaffenheit der aus Weizen hergestellten Backwaren und Mehlspeisen besonders hoch geschätzt. Außerdem eignet sich Weizen durch seinen hohen
Anteil an „Klebereiweiß" besonders gut zum Backen.

Wichtig bei der Verwendung von Weizenmehl ist, daß es naturbelassen
ist und die gröberen Kleieanteile nicht ausgesiebt worden sind. Gerade
diese enthalten nämlich die wichtigsten Inhaltsstoffe: die Vitamine B1,
B2, B6 und Karotin (eine Vorstufe des Vitamins A), außerdem die
Mineralstoffe Kalium, Phosphor, Magnesium und Kieselsäure.

Hildegard empfiehlt den Weizen für Gesunde und Kranke gleichermaßen:

> „Der Weizen ist warm und eine vollkommene Frucht, in ihm man-
> gelt es an nichts. Das aus Vollkornmehl hergestellte Brot ist gut für
> Gesunde und Kranke und verbessert deren Fleisch und Blut. Wird

aber die Kleie ausgesiebt, so ist das daraus hergestellte Brot kraft-
loser und schwächer, als wenn es aus dem vollen Korn hergestellt
wird." (*Physica*)

Gemüse

Frisches Gemüse ist uns zu allen Jahreszeiten lebensnotwendig. Im
Mittelalter hatte man noch nicht die Möglichkeiten, die es heute gibt
und die es uns ermöglichen, das ganze Jahr über frisches Gemüse aus
aller Herren Länder im Supermarkt um die Ecke zu kaufen. Deshalb
hatten die Gemüsearten, die im Frühjahr bis zum Herbst im Garten
oder auf dem Feld wuchsen, einen besonders hohen Stellenwert.

Auch wenn uns heute fast alles „verfügbar" ist, sollten Sie sich doch
beim Einkauf und beim Zubereiten einige Gedanken machen, wenn Sie
sich nach Hildegards Ernährungslehre richten möchten, die ja in den
meisten Punkten der modernen Ernährungswissenschaft entspricht:

- Am wertvollsten ist natürlich das Gemüse, das Sie unmittelbar vor
  der Zubereitung frisch im Garten geerntet haben (und das natürlich
  weder mit Kunstdünger noch mit Spritzmitteln behandelt wurde!).

- Wenn Sie Gemüse kaufen, achten Sie auf seine Herkunft und beziehen Sie möglichst frisches Gemüse direkt von einem biologisch wirt-
  schaftenden Bauern (viele dieser Landwirte betreiben inzwischen eigene „Hofläden"), aus dem Naturkostladen oder aus dem Reformhaus, das meistens ebenfalls biologisch gezogenes Gemüse bereithält.

- Wenn Sie im Supermarkt einkaufen, achten Sie auf das Herkunfts-
  land, und bevorzugen Sie einheimisches Gemüse.

- Bei der Vorbereitung des Gemüses sollten Sie – wo immer möglich –
  auf das Schälen verzichten, weil gerade in den Schalen vieler Gemüse die wertvollsten Inhaltsstoffe stecken. Das gilt beispielsweise für
  Möhren, die nur mit einer Gemüsebürste unter fließendem Wasser
  gesäubert werden sollten. Schlechte Stellen oder Wurmlöcher werden
  anschließend mit einem Messer entfernt.

- Als Rohkost genossen, ist das Gemüse meistens am wertvollsten
  (Vorsicht: Grüne Bohnen dürfen nicht roh gegessen werden, weil sie
  in ungekochtem Zustand Vergiftungserscheinungen hervorrufen können!), bedeutet aber eine starke Belastung für das Verdauungssystem,
  die nur wirklich gesunde Menschen gut verkraften. Deshalb sollten
  Sie Rohkostsalate immer mit einer Marinade anmachen, die ein gutes
  Pflanzenöl enthält.

- Aber auch gedünstetes Gemüse enthält noch einen Großteil der wertvollen Inhaltsstoffe. Wichtig ist dabei, daß Sie das Gemüse nicht „tot-
  kochen", sondern „al dente", also bißfest, auf den Tisch bringen. Am
  besten garen Sie Gemüse in wenig Wasser, dem Sie etwas gutes Pflanzenöl zugesetzt haben. So bleiben Geschmack und Struktur erhalten.

- Butter, Sahne und Milch sollten Sie erst nach dem Kochen des
  Gemüses hinzufügen.

Kommen wir nun zu den von Hildegard von Bingen bevorzugten
Gemüsen. Einige davon sind uns auch heute vertraut, bei anderen handelt es sich um Wildgemüse, die sich nur in der freien Natur finden.

Gartengemüse

Bohnen
Die Bohnen gehören weltweit zu den wichtigsten pflanzlichen Eiweiß-
lieferanten. Bei uns kennt man nur wenige Arten, während etwa auf
südamerikanischen Märkten mindestens zwei Dutzend verschiedene Sorten angeboten werden. Bohnen sind deshalb so besonders wertvoll, weil
einem hohen Eiweiß- und Kohlenhydratgehalt ein sehr niedriger Fettgehalt gegenübersteht. Auch lebenswichtige Aminosäuren sind in Bohnen in reichem Maße enthalten. Vor allem Lysin, das das Knochenwachs-
tum fördert, findet sich in Bohnen reichhaltiger als im Getreide.

Hildegard von Bingen empfiehlt Bohnen als besonders gesunde Nahrung – allerdings nicht die grünen Bohnen, da diese „unreif geerntet
werden". Über die getrockneten Bohnenkerne schreibt sie:
     „Die Bohne ist warm. Sie ist gut für gesunde und starke Menschen
     und empfehlenswerter als die Erbse. Wenn Kranke Bohnen essen,

schadet dies ihnen kaum, denn sie erzeugt nicht so viel Flüssigkeit und Schleim wie die Erbse. Besonders das Bohnenmehl ist gut und nützlich für den gesunden wie für den kranken Menschen, denn es ist leicht verdaulich. Wer allerdings Schmerzen in den Eingeweiden hat, sollte Bohnen in Wasser unter Beigabe von etwas Öl kochen, die Bohnen herausnehmen und lediglich die warme Brühe trinken." (*Physica*)

Erbsen

Für die Menschen der gemäßigten Klimazonen ist die Erbse heute die wichtigste Hülsenfrucht. Sie hat einen hohen Nährwert durch ihren Eiweiß- und Stärkegehalt und enthält außerdem reichlich Vitamin B und C. Die Erbse gehört zu den ältesten vom Menschen kultivierten Pflanzen überhaupt und hatte eine große Bedeutung für die ersten Ackerbauern.

Hildegard hat keine Bedenken, wenn ein gesunder Mensch Erbsen ißt. Kranken Menschen aber rät sie eher davon ab:

„Die Erbse ist kalt und etwas schleimig. Sie macht die Lunge dämpfig. Für Menschen, die von warmer Natur sind, ist sie allerdings gut zu essen und gibt ihnen Kraft. Wer aber von kalter Natur und krank ist, sollte keine Erbsen essen, weil sie Schleim in seinem Mund erzeugen. Für alle Kranken ist die Erbse schädlich, und sie enthält keine Kräfte, die die Krankheit austreiben könnten." (*Physica*)

Fenchel

So, wie der Dinkel Hildegards Lieblingsgetreide ist, ist der Fenchel ihr Lieblingsgemüse. Er wird schon auf altägyptischen Papyrusrollen erwähnt und scheint um das gesamte Mittelmeergebiet verbreitet gewesen zu sein. Auch Karl der Große empfahl ihn zum Anbau in Schloß- und Klostergärten in seinem *Capitulare de villis*, in dem er die wichtigsten Heil- und Gemüsepflanzen auflistet.

Fencheltee ist bei uns seit langem als wirksames Heilmittel vor allem gegen Blähungen und Magen-Darm-Beschwerden (hauptsächlich bei Kleinkindern) bekannt. Als Gemüse gewinnt der Fenchel erst seit einigen Jahren wieder den Platz, der ihm durch seinen Wohlgeschmack und Vitaminreichtum zusteht.

Hildegard empfiehlt ihn ohne jede Einschränkung sowohl gesunden wie kranken Menschen:
> „Der Fenchel hat eine angenehme Wärme und ist weder von trockener noch von kalter Natur. Auch roh gegessen, schadet er dem Menschen nicht. In welcher Zubereitung er auch gegessen wird – er macht den Menschen fröhlich, vermittelt ihm eine angenehme Wärme und sorgt für eine gute Verdauung." (*Physica*)

Gurken

Die Gurke gehört zu den Kürbisgewächsen. Im alten Ägypten wurde sie schon 2000 Jahre vor unserer Zeitrechnung kultiviert, in Rom wurde sie bereits unter Glas kultiviert. Gurken haben einen geringen Nährwert und enthalten auch nur wenige Vitamine und Mineralstoffe. Ihr ernährungsphysiologischer Wert besteht in erster Linie in einer appetitanregenden und geschmacksverbessernden Wirkung.

Hildegard rät sowohl Gesunden wie Kranken vom Verzehr von Gurken ab, denn:
> „Die Gurken sind feucht und kalt und wachsen von der Feuchtigkeit der Erde. Sie bringen die Bitterkeit der Säfte des Menschen in Bewegung. Für Kranke sind sie gänzlich untauglich." (*Physica*)

Kichererbsen

Die Kichererbse könnte man auch als Erbse der Trockengebiete bezeichnen, denn sie ist extrem dürrefest. Deshalb wird sie vielfach in Gebirgsregionen oder in anderen niederschlagsarmen Gebieten angebaut. In Indien beispielsweise ist die Kichererbse die wichtigste Hülsenfrucht überhaupt. Von Rom aus kam sie auch nach Germanien.

Die Kichererbse enthält viel Eiweiß und reichlich Kohlenhydrate bei einem sehr niedrigen Fettgehalt. Die nußartig schmeckenden geschälten und gerösteten Samen sind im Orient und im Mittelmeerraum ein beliebtes Naschwerk. Und heute noch führen die Hirten in Mittelasien stets geröstete Kichererbsen als haltbaren Marschproviant auf ihren Wanderungen mit sich.

Hildegard kann Kichererbsen nur empfehlen – für gesunde wie für kranke Menschen:
„Die Kichererbse ist warm und angenehm, und sie ist leicht zu essen. Sie wird niemals die üblen Säfte dessen vermehren, der sie ißt. Wenn jemand Fieber hat, sollte er geröstete Kichererbsen essen, die bald zu einer Heilung führen." (*Physica*)

Kohl

Es gibt bei uns zahlreiche Kohlsorten, etwa Weiß- und Rotkohl, Rosenkohl, Grünkohl, Blumenkohl und Brokkoli. Manche Arten wurden bereits in der Steinzeit angebaut. Die meisten Kohlsorten werden heute weltweit kultiviert. Beliebt ist der Kohl nicht nur wegen seiner hohen Erträge, sondern auch wegen seines hohen ernährungsphysiologischen Wertes: Kohl enthält neben einem hohen Anteil an Eiweiß und Kohlenhydraten auch zahlreiche Vitamine – man denke nur an den Vitamin-C-Gehalt des Sauerkrautes!

Hildegard macht zum Kohl recht detaillierte Angaben, z. B. daß er nur für gesunde, schlanke Menschen geeignet ist und möglichst nicht zu stark gekocht werden sollte:
„Die Kohlarten sind von feuchter Natur. Der Wirsing ist etwas mehr kalt als warm und ein wenig von trockener Natur. Kohl wächst von der Flüssigkeit des Taus und von der Luft. Der Saft des Kohls ist dem Menschen nicht sehr nützlich. Manchmal werden durch ihn Krankheiten erzeugt, und schwache Eingeweide werden verletzt. Gesunde Menschen, die starke Adern haben, können diese Säfte durchaus bewältigen. Aber fettleibigen und kranken Menschen ist dieser Überfluß an Saft nicht zuträglich, weshalb sie auf Kohl ver-

zichten sollten. Als Mus oder mit Fleisch gekocht sind die verschiedenen Kohlarten ebenfalls schädlich, denn sie vermehren eher die üblen Säfte im Menschen, als daß sie diese vermindern." (*Physica*)

Kürbis

Der Kürbis gehört zu den von Hildegard bevorzugten Gemüsen. Der Speisekürbis, wie wir ihn *heute* kennen, stammt aus dem südlichen Nordamerika, höchstwahrscheinlich aus Mexiko. Aber auch im Mittelmeerraum wurden bereits zahlreiche Kürbisgewächse kultiviert, auf die Hildegard sich wahrscheinlich bezieht.

Das Fleisch ist sehr faserreich und enthält Karotin, die Vorstufe des Vitamins A. Außerdem enthält es Stärke und natürlichen Zucker, ist also überaus nahrhaft, ohne belastend zu sein. Aus Kürbissen lassen sich neben dem Kürbisbrot viele andere leckere und gesunde Speisen zubereiten. In einem späteren Band werden Sie dazu zahlreiche Rezepte finden.

Hildegard empfiehlt den Kürbis ohne Einschränkungen für gesunde und kranke Menschen:
„Die Kürbisse sind trocken und kalt. Sie wachsen im wesentlichen von der Luft. Sie sind für Kranke und Gesunde gut zu essen."
(*Physica*)

Möhren

Die Möhre hat sich aus einer Wiesenpflanze entwickelt. Ihre Wurzel war früher gelb gefärbt. Durch Züchtung entstanden die orangefarbenen, besonders karotinreichen Arten, die wir heute kennen. Die Araber brachten die Möhre nach Spanien, von dort verbreitete sie sich schnell bis nach Mitteleuropa. Zu Hildegards Zeiten wird man also nur die hellen Möhrenwurzeln oder – in seltenen Fällen – die purpurfarbene Art gekannt haben.

Möhren zeichnen sich durch einen hohen Vitamingehalt (Vitamin B, C, vor allem das Provitamin A, das Karotin) und den Mineralstoffreichtum aus, aber auch durch einen relativ hohen Kohlenhydratanteil, insbesondere Zucker. Heute werden Möhren als eine ideale Kindernahrung betrachtet.

Hildegard empfiehlt die Möhre sowohl für die Ernährung von gesunden wie auch von kranken Menschen:

> „Die Mohrrübe ist eine Erquickung für den Menschen. Weder nützt noch schadet sie seiner Gesundheit, aber sie füllt den Bauch." (*Physica*)

Pastinaken

Pastinaken wurden bereits in der Antike kultiviert, werden heute aber nur noch selten angebaut. Die weißlichgelben Rüben weisen einen noch höheren Zuckergehalt als Möhren auf, haben aber einen strengeren Geschmack.

In Hildegards Werken stimmen die Texte über Mohrrüben und Pastinaken fast wörtlich überein:

> „Der Pastinak ist kalt und eine Erfrischung für den Menschen. Er nützt ihm nicht viel zur Gesundheit noch schadet er ihm. Aber er füllt lediglich den Bauch des Menschen." (*Physica*)

Pilze

Pilze werden wegen ihres Wohlgeschmacks und ihres Eiweißgehalts auch als „pflanzliches Fleisch" bezeichnet. Dabei haben sie nur wenige Kalorien. Noch bis in unsere Zeit wurden Pilze vorwiegend auf Wiesen und in Wäldern gesammelt. Natürlich sind Wildpilze wesentlich schmackhafter als Zuchtpilze, aber leider werden sie durch die in der Luft enthaltenen Schadstoffe (insbesondere durch das Schwermetall Kadmium) besonders stark belastet. Hinzu kommt, daß selbst Jahre nach dem Reaktor-Unglück von Tschernobyl die radioaktive Strahlung sich immer noch auf die Wildpilze auswirkt. Besonders Kindern sollte man deshalb nur Zuchtpilze geben.

Hildegard von Bingen hat sehr ausführlich über die Pilze geschrieben, empfiehlt aber im wesentlichen Pilze, die in der Nähe von Buchen und Weiden wachsen. Insgesamt lehnt sie den Verzehr von Pilzen eher ab:

> „Die Pilze, die über der Erde entstehen, welcher Art sie auch seien, sind wie Schaum und wie der Schweiß der Erde. Sie können dem Menschen, der sie ißt, mitunter schaden, weil sie in seinem Inneren ebenfalls Schleim und Schaum verursachen können." (*Physica*)

Rettich

Vor mehr als fünf Jahrtausenden war der Rettich bereits im Babyloni-
schen und im Ägyptischen Reich ein wichtiges Gemüse. Es gab damals
bereits mehrere Sorten. Die Römer brachten den Rettich in ihre germanischen Besitzungen, wo er um die Zeitenwende bereits weithin kultiviert wurde. Auch Radieschen gehören zu den Rettichgewächsen, entstanden in der uns bekannten Form allerdings erst durch Züchtung Ende des 18. Jahrhunderts. Rettiche sind reich an Vitaminen, Mineralstoffen und Aminosäuren. Da sie verdauungsfördernd und harntreibend
wirken, findet man die aus ihnen gewonnenen Säfte auch fertig zubereitet im Reformhaus.

Hildegard weiß um den gesundheitlichen Nutzen des Rettichs und setzt
sich deshalb ausführlich mit seiner Wirkung und Zubereitung auseinan-
der:

> „Der Rettich ist mehr warm als kalt. Nachdem er ausgegraben ist,
> sollte man ihn unter der Erde oder in einem feuchten Keller zwei
> oder drei Tage liegen lassen, damit das Grün etwas abwelkt. Da-
> durch wird der Rettich besser verdaulich.
> Rettich macht das Gehirn klar und vermindert die schädlichen Säfte
> der Eingeweide. Wenn ein starker, fettleibiger Mensch Rettich ißt,
> ist dies heilsam für ihn, weil es ihn innerlich reinigt. Für kranke und
> eher magere Leute dagegen kann der Rettich schädlich sein. Wenn
> ein Kranker Rettich essen will, sollte er diesen zunächst auf einem
> erhitzten Stein trocknen und danach zu Pulver zerkleinern. Dieses
> Pulver sollte mit hellem oder geröstetem Salz und Fenchelsamen
> gemischt und auf Brot gestreut werden. Dann wirkt der Rettich
> auch bei Kranken innerlich reinigend und kräftigend." (*Physica*)

Rote Bete

Die roten Bete stammen mit größter Wahrscheinlichkeit vom Mangold
ab. Wie die meisten Rübensorten dieser Art wurden sie erst im Mittelalter kultiviert. Sie sind sehr vitaminreich und enthalten natürlichen
Zucker sowie wichtige organische Säuren.

Hildegard von Bingen empfiehlt dieses für sie damals noch recht neue
Gemüse sowohl für Gesunde als auch für Kranke. Allerdings sollte die
rote Bete vor dem Verzehr geschält und gekocht werden.

„Die rote Bete ist mehr warm als kalt, und sie liegt schwer im Magen. Trotzdem ist sie leicht verdaulich. Wer sie roh essen will, sollte sie vorher schälen, weil ihr Grün dem Menschen schädlich ist. Gekocht allerdings ist sie besser als roh, weil sie keine üblen Säfte im Menschen hervorruft." (*Physica*)

Salat

Gartensalat – oder Lattich, wie Hildegard ihn nennt – enthält viele Vital- und Ballaststoffe, dagegen kaum Kalorien. Schon im alten Rom wußte man den grünen Salat zu schätzen und baute ihn in den Gemüsegärten an. Uns sind neben dem gängigen Kopfsalat inzwischen viele andere Sorten verfügbar: Radicchio, Eichblattsalat, Eisbergsalat, Lollo rosso usw. – eine Vielfalt, die unseren täglichen Salatteller auch optisch bereichern kann. Zur besseren Verdaulichkeit ist es wichtig, den Salat mit einer entsprechenden Marinade anzumachen. Hildegard empfiehlt den „Lattich" zwar nicht ausdrücklich, rät vielmehr manchen Menschen davon ab, gibt aber andererseits recht detaillierte Hinweise zu seiner Zubereitung:

„Die Lattiche sind sehr kalt. Wenn man sie ohne Würze ißt, machen sie mit ihrem unnützen Saft das Gehirn des Menschen leer und füllen seinen Magen mit Krankheiten. Wer Lattiche essen will, sollte diese zuvor mit einer Beize aus Dill, Knoblauch und Essig übergießen. Wenn Lattiche auf diese Art mäßig genossen werden, können sie das Gehirn und die Verdauung stärken." (*Physica*)

Sellerie

Vor der Zeitenwende wurde nicht nur Wildsellerie in der Küche verwendet – es gab auch schon Kulturformen dieses Wurzelgemüses. Die Römer brachten den Sellerie nach Mitteleuropa, wo er bald in den Klostergärten heimisch wurde. Meistens handelte es sich dabei allerdings um Schnittsellerie, die heute charakteristische Kugelform wurde erst später gezüchtet.

Besonders wichtig beim Sellerie ist seine gute Lagerfähigkeit, die ihn zu einem idealen Wintergemüse macht. Sellerie ist sehr vitaminreich und enthält außerdem reichlich Kalium und Kalzium.

Hildegard rät davon ab, rohen Sellerie zu essen. Ungeeignet ist er vor allem für depressive Menschen, deren negative Stimmung er eher noch verstärken würde.

„Der Sellerie ist warm. Er ist mehr von grüner als von trockener Natur. Er hat viel Saft in sich und sollte nicht roh gegessen werde, weil er üble Säfte im Menschen hervorrufen kann. Gekocht aber schadet er den Menschen nicht, sondern bildet im Gegenteil gesunde Säfte. Auf welche Weise er aber auch gegessen wird: Er kann zu unstetem Verhalten führen, weil sein Grün dem Menschen mitunter schadet und ihn melancholisch macht." (*Physica*)

Zwiebeln
Zwiebeln zählen zu den ältesten Kulturpflanzen der Menschheit. Schon die Arbeiter, die im alten Ägypten die Pyramiden bauten, handelten in ihren Arbeitsverträgen ein festes Quantum an Zwiebeln pro Tag aus. In Rom gab es auf die Zwiebelzucht spezialisierte Gärtner, denen bereits verschiedene Zwiebelsorten bekannt waren. Den Römern verdanken wir zudem die Ausbreitung des Anbaues nach Norden. In Mitteleuropa hat die Zwiebel erst im Mittelalter Anklang gefunden.

Zwiebeln sind sehr nahrhaft. Sie enthalten Kohlenhydrate, hauptsächlich in Zuckerform, und Eiweiß. Dazu sind sie reich an Mineralstoffen und Vitaminen – vor allem an Vitamin A, B, C und P. Ihre gute Lagerfähigkeit macht sie besonders in der vitaminarmen Winterzeit zu einer besonders wertvollen Nahrungspflanze.

Allerdings kann sie zu Verdauungsbeschwerden wie z.B. Blähungen führen. Das gilt vor allem für Magenkranke, denen Hildegard denn auch grundsätzlich vom Zwiebelgenuß abrät. Gesunde Menschen jedoch profitieren von den Zwiebeln, die allerdings vor dem Verzehr gekocht werden sollten.

Hildegard schreibt über die Zwiebel:
„Die Zwiebel hat nicht die richtige Wärme, sondern eher eine scharfe Feuchtigkeit. Roh ist sie schädlich, ja giftig – wie der Saft unnützer Kräuter. Gekocht aber ist sie gesund zu essen, weil durch das Feuer (beim Kochen) das Schädliche in ihr vermindert wird. Gerade bei Fieber und Gicht können gekochte Zwiebeln heilsam

wirken. Allen Magenkranken aber sind Zwiebeln – ob roh oder gekocht – eher schädlich, weil sie ihnen Schmerzen bereiten können."
(*Physica*)

Wildgemüse

Die von Hildegard empfohlenen Wildgemüse wird es leider nur in den
seltensten Fällen zu kaufen geben. Wenn Sie einen eigenen Garten haben, können Sie diese Gemüse selbst anbauen. Aber Sie können die
Gemüse auch selbst sammeln – in der freien Natur. Dabei ist es allerdings wichtig, daß Sie darauf achten, daß die Wiesen, Weg- und
Bachränder nicht gespritzt oder verschmutzt sind (beispielsweise durch
Autoabgase).

Im Mittelalter war die Gartenkultur nur in Kloster- und Schloßgärten
entwickelt. Deshalb mußte gerade die arme Bevölkerung – und das war
die Mehrzahl – sich ihr Frischgemüse, das zur Deckung des Vitaminbe-
darfs (von dem man damals allerdings noch nichts wußte, man erahnte
nur instinktiv die Bedürfnisse des Körpers) nötig war, in der freien Natur sammeln. Glücklicherweise verfügten die Menschen damals über
ein umfangreiches Wissen, was eßbare und nicht eßbare Blätter, Wurzeln usw. anbelangt, das von Generation zu Generation weitergegeben
wurde. Dieses Wissen ist den meisten von uns heute abhanden gekommen – wir brauchen es im Grunde auch nicht mehr, weil uns ja jeder-
zeit frisches Gartengemüse zur Verfügung steht. Trotzdem lohnt es
sich, diese Wildgemüse einmal auszuprobieren – zum einen, weil sie
ganz anders schmecken als Zuchtgemüse, zum anderen wegen ihres
besonderen gesundheitlichen Wertes, den Hildegard immer wieder betont. Vor anderen Wildgemüsen, die wir vielleicht schon in der eigenen
Küche ausprobiert haben, warnt sie wiederum, weil sie dem Menschen
nicht zuträglich sind.

Im folgenden ein Überblick über die Wildgemüse, die Hildegard in
ihren Büchern erwähnt:

Brennessel

Die Brennessel wurde und wird gerne als Wildgemüse verwendet –
ebenfalls als Spinat, in Suppen und Soßen. Ärgern Sie sich also nicht

darüber, wenn im Frühjahr die Brennesseln üppig in Ihrem Garten
sprießen. Nutzen Sie sie lieber mit Freude für köstliche und gesunde
Frühlingsgerichte.

Brennesseln enthalten reichlich Vitamin B und C, außerdem Lezithin
(ein fettähnlicher Stoff, der für den Aufbau der pflanzlichen, tierischen
und menschlichen Zellen notwendig ist) und Kieselsäure. Hildegard
empfiehlt vor allem das junge Brennesselgemüse im Frühjahr für gesunde und kranke Menschen:

> „Die Brennessel ist in ihrer Art sehr warm. Allerdings sollte man
> sie wegen ihrer Rauheit nicht roh essen. Aber gekocht ist sie – be-
> sonders wenn sie frisch aus der Erde sprießt – nützlich für die Spei-
> sen des Menschen: Sie reinigt den Magen und entfernt den
> Schleim." (*Physica*)

Brunnenkresse

Die wildwachsende Brunnenkresse kann man das ganze Jahr über sammeln. Dabei sollte man aber darauf achten, daß die Gewässer, an deren
Rändern sie wächst, nicht verschmutzt sind. Gerade aufgrund ihrer fast
ganzjährigen Verfügbarkeit war die Brunnenkresse im Mittelalter eine
willkommene Abwechslung zur eintönigen Winterkost.

Brunnenkresse ist sehr reich an Vitaminen und Mineralstoffen, vor allem Karotin (Provitamin A), Vitamin B2 und C, außerdem an Kalzium,
Eisen, Schwefel, Kupfer und Jod. Das gleiche gilt übrigens auch für
die Gartenkresse (die sich sogar auf der Fensterbank ziehen läßt). Diese ist weniger aromatisch als die Brunnenkresse, aber schärfer.

Hildegard empfiehlt die Brunnenkresse vor allem gesunden Menschen
als Verdauungshilfe. Bei Kranken kann sie die Heilung verschiedener
Leiden unterstützen.

> „Die Brunnenkresse ist von warmer Natur. Sie nützt dem Menschen
> nicht viel, aber sie schadet ihm auch nicht viel. Aber wer unter
> Gelbsucht oder Fieber leidet, sollte zur Gesundung leicht gedünste-
> te Brunnenkresse essen. Und wer Verdauungsbeschwerden hat, soll-
> te ebenfalls Brunnenkresse leicht dünsten und sie essen." (*Physica*)

Gundelrebe (Gundermann)

Die Gundelrebe ist eher eine Heil- als eine Gemüsepflanze – nicht ohne Grund also spricht man vom „Apotheker Gundermann". Auch Hildegard empfiehlt sie vorwiegend im medizinischen Zusammenhang. Andererseits finden wir sie oft auf Naturrasen oder auf Weideflächen, und sie kann eine wohlschmeckende Ergänzung zu Suppen und Salaten sein.

Die Gundelrebe enthält neben Bitterstoffen reichlich Tannin (der Wirkstoff, der auch im schwarzen Tee enthalten ist), natürlichen Zucker und Cholin (ein Stoff, der gegen Arterienverkalkung und Fettablagerungen im Körper wirkt).

Hildegard von Bingen empfiehlt die Gundelrebe Kranken und Gesunden gleichermaßen – als Gemüsebeilage oder als Suppe.
„Die Gundelrebe ist mehr warm als kalt, und sie ist trocken. Sie enthält gewisse Würzkräfte, denn ihre Grünkraft ist angenehm und nützlich. Ein Mensch, der kraftlos und mager ist, sollte Wasser trinken, in dem Gundelrebe erhitzt wurde, oder die Gundelrebe als Gemüse oder in einer Suppe essen. Sie wird ihm helfen, weil ihr guter Saft den Menschen innerlich heilt." (*Physica*)

Melde

Die Melde gehört zu den Wildkräutern, die im Garten üppig wuchern und uns höchstens als Hühnerfutter willkommen sind. Dabei ist gerade die Melde ein angenehmes, mildes Wildgemüse, das sich hervorragend für Suppen und Salate eignet. In früheren Jahrhunderten wurde die Melde sogar als Gartengewächs kultiviert.

Hildegard rühmt die Melde: Sie empfiehlt sie gesunden ebenso wie kranken Menschen:
„Die Melde ist mehr kalt als warm, aber doch auch etwas gemäßigt. Sie bewirkt eine gute Verdauung." (*Physica*)

Sauerampfer

Sauerampfer wurde (und wird) noch bis in unsere Zeit verwendet – beispielsweise als Spinatersatz, in Suppen und Soßen. Er enthält reichlich Karotin (die Vorstufe zu Vitamin A) und Vitamin C, außerdem

Kalzium, Kalium, Eisen und Phosphor. Wegen seines hohen Gehaltes an Oxalaten (Kleesäuren) sollte man ihn jedoch nur in Maßen genießen. Das gilt besonders für Menschen, die an Arthritis, Gicht, Rheuma, Lungen-, Magen-, Nierenbeschwerden und an Asthma leiden.

Hildegard rät insgesamt vom Genuß des Sauerampfers ab:
„Der Ampfer ist weder warm noch kalt im richtigen Maß. Der Ampfer wirkt gegen die Natur des Menschen, deshalb taugt er ihm nicht zum Essen. Er würde ihn traurig machen und seine eigene, dem Menschen entgegengesetzte Natur in seine Eingeweide ausgießen." (*Physica*)

Früchte

Frische Früchte sind etwas Köstliches, sie speisen Körper und Seele gleichermaßen. Wir kennen inzwischen die meisten exotischen Früchte – Ananas, Papayas, Bananen und Orangen usw. – aus unserem Supermarkt. Äpfel, Birnen und anderes erhalten wir das ganze Jahr über frisch aus aller Herren Länder.

Zu Hildegards Zeiten mußte das geerntete Obst noch sorgfältig gelagert werden, um die Wintermonate zu überstehen. Deshalb gab es z. B. zahlreiche Apfelsorten, die erst durch das Nachreifen im Apfelkeller ihr eigentliches Aroma gewannen und so den Winter über wohlschmeckende Vitaminspender waren und Abwechslung auf den Speisezettel brachten. Auch getrocknet oder eingemacht, entfalteten (und entfalten heute noch) unsere einheimischen Früchte im Winter ihr besonderes Aroma und ihre gesundheitsfördernden Wirkkräfte.

Hildegard von Bingen hat den Früchten aus diesem Grunde viele Abschnitte in ihren Büchern gewidmet. Auf diese Früchte soll im folgenden näher eingegangen werden.

Äpfel

Der Apfel gehört (und gehörte) zu den wichtigsten unserer heimischen Obstsorten. Er entstand aus einer Wildform, dem Holzapfel, vermutlich durch eine Kreuzung mit dem Paradiesapfel. Heute gibt es über 20 000 verschiedene Apfelsorten.

Äpfel enthalten Vitamine, natürlichen Zucker, lebenswichtige Säuren und Mineralien, wie beispielsweise Natrium, Kalzium, Magnesium und Phosphor. Nicht umsonst gibt es ein englisches Sprichwort, das besagt: „Ein Apfel am Tag erspart dir den Arzt" (An apple a day keeps the doctor away).

Hildegard von Bingen empfiehlt Äpfel für gesunde wie für kranke Menschen. Dabei macht sie die Einschränkung, daß Kranke Äpfel möglichst nicht roh, sondern gedünstet genießen sollten, weil dadurch der Organismus weniger belastet wird. Gesunde Menschen dagegen dürfen sowohl frische als auch Lageräpfel (die oft schon etwas runzelig sind) und natürlich auch gekochte und gebratene Äpfel essen.

„Der Apfelbaum ist warm und feucht. Er würde durch seine Feuchtigkeit zerfließen, wenn ihn nicht die Wärme zusammenhielte. Aber die Frucht des Apfelbaumes ist zart und leicht verdaulich. Gesunden Menschen schadet sie auch nicht, wenn sie roh gegessen wird. Kranken Menschen allerdings schaden die Äpfel roh. Aber gekochte und gebratene Äpfel sind auch für sie empfehlenswert. Und wenn Äpfel alt und runzelig werden, wie es im Winter geschieht, dann sind sie auch für Kranke roh genauso gut zu essen wie für Gesunde." (*Physica*)

Birnen

Die Birne ist ein enger Verwandter des Apfels. Sie entstand aus der Wildform der Holzbirne durch Kreuzungen mit verschiedenen anderen Birnensorten. Die Birnenkultur, die sehr alt ist, gelangte von Persien nach Griechenland und schließlich nach Rom. Von den Römern wurde die Birne auch nach Germanien gebracht. Heute gibt es etwa 1 500 verschiedene Birnensorten. Die Birne ist sehr arm an Fruchtsäure, dafür aber reich an Mineralstoffen – deshalb wird sie als Diätobst besonders geschätzt.

Hildegard ist den Birnen gegenüber recht skeptisch – selbst gesunden Menschen empfiehlt sie lediglich den Genuß von gekochten Birnen, weil sie zu der Erkenntnis gekommen ist, daß rohe Birnen die Atmung belasten und die Arbeit der Leber erschweren. Getrocknete Birnen haben keinen schädigenden Einfluß auf den Menschen – nur sollte man darauf achten, keine geschwefelten Früchte zu verwenden.

„Der Birnbaum ist mehr kalt als warm und im Vergleich zum Apfelbaum so schwer und fest wie die Leber zur Lunge. Denn wie die Leber ist er nützlicher, aber auch wiederum schädlicher als der Apfelbaum. Allerdings ist die Frucht des Birnbaums schwer, gewichtig und mitunter herb. Wer zu viele rohe Birnen ißt, kann leicht Migräne oder Lungenbeschwerden bekommen. Deshalb sollte man Birnen vor dem Verzehr in etwas Wasser kochen oder am Feuer braten. Gekochte Birnen sind allerdings besser als gebratene, weil das warme Wasser den schädlichen Saft, der in ihnen ist, allmählich auskocht, aber das Feuer ist zu schnell und drückt beim Braten nicht den ganzen Saft aus ihnen heraus." (*Physica*)

Brombeeren

Brombeeren sind auch heute noch Wildfrüchte, obwohl sie inzwischen auch in Plantagen und Hausgärten kultiviert wurden. Für unsere Vorfahren waren sie nicht nur wichtige Vitaminspender, sondern auch eine wohlschmeckende Variante zu dem täglichen „Einheitsbrei".

Auch die Blätter wurden bei verschiedenen Erkrankungen verwendet. Die Früchte des Brombeerstrauches enthalten reichlich Vitamin C, außerdem das Provitamin A, daneben Mineralstoffe, Spurenelemente, Fruchtzucker und -säuren.

Hildegard hält die Brombeere für unbedenklich – sowohl für gesunde als auch für kranke Menschen:
„Die Brombeere ist mehr warm als kalt. Sie schädigt weder den gesunden noch den kranken Menschen, außerdem ist sie leicht verdaulich. Allerdings wirkt sie nicht als Heilmittel." (*Physica*)

Hagebutten

Die Hagebutte ist die Frucht der Heckenrose. Sie ist vielseitig verwendbar, so etwa für Suppen, Marmelade, Likör usw. Sie enthält einen hohen Anteil an Vitamin C und an Provitamin A, außerdem die Vitamine B und E, dazu Gerbstoffe und reichlich Pektine.

Für unsere Vorfahren war die Hagebutte eine beliebte und wichtige Vitaminquelle. Hildegard empfiehlt die Früchte der Heckenrose:

„Die Hagrose ist warm und bezeichnet die Zuneigung. Wenn jemand im Grunde gesund ist und nur einen schwachen Magen hat, sollte er Hagebutten kochen und möglichst oft davon essen. Das reinigt den Magen und entfernt den Schleim. Wer sehr krank ist, sollte keine Hagebutten essen. Wer aber körperlich ganz gesund ist, dem schadet die Hagebutte weder roh noch gekocht." (*Physica*)

Haselnuß

Haselnüsse säen sich in unseren Gärten von selbst aus. Wir finden sie eigentlich überall in der freien Natur. Man kann sich vorstellen, daß besonders die armen Menschen im Mittelalter diesen wohlschmeckenden Fettlieferanten willkommen hießen und im Herbst dankbar seine Früchte sammelten.

Haselnüsse haben nicht nur einen beträchtlichen Nährwert, sie sind auch reich an Mineralstoffen und enthalten die Vitamine A, B1, B2 und C. Haselnüsse haben übrigens einen höheren Eiweißgehalt als Rindfleisch und ihr Fettgehalt beträgt fast das Doppelte! Für moderne, kalorienbewußte Menschen unserer Zeit ist dies natürlich ein Grund zur Vorsicht und Zurückhaltung – im Mittelalter konnte eine ausreichende Haselnußernte (über)lebenswichtig sein.
Hildegard empfiehlt selbst den Gesunden, beim Genuß von Haselnüssen zurückhaltend zu sein. Kranken rät sie wegen des hohen Fettgehalts von Haselnüssen ab.

„Der Haselstrauch ist mehr kalt als warm. Die Nüsse können einem Gesunden nicht viel schaden, aber sie nützen ihm auch nicht. Kranken Menschen dagegen können sie schädlich sein, weil sie in der Brust dämpfig machen." (*Physica*)

Himbeeren

Die Himbeere, die wild in Wäldern und in Gärten wächst, wurde wahrscheinlich erst im Mittelalter in Kultur genommen, und zwar hauptsächlich in den Klostergärten. Als Wildfrucht wurde sie allerdings bereits viel früher genutzt.
Die Himbeere enthält neben dem Provitamin A die Vitamine B und C, außerdem Eisen, Kupfer und Mangan, dazu organische Säuren, Pektin und Fruchtzucker, der auch diabetikergeeignet ist.

Hildegard unterstreicht besonders den gesundheitlichen Wert der Himbeere:

> „Die Himbeere ist kalt und gut gegen Fieber. Denn wenn jemand
> Fieber und einen Widerwillen gegen Essen hat, der koche Himbee-
> ren in Wasser und trinke dieses Wasser morgens und abends warm."
> (*Physica*)

Holunder

Der Holunder ist eine
uralte Heilpflanze, die
sich gerne nahe an be-
wohnten Häusern an-
siedelt. Blüten und
Beeren, aber auch
Blätter und Wurzeln
haben einen hohen ge-
sundheitlichen Wert,
weshalb der Holunder
oft als „Apotheke der
armen Leute" bezeich-
net wurde.

So enthalten die Blü-
ten des Holunders ne-
ben Gerbsäure auch
schleim- und schweiß-
treibende Glykoside
sowie Cholin und den vitaminähnlichen Stoff Rutin. In den Beeren finden sich neben Fruchtsäure und Fruchtzucker Gerbstoffe, die Vitamine
B und C und das Provitamin A.

Hildegard ist In ihrem Verhältnis zum Holunder etwas unentschieden.
Sie weist nicht auf eine eventuelle Schädlichkeit hin, sagt aber auch
wenig über seine nützlichen Eigenschaften aus:

> „Der Holunder ist mehr kalt als warm und taugt wenig zum Ge-
> brauch. Das gilt auch für seine Früchte – es sei denn, daß sie dem
> Menschen dienlich sind." (*Physica*)

Kirschen

Wildkirschen wurden schon in der Neusteinzeit geerntet. Die kultivierte Süßkirsche stammt wahrscheinlich aus dem Schwarzmeerraum, von wo sie kurz vor der Zeitenwende nach Italien gelangte. Etwa hundert Jahre später wurde die Kirsche bereits im germanischen Raum kultiviert.

Kirschen enthalten natürlichen Zucker, der auch für Diabetiker gefahrlos ist, außerdem reichlich Karotin, die Vorstufe des Vitamin A.

Hildegard empfiehlt, daß Kranke nicht zu viele Kirschen essen, weil sie davon Bauchschmerzen bekommen könnten. Dasselbe empfiehlt sie aber auch gesunden Menschen.

„Der Kirschbaum ist mehr warm als kalt. Er ist ähnlich dem Spaß, der Fröhlichkeit zeigt, aber auch schädlich sein kann.
Seine Frucht ist mäßig warm. Sie ist weder sehr nützlich noch sehr schädlich. Dem gesunden Menschen schadet sie nicht. Einem Kranken jedoch kann sie ziemliche Schmerzen bereiten, wenn er zuviel davon ißt." (*Physica*)

Mandeln

Die Mandel gehört zur Familie der Rosengewächse, zu der fast alle unsere einheimischen Obstgehölze zählen. Schon zwei Jahrhunderte vor unserer Zeitrechnung kultivierte man den Mandelbaum in Italien. Dabei handelte es sich hauptsächlich um die süße Mandel. Die bittere Mandel, die giftige Blausäure enthält, wird nur in kleinsten Dosen zum Backen verwendet und ist in unserem Zusammenhang nicht interessant. Mandeln sind sehr reich an Fett und Eiweiß. Sie sind also ein wahres Nahrungsmittel, das man aber nur in Maßen genießen sollte.

Hildegard schreibt dazu allerdings, daß kranke und gesunde Menschen die süßen Mandeln ohne Einschränkung genießen können und daß dadurch sogar die Heilung bei Kopf-, Leber- und Lungenerkrankungen unterstützt werden kann.

„Der Mandelbaum ist sehr warm und hat etwas Feuchtigkeit in sich. Seine Rinde, seine Blätter und sein Saft sind untauglich als Heilmittel, weil seine ganze Kraft in der Frucht steckt. Bei Kopfweh und Gehirnleere sollte man deshalb die Kerne der süßen Mandel essen.

Lungen- und Leberkranken werden die süßen Mandeln ebenfalls empfohlen. Denn sie machen den Menschen in keiner Weise dämpfig oder trocken, sondern sie machen ihn stark." (*Physica*)

Maulbeere

Der Maulbeerbaum ist die traditionelle Futterpflanze für die Seidenspinnerraupen. Obwohl Friedrich der Große versucht hat, diese Pflanze und damit auch die Seidenproduktion in unseren Gebieten heimisch zu machen, ist dies aus verschiedenen Gründen (klimatische Verhältnisse, Seuchen unter den empfindlichen Raupen) nie gelungen. Deshalb gibt es bei uns – außer in botanischen Gärten – kaum Maulbeerbäume.

Zu Hildegards Zeiten scheint dies anders gewesen zu sein, denn sie empfiehlt die Maulbeeren sowohl gesunden wie kranken Menschen. Als besonders schmackhaft galten damals die getrockneten Maulbeeren.

„Der Maulbeerbaum ist kalt. Aber es ist eine große Üppigkeit in seiner Frucht, die dem Menschen mehr nützt als schadet – ganz gleich, ob er gesund oder krank ist." (*Physica*)

Mispel

Heute hat die Mispel, deren Früchte man auch als Steinäpfel bezeichnet, nur noch eine geringe Bedeutung. Im Mittelalter allerdings pflanzte man sie vor allem in Südwestdeutschland als Obstbaum an. Die Mispel gehört wie viele unserer Obstbäume zu den Rosengewächsen, ihre Früchte sind recht herb, aber sehr vitaminreich. Sie brauchen Frost oder Überreife, um überhaupt genießbar zu sein. Danach allerdings haben sie ein besonders gutes Aroma. Mispelbäume werden heute leider nur noch sehr selten angebaut.

Hildegard empfiehlt die Mispelfrüchte sowohl gesunden wie kranken Menschen. In jeder Zubereitungsform haben sie eine heilsame Wirkung auf den Körper.

„Der Mispelbaum ist sehr warm, er ist ein Symbol der Milde. Die Frucht des Baumes ist Gesunden und Kranken nützlich und man kann so viel davon essen, wie man mag, denn sie kräftigt das Fleisch und reinigt das Blut." (*Physica*)

Olive

Der Ölbaum ist uns aus der griechischen und römischen Mythologie bekannt, in der Bibel wird er ebenfalls erwähnt. Für die Menschen des Mittelmeerraums war er – und ist es noch heute – eine der wichtigsten Kulturpflanzen. Er liefert nicht nur die delikaten Oliven, sondern auch das köstliche und lebenswichtige Olivenöl. Dieses wissen wir für unsere Küche im nördlichen Mitteleuropa durchaus zu schätzen, wo der Ölbaum nicht gedeihen kann, weil es nicht genug Wärme für ihn gibt. Olivenöl ist sehr vitaminreich. Es enthält vor allem das Provitamin A, das vor allem positiv auf die Beschaffenheit von Haut und Haar einwirkt.

Über das Öl selbst äußert sich Hildegard in ihren Werken meines Wissens nicht. Oliven lehnt sie jedoch in jeder Form ab. Allerdings schreibt sie, daß der Ölbaum, der mehr warm als kalt sei, die Barmherzigkeit bezeichnet. Aber:

„Das Öl aus der Frucht dieses Baumes taugt nicht viel zum Essen, weil es Übelkeit hervorruft und andere Speisen schlecht genießbar macht." (*Physica*)

Quitte

Die Quitten gehören zum gleichen Verwandtschaftskreis wie die Äpfel und Birnen. Bereits die Griechen und Römer verwendeten diese Früchte. Nördlich der Alpen wurde die Quitte seit dem 9. Jahrhundert angebaut, war also zu Hildegards Zeiten gewissermaßen noch eine „Novität".

Die Früchte sind zwar sehr aromatisch, aber roh nicht genießbar. Deshalb werden sie in der Hauptsache zu Marmeladen, Kompotts usw. verarbeitet. Die Quitte ist reich an Vitaminen und Bitterstoffen.

Hildegard von Bingen empfiehlt sie gesunden und kranken Menschen gleichermaßen uneingeschränkt – immer habe die Quitte eine heilsame Wirkung.

„Der Quittenbaum ist eher kalt und gleicht der Schlauheit, die manchmal unnütz ist und manchmal nützlich. Während sein Holz und seine Blätter dem Menschen nicht sehr nützlich sind, ist seine Frucht warm und trocken und hat eine gute Mischung in sich. Wenn

die Quitte reif ist, schadet sie selbst roh genossen weder dem gesunden noch dem kranken Menschen. Sie ist aber eher bekömmlich,
wenn sie gekocht wird." (*Physica*)

Schlehen

Die Früchte des Schlehdorns waren ebenfalls bereits im Mittelalter
sehr beliebt. Zwar verzieht man beim rohen Genuß der Früchte das Gesicht, als ob man in in eine Zitronenscheibe beißt, aber genauso wie die
Zitrone hat die Schlehe einen hohen Vitamin-C-Gehalt. Das macht sie
für uns heute sehr wertvoll. Im Mittelalter allerdings waren Schlehen-
früchte, die zu Beginn der kalten, vitaminarmen Jahreszeit geerntet
werden, sogar eine besondere Kostbarkeit, aus der man Mus, Marmelade, Liköre und vieles andere zubereitete. Außer Vitaminen enthalten
die Schlehen Gerb- und Apfelsäure sowie natürlichen Zucker.

Walnuß

Schon die Römer schätzten die Früchte des Walnußbaumes. Durch sie
gelangte er auch in die Gebiete nördlich der Alpen. Da der Walnußkern
den beiden Hirnhälften ähnelt, hat man ihn traditionell als „Hirnnah-
rung" bezeichnet, was aufgrund seines Nährstoffgehaltes vielleicht gar
nicht so falsch ist.

Walnüsse enthalten viel Eiweiß, Fett und natürlichen Zucker, dazu viel
Vitamin B. Walnüsse sollten möglichst frisch gegessen werden, da sie
schlechter verdaulich werden, wenn sie austrocknen.

Hildegard rät kranken Menschen von Walnüssen ab, während gesunde
Menschen sie durchaus – in Maßen – genießen dürfen.
     „Dieser Nußbaum ist warm und von einiger Bitterkeit. In einem
Menschen, der viele Walnüsse ißt, entsteht leicht Fieber. Gesunde
Menschen haben damit keine Schwierigkeiten, während Kranke da-
von Schaden nehmen könnten." (*Physica*)

Weintrauben

Die Kultur der Weintrauben ist uralt. Sie war bereits im alten Ägypten
bekannt und wird auch in der Bibel erwähnt. Die Griechen und Römer
bauten den Wein bereits auf großen Flächen an. In Süddeutschland ist

der Weinanbau schon im 2. Jahrhundert unserer Zeitrechnung nachweisbar.

Etwa 10 Prozent der angebauten Weinsorten werden als Tafeltrauben gegessen, aber auch Korinthen, Sultaninen und Rosinen werden daraus hergestellt. Der größte Teil wird zu Wein verarbeitet, zudem wird alkoholfreier Traubensaft aus der Weinrebe gewonnen.

Die Weintraube enthält in jeder Form wertvolle Inhaltsstoffe, beispielsweise reichlich Vitamin C sowie natürlichen Zucker und Flavonverbindungen, die neben natürlichen Farbstoffen ebenfalls Kohlenhydrate enthalten. Dem Wein wurde schon immer ein hoher gesundheitlicher Wert beigemessen, der von der modernen Ernährungsforschung bestätigt wird: Ein Glas guter Rotwein pro Tag soll das Infarktrisiko erheblich mindern. Tafeltrauben haben in der Gesundheitsvorsorge ebenfalls einen hohen Stellenwert – man denke nur an die berühmte Meraner Traubenkur.

Hildegard geht zwar nicht auf die Tafeltrauben ein, aber immer wieder rühmt sie in ihren Schriften die gute gesundheitliche Wirkung des Weins – wobei sie den leichteren, etwas herben Landweinen den Vorzug gibt –, so daß man davon ausgehen kann, daß sie auch alle anderen Traubenerzeugnisse als vorteilhaft ansieht. Über die Weinrebe schreibt sie:

> „Die Weinrebe hat feurige Wärme und Feuchtigkeit. Ihr Feuer ist so stark, daß es ihren Saft zu einem anderen Geschmack umwandelt als alle anderen Bäume und Kräuter haben." (*Physica*)

Exotische Früchte

Es gibt einige exotische Früchte, die Hildegard von Bingen bereits bekannt waren, so etwa die Dattel und die Feige.

Datteln

Die Dattelpalme ist das charakteristische Gewächs der Oasen Nordafrikas und der Trockengebiete Südwestasiens. Dort ernähren sich Menschen und Tiere oft hauptsächlich von den verschiedenen Dattelarten. Als Kulturpflanze wurde die Dattelpalme bereits 6 000 Jahre vor unserer Zeitrechnung angepflanzt. In unseren Gegenden wächst sie nicht, weil sie empfindlich gegen Regen ist.

Die Dattel ist sehr stärkereich. Wegen ihres hohen Zuckergehalts – das gilt vor allem für die bei uns erhältlichen konservierten Datteln – ist sie vor allem für Diabetiker unverträglich. Aber auch gesunde Menschen sollten sich bei Datteln möglichst zurückhalten.

Hildegard schreibt dazu:
„Die Dattelpalme ist warm und feucht. Sie ist klebrig wie Kleister und bezeichnet die Glückseligkeit. Wenn man die Frucht kocht und ißt, erhält der Körper dadurch fast so viel Kraft wie durch den Genuß von Brot. Aber es kann ihn leicht dämpfig machen (d. h. die Lungen angreifen) und beschwert seinen Organismus, wenn er zuviel davon ißt." (*Physica*)
Zu den drei Pflanzen, die Hildegard Kranken wie Gesunden uneingeschränkt empfiehlt, gehört neben Dinkel und Fenchel die Eßkastanie.

Eßkastanie
Die Eß- oder Edelkastanie, auch Marone genannt, gehört zu den Buchengewächsen. Sie stammt wahrscheinlich aus Kleinasien. Während sie in der Tertiärzeit noch bis in die hohen Norden Europas verbreitet war, findet man sie heute bei uns nur noch in Gebieten, die auch für den Weinanbau geeignet sind.

Die Kastanie enthält Stärke, Fette und reichlich Vitamin B und C. Sie wird als besonderer Leckerbissen gebraten (Maroni), wobei durch ihre dicke Schale alle wertvollen Inhaltsstoffe erhalten bleiben.

Hildegard empfiehlt Kastanien zur Kräftigung der Nerven und zu einer besseren Durchblutung des Kopfes sowie gegen Depressionen und bei Milz- und Leberbeschwerden.
„Der Kastanienbaum ist sehr warm und hat eine große Kraft, die dieser Wärme beigemischt ist. Der Kastanienbaum bezeichnet die Weisheit. Was in ihm ist und auch seine Frucht ist nützlich gegen jede Schwäche des Menschen. Menschen, deren Hirn trocken und leer ist, sollten die Fruchtkerne in Wasser kochen, dann das Wasser abgießen und die Kastanien vor und nach den Mahlzeiten essen.

Dadurch werden die Nerven gestärkt, auch Kopfschmerzen werden gelindert.

Bei Herzschmerzen und Depressionen helfen die rohen Kerne. Diese gießen dem Herzen einen Saft wie Schmalz ein, der Mensch wird gestärkt und er wird seinen Frohsinn wiederfinden. Wer unter Leberschmerzen leidet, sollte die gekochten Kastanien zerquetschen und in Honig einlegen und häufig davon essen.

Bei Milzschmerzen empfehlen sich die gerösteten Kerne, noch warm gegessen." (*Physica*)

Feigen

Die Feige wird neben Wein und Olive bereits im Alten Testament erwähnt. Sie ist im Mittelmeerraum sowie in Kleinasien beheimatet. Feigen sind sehr mineralstoffreich (vor allem an Kalzium) und enthalten außerdem das Vitamin B1. Frische Feigen enthalten außerdem 16 Prozent Zucker (getrocknete Feigen etwa 60 Prozent!). In der Medizin dienen sie als mildes Abführmittel.

Hildegard empfiehlt rohe Feigen nur kranken Menschen. Gesunde sollten sie in der von ihr empfohlenen Zubereitungsform genießen:

„Der Feigenbaum ist mehr warm als kalt. Die Frucht des Baumes ist einem gesunden Menschen nicht bekömmlich, weil er dadurch schlecksüchtig und wankelmütig wird. Körperlich wirkt die Feige auf seine Säfte, als wäre sie sein Feind. Kranke und schwache Menschen dürfen aber durchaus Feigen essen, weil sie ihnen das geben, was ihnen im Moment fehlt. Wenn gesunde Menschen Feigen essen wollen, sollten sie sie vorher in Wein oder Essig einlegen und nur mäßig davon essen." (*Physica*)

Fleisch

Ob jemand Fleisch essen möchte oder nicht, ist meistens keine gesundheitliche, sondern eine ideologische Frage. Die Gesundheit wird weder bei der einen noch bei der anderen Ernährungsweise beeinträchtigt – solange man sich an Hildegards Regel von der *discretio* hält.

Natürlich sind heute viele Menschen in bezug auf das Fleischessen ver-
unsichert – man denke an die Hormonskandale in der Kälbermast, an
die Massentierhaltung von Geflügel und Schweinen, an die Tiertrans-
porte, an BSE usw. Andererseits ist Fleisch immer noch eine wichtige
Nahrungsquelle, die dem Menschen aufbauende Lebensstoffe zuführt
und zu köstlichen Gerichten verarbeitet werden kann. Wichtig ist:
- daß man nicht täglich Fleisch ißt, sondern mit rein vegetarischen Gerichten abwechselt
- daß es vor einem Fleischgericht immer einen frischen Salat gibt
- daß Sie Fleisch grundsätzlich nur aus Ihnen bekannten Quellen kaufen, also kein Fleisch aus Massentierhaltung usw.

Fleisch ist nicht als allein auslösender Faktor für Erkrankungen verantwortlich zu machen, obwohl es – wie z. B. bei der Gicht – die Symptome verschlimmern kann. Andere Nahrungsmittel kommen ebenso als
Auslöser in Frage, etwa gebleichter Zucker, Auszugsmehle usw. Eine
ausgewogene, vollwertige Ernährung wird dem gesunden Menschen
helfen, gesund zu bleiben, und kranken Menschen eine bessere Kondi-
tion bescheren.

Wenn Sie planen, Ihre Ernährung umzustellen, sollten Sie dies – besonders wenn Sie schwach und angegriffen sind – nicht abrupt und von
einem Tag auf den andern tun. Gehen Sie Schritt für Schritt langsam
vor, etwa indem Sie zunächst vor jedem warmen Essen einen Rohkostsalat essen, dann Fleisch immer mehr durch Gemüse und Getreide ersetzen, Vollkornbrot statt helles Brot essen, vielleicht ein frischge-
schrotetes Morgenmüsli einführen usw. So kann der Körper sich leichter umstellen – und auch die Familie wird sich durch diesen langsamen
Übergang leichter an die neue Ernährungsweise gewöhnen. Es gibt viele leckere Rezepte, die zeigen, daß eine fleischarme, gemüse- und ge-
treidereiche Ernährung weder freudlos noch langweilig sein muß.
Im Mittelalter war neben dem Getreide das Fleisch ein wesentlicher Ei-
weißlieferant, und auch die Klosterfrau Hildegard von Bingen hat das
Fleisch nie abgelehnt. Sie kannte übrigens einige Fleischsorten, die uns
heute kaum mehr zugänglich – und vielleicht gar nicht so erstrebens-
wert – sind. Der Kuriosität halber sollen auch diese Fleischarten hier
kurz erwähnt werden, mitsamt Hildegards Kommentar dazu.

Bärenfleisch

Wer nicht gerade in den Karpaten oder in Kanada selbst auf die Jagd geht, wird wohl kaum in Versuchung kommen, Bärenfleisch zu essen. Und wenn er es dann einmal interessehalber probiert, ist der gesundheitliche Schaden nicht groß. Zu Hildegards Zeiten allerdings gab es noch Bären in unseren heimischen Wäldern, die natürlich „bejagt" wurden. Und natürlich wurde ihr Fleisch von den erfolgreichen Jägern gegessen.

Hildegard allerdings rät von Bärenfleisch ab:
> „Der Bär hat Wärme fast wie der Mensch. Sein Fleisch entzündet im Menschen eine Begierde, so wie – als Gegenbeispiel – das Wasser seinen Durst löscht. Ähnliches bewirkt Schweinefleisch und das Fleisch anderer Tiere, aber nicht so stark wie das Bärenfleisch. Dieses bewirkt, daß der Mensch in seiner Begierde wie ein Rad umhergewälzt wird." (*Physica*)

Elchfleisch

Elchfleisch wird vor allem in Kanada und in den skandinavischen Ländern angeboten. Es ist sehr wohlschmeckend, und es schadet sicherlich nicht, es wenigstens einmal zu probieren.

Zur ständigen Ernährung eignet es sich nach Hildegards Worten allerdings nicht:
> „Der Elch ist warm, stark und kühn. Aber gerade wegen seiner Stärke ist sein Fleisch für die menschliche Nahrung nicht geeignet." (*Physica*)

Eselfleisch

In südlichen Ländern wird Eselfleisch mitunter zur Wurstbereitung – vor allem von Salami – verwendet.

Hildegard lehnt Eselfleisch ab mit der folgenden Begründung:
> „Der Esel ist mehr warm als kalt, und er ist dumm. Sein Fleisch ist für die menschliche Nahrung ungeeignet, denn es ist stinkend von jener Dummheit." (*Physica*)

Froschfleisch

Es gibt Menschen, die Froschschenkel für eine Delikatesse halten – obwohl diese den Fröschen bei lebendigem Leibe herausgerissen werden.

Zu Froschfleisch in der menschlichen Ernährung schreibt Hildegard nichts, allerdings:

> „Der Frosch ist kalt und etwas wässerig. Daher hat er nicht so üble Kräfte in sich wie die Kröte." (*Physica*)

Pferdefleisch

Auf Jahrmärkten sowie in Spezialschlachtereien wird auch heute noch bei uns Pferdefleisch angeboten. Manchen Menschen gilt es als wahre Delikatesse, obwohl ihm ein unangenehmer, etwas süßlicher Geruch anhaftet.

Hildegard jedenfalls rät vom Genuß des Pferdefleisches ab:

> „Das Pferd ist mehr warm als kalt. Sein Fleisch ist zäh und schwer zu essen. Es ist dem Menschen nicht zuträglich, denn es kann wegen seiner Stärke nur schwer verdaut werden. Das Fleisch von Wiederkäuern kann wesentlich besser gegessen werden, während das Fleisch von Tieren, die nicht wiederkäuen, schwerer verdaulich ist." (*Physica*)

Wild

Über das bei uns auch heute noch erhältliche und beliebte Wildfleisch äußert Hildegard von Bingen sich wesentlich positiver. Sie lobt seinen gesundheitlichen Wert und nimmt dabei lediglich das Wildschwein aus, das sie genauso ablehnt wie das Hausschwein, das sich „von Unreinem" ernährt. Besonders empfiehlt Hildegard die Leber von Reh und Hirsch als stärkende Nahrung, vor allem für Kranke. Da aber gerade die Leber von Wildtieren heute besonders stark durch die Umweltverschmutzung belastet ist, kommt sie nicht mehr zum Verkauf und wäre in unserer Zeit auch eher schädlich als nützlich.

Hasen- und Kaninchenfleisch

Über die Verwendung dieser Fleischarten in der Küche äußert Hildegard sich nicht, obwohl gerade im Mittelalter sehr viel Niederwild gegessen wurde. Über den Hasen allerdings macht sie eine Anmerkung, die ihn innerhalb ihrer Ernährungslehre durchaus akzeptabel erscheinen läßt:

> „Der Hase ist mehr warm als kalt. Er hat die Sanftheit des Schafes und die Sprünge des Rehs." (*Physica*)

Hirschfleisch

Hirschfleisch ist auch heute wegen seines geringen Fettgehalts eine willkommene Bereicherung für die Küche. Besonders ist es natürlich für ein Festessen – etwa zu Weihnachten – geeignet.
Hildegard empfiehlt das Hirschfleisch Gesunden wie Kranken gleichermaßen:

> „Der Hirsch hat plötzliche Wärme in sich. Er ist nicht sehr kalt, eher warm. Sein Fleisch ist für Gesunde und für Kranke bekömmlich." (*Physica*)

Rehfleisch

Für das Reh gilt Ähnliches wie für den Hirsch. Es ist allerdings noch verträglicher:

> „Das Reh ist gemäßigt und sanft und hat eine reine Natur. Sein Fleisch ist für gesunde und kranke Menschen gut zu essen." (*Physica*)

Haustiere

Von den Haustieren kommen für Hildegard – mit Einschränkungen – nur Rind, Schaf, Ziege und Geflügel in Frage. Das Schwein lehnt sie wegen seiner „Unreinheit" ab. Dabei kann das Fleisch von naturgemäß gehaltenen Schweinen (die übrigens zu den saubersten und intelligentesten Haustieren gehören) nicht nur besonders schmackhaft, sondern auch gesund sein. Allerdings gibt es Menschen, denen Schweinefleisch überhaupt nicht bekömmlich ist und die mit Ausschlägen, Magenbeschwerden und anderen Krankheiten darauf reagieren. Hier ist es wichtig, auf den eigenen Körper zu hören und zu erspüren, was ihm bekömmlich ist. Wenn Sie Schweinefleisch mögen und es gut vertragen, wäre es sicherlich falsch und wohl auch nicht im Sinne von Hildegards Ernährungslehre, gänzlich darauf zu verzichten. Hildegard von Bingen betont immer wieder, daß die Nahrung dem Menschen ein fröhliches Herz machen soll. Und solange Sie Ihr Lieblingsfleisch in Maßen genießen, wird dies sicherlich der Fall sein.

Rindfleisch

Rindfleisch kann Hildegard nicht ohne Einschränkung empfehlen. Für gesunde Menschen kann es förderlich und gesund sein. Kranken dagegen, die etwa unter einer schlechten Durchblutung leiden und leicht frösteln, ist von Rindfleisch in jeder Zubereitungsform abzuraten. Außerdem ist Rindfleisch nicht so leicht verdaulich, so daß es zu Magen- und Darmproblemen kommen kann.

„Das Rind ist von seiner Natur her kalt. Wegen dieser Kälte ist sein Fleisch auch nicht für kalte Menschen zum Verzehr geeignet. Dagegen ist es aus dem gleichen Grund gut für Menschen, die von Natur aus warm sind. Rinderleber stärkt den Menschen wegen ihrer guten Natur." (*Physica*)

Schaffleisch

Schaffleisch, besonders das Fleisch von Lämmern, ist ein sehr bekömmliches Fleisch. Hildegard empfiehlt, es möglichst im Sommer zu essen – das entspricht den Schlachtterminen für die zarteren Jungtiere, deren Fleisch ab Ostern auf den Markt kommt. Selbst wenn Sie kein frisches Schaffleisch bekommen, ist wohl ihr Hinweis auf den

Zeitpunkt, wann das Fleisch gegessen werden soll, bedeutsamer als der Schlachttermin. Sie können auch auf tiefgefrorenes Fleisch zurückgreifen – beispielsweise auf das hervorragende Lammfleisch aus Neuseeland. Im Sommer gegessenes Schaffleisch ist für Kranke und Gesunde gleichermaßen nützlich, während im Winter gegessenes Schaffleisch wegen seiner ihm anhaftenden Kälte den Menschen noch mehr auskühlen würde.

„Das Schaf ist kalt, aber dennoch wärmer als das Rind. Es ist feucht und einfach und enthält keine Bitterkeit und Herbheit. Sein Fleisch ist für gesunde und kranke Menschen gleichermaßen gut zu essen. Sehr geschwächte Menschen, deren Adern welk sind, sollten die Brühe, in der Schaffleisch gekocht wurde, so oft trinken, wie sie mögen. Dazu können sie in Maßen auch das Schaffleisch essen. Nach der Genesung dürfen sie dann reichlicher von dem Fleisch essen.
Schaffleisch sollte man im Sommer essen, weil es durch die Hitze erwärmt wird. Als Nahrung im Winter ist es nicht geeignet, weil Schaffleisch kalt ist und auch der Winter kalt ist." (*Physica*)

Ziegenfleisch
Dieses Fleisch gilt bei uns als besondere Delikatesse, weil in Deutschland nur wenige Ziegen gehalten werden. Das war noch bis in unser Jahrhundert ganz anders: Die Ziege galt als die „Kuh des kleinen Mannes", die ihm neben Milch, Käse und Butter auch wohlschmeckendes und gesundes Fleisch lieferte. Ähnlich war es zu Hildegards Zeiten.

Auch beim Ziegenfleisch empfiehlt Hildegard von Bingen den Verzehr hauptsächlich in den Sommermonaten. Am besten ist ihrer Meinung nach dieses Fleisch im August.
„Die Ziege hat eine sehr plötzliche Wärme und eine unbeständige Art. Ihr Fleisch ist für gesunde und kranke Menschen gleichermaßen geeignet. Wenn man häufig Ziegenfleisch ißt, können dadurch zerbrochene und zerquetschte Eingeweide geheilt werden, außerdem heilt und stärkt das Fleisch den Magen." (*Physica*)

Geflügel

Der Geflügelhof war zu Hildegards Zeiten eine wichtige Einrichtung
jedes Klosters und jedes Herrenhofes. Während der vielen Fastentage
(deren es im Mittelalter bis zu 150 im Jahr gab) durfte ja kein Fleisch
gegessen werden, so daß der Bedarf an Eiern entsprechend groß war.
Aber natürlich verachteten die Menschen auch damals nicht das zarte
Geflügelfleisch.

Ente

Während Hildegard die Wildente Gesunden und Kranken empfiehlt, rät
sie bei der Hausente kranken Menschen vom Verzehr ab – möglicherweise, weil die Hausente einen wesentlich höheren Fettgehalt hat und
dadurch den Organismus entsprechend stärker belastet. Gesunde Menschen sollten beide Entenarten allerdings nur essen, wenn sie nach dem
von Hildegard angegebenen Rezept mit einer Salbeifüllung zubereitet
sind, weil dieses Würzkraut die schädlichen Säfte mindert.

> „Die Ente, die zahm ist, hat eine schwere Wärme. Sie ernährt sich
> von Unreinem. Aber das Unreine, das sie verschlingt, wird durch
> das Wasser, in dem sie oft schwimmt, gereinigt und wieder ausge-
> schieden.
> Gesunde können ihr Fleisch vertragen, Kranke aber nicht. Enten
> sollten nicht in Wasser gekocht, sondern gebraten werden und vor-
> her mit Salbei und anderen Kräutern gefüllt werden." (*Physica*)

Gans

Auch Gänse gehörten auf den Geflügelhof, nicht nur wegen ihres Flei-
sches, sondern auch wegen der Federn, die im Winter in den eiskalten
Schlafzimmern – zu Federbetten verarbeitet – willkommene Wärme
lieferten.

Hildegard rät Kranken gänzlich vom Verzehr von Gänsebraten ab – der
ihnen nach neuesten ernährungswissenschaftlichen Erkenntnissen viel
zu schwer im Magen liegen würde – und kann ihn auch gesunden Menschen nicht uneingeschränkt empfehlen. Detailliert geht sie in ihren
Schriften auf die richtige Zubereitung des Gänsebratens ein:

„Die Gans ist warm und ernährt sich sowohl von reiner wie von unreiner Nahrung. Wegen dieser doppelten Natur ist sie kranken Menschen nicht empfehlenswert, während gesunde Menschen das Gänsefleisch eher vertragen. Vor dem Braten sollte die Gans mit Salbei und anderen Kräutern gefüllt werden, damit der Saft der Kräuter das Fleisch durchdringt. Während des Bratens sollte sie immer wieder mit Wein und Essig besprengt werden." (*Physica*)

Huhn

Hühnerfleisch dürfen sogar Kranke essen, wenn es in der Suppe mit anderem Fleisch – beispielsweise Schaf- oder Rindfleisch – gekocht wurde. Obwohl dem gesunden Menschen ebenfalls gekochtes Hühnerfleisch bekömmlicher ist, darf er auch gebratenes Huhn essen.

„Das Huhn ist von kalter und trockener Natur. Das Fleisch ist gesunden Menschen durchaus bekömmlich, denn es macht nicht fett – auch die Kranken erquickt es ein wenig. Allerdings sollten sehr kranke Menschen nicht zu oft Hühnerfleisch essen, sonst entsteht Schleim im Magen und macht diesen so krank, daß er das Fleisch kaum verdauen kann. Dies rührt von der kalten Beschaffenheit des Huhns her. Wenn jemand sehr krank ist, sollte er das Hühnerfleisch zusammen mit einem anderen beliebigen Fleisch kochen lassen. Dadurch wird es durch den Saft der anderen Fleischarten gemäßigt. Gebratenes Hühnerfleisch sollten Kranke allerdings meiden, weil es zu schwer verdaulich ist." (*Physica*)

Taube

Obwohl die Taubenbrühe traditionell bis in unsere Zeit hinein als ideale Krankenkost galt, auf den Geflügelhöfen der Klöster und Gutshöfe des Mittelalters immer ein Taubenhaus stand und Wildtauben zu beliebten Jagdobjekten zählten, kann Hildegard das Taubenfleisch nicht empfehlen: Den Kranken schadet es, und den Gesunden nützt es nichts.

„Die Taube ist mehr kalt als warm. Ihr Fleisch ist nicht fest, sondern etwas dürr, so daß sie dem Menschen nicht viel Saft verleiht. Einem gesunden Menschen schadet sie zwar nicht – aber sie nützt ihm auch nicht. Einem Kranken jedoch, dessen Körper geschwächt ist, schadet sie nur." (*Physica*)

Fisch

Fisch war im Mittelalter nicht nur eine willkommene, eiweißreiche Ergänzung des Küchenzettels, sondern wegen der vielen Fastentage, an
denen kein Fleisch gegessen werden durfte, eine köstliche Abwechslung
zu Mehl- und Eierspeisen. Hildegard von Bingen kannte als Süddeut-
sche kaum Meeresfische, lediglich der Hering und die Scholle werden
bei ihr erwähnt; ansonsten beschränkt sie sich auf Süßwasserfische.
Sie lehnt sowohl den Aal als auch den Lachs als schädlich für den
Menschen ab.

Barsch

Der Barsch wird nach Hildegards Ansicht von gesunden wie kranken
Menschen gut vertragen:

> „Der Barsch entstammt mehr der warmen als der kalten Luft. Er
> hält sich gerne in der Reinheit und in der Mitte der Gewässer auf.
> Sein Fleisch kann gesunden und kranken Menschen empfohlen
> werden." (*Physica*)

Forelle

Bei Forellen rät Hildegard kranken Menschen vom Verzehr ab,
während gesunde Menschen sie unbeschadet essen können:

> „Die Forelle entstammt mehr der warmen als der kalten Luft. Für
> kranke Menschen ist sie nicht geeignet, gesunden dagegen bringt
> sie keinen Schaden." (*Physica*)

Hering

Kranke und gesunde Menschen dürfen gelegentlich durchaus gebratene
Heringe essen, ohne daß es ihnen schadet.

> „Der Hering hat eine kalte und unbeständige Natur. Frisch gefange-
> ne Heringe sind nicht gut zu essen, denn sie lassen den Menschen
> leicht aufschwellen und machen seinen Körper inwendig eitrig. Für
> Kranke und für Gesunde empfiehlt es sich deshalb eher, den Hering
> gebraten als roh zu essen." (*Physica*)

Karpfen

Gesunde Menschen können ohne Bedenken Karpfenfleisch essen.
Kranken dagegen rät Hildegard von seinem Verzehr ab. Ältere Karpfen

sollte man gar nicht essen, da sie nicht nur die Sumpfwärme in sich haben, sondern auch einen stark moosigen Geschmack – immerhin können Karpfen mehrere Jahrzehnte alt werden!

„Der Karpfen ist mehr warm als kalt. Er hat die Wärme der Sümpfe
in sich, in ihnen sucht er seine Nahrung. Dem Gesunden schadet
sein Fleisch nicht, dem kranken Menschen kann es jedoch unzu-
träglich sein." (*Physica*)

Wels
Dieser Fisch hat so bekömmliches Fleisch, daß er von kranken und gesunden Menschen gleichermaßen ohne Schaden gegessen werden kann.
Früher hielt man seine Leber für ein besonders gutes Heilmittel gegen Magenkrankheiten, während sein Herz als eher schädlich betrachtet wurde.

„Der Wels stammt mehr von der warmen als von der kalten Luft. Er
ernährt sich vom Getreide, das ins Wasser fällt, und von anderen
guten Pflanzen. Er hat gesundes Fleisch und ist deshalb für gesunde
und kranke Menschen gut zu essen." (*Physica*)

Honig, Eier und Milcherzeugnisse

Man muß in Hildegards Schriften lange suchen, ehe man Äußerungen
zu diesen Nahrungsmitteln findet. Vielleicht liegt das daran, daß sie im
Mittelalter so selbstverständlich waren – den Honig brauchte man zum
Süßen, da Zucker eine rare und teure Ware war. Milch gaben Kuh und
Ziege, und Eier waren oft neben dem Getreide und den gelegentlich
gefangenen Fischen die einzige Alternative zum Fleisch, wenn einer
der vielen Fastentage anstand.

Honig
Hildegard von Bingen erwähnt den Honig oft im Zusammenhang mit
Heilmitteln, die mit ihm zubereitet werden, etwa in Heilweinen oder
verschiedenen Formen von Heilsirup, beispielsweise bei Petersilien-
wein gegen Herzschwäche oder Honigsirup gegen Husten. Immer wieder empfiehlt sie, die pflanzlichen Wirkstoffe in Honig einzuarbeiten,
also muß sie um dessen Heilkräfte gewußt haben.

Honig wird seit alters her nicht nur als köstliches Nahrungsmittel, sondern auch als geradezu universelles Heilmittel hoch geschätzt. Honig
besteht zum größten Teil aus Frucht- und Traubenzucker und enthält in
reichem Maße Vitamine, Mineralien und Spurenelemente.

Er regt den Stoffwechsel an und ist ein wertvolles Herz- und Nerven-
mittel. Achten Sie beim Einkauf darauf, daß Sie einen naturreinen und
keinen überhitzten Honig bekommen. Sie können Honig als Alternative zum Zucker verwenden, etwa beim Süßen von Tees und Desserts.
Sogar zum Backen können Sie ihn nehmen, weil die wertvollen B-Vi-
tamine relativ unempfindlich gegen Hitze sind.

Obwohl Hildegard immer wieder Heilrezepte auf Honigbasis angibt,
schreibt sie:
> „Ein Mensch, der dick ist und festes Fleisch hat, bereitet durch den
> Verzehr von Honig eine innere Fäulnis vor. Aber auch wer mager
> und innerlich trocken ist, wird selbst von gekochtem Honig geschä-
> digt." (*Physica*)

Eier

Das in Eiern enthaltene Eiweiß ist besonders leicht verdaulich. Auch
viele Gemüse und natürlich Fleisch enthalten reichlich Eiweiß. Kurio-
serweise ist im Ei das meiste Eiweiß im Eigelb enthalten. Veganer leh-
nen Eier als Tierprodukt streng ab, während Vegetarier ihre Nahrung
gerne mit Eiern bereichern. Im Mittelalter waren Eierspeisen eine willkommene Abwechslung während der fleischlosen Zeit der Fastentage.

Hildegard von Bingen spricht sich gegen die Eier von Enten und Gän-
sen aus. Diese werden auch heute nicht in der Küche verwendet (Aus-
nahme: Enteneier zum Backen). Die Eier von Wildvögeln lehnt sie
ebenfalls ab, während Hühnereier durchaus akzeptiert werden:
> „Alle Eier von Vögeln, die immer im Flug sind und kräftig fliegen
> können, sollen nicht gegessen werden. Aber die Eier des Haushuhns
> können mäßig gegessen werden." (*Physica*)

Milch und Milcherzeugnisse

Bei der *Milch* unterscheidet Hildegard ihre Zuträglichkeit nach der
Jahreszeit. Das hat möglicherweise seinen Grund darin, daß die Milch

von Kühen, die im Sommer auf die Weide gehen, fetter ist als die Wintermilch, die ja zu einem großen Teil durch Heufütterung erzeugt wird.

> „Die Milch von Kühen, Ziegen und Schafen ist im Winter heilsamer als im Sommer. Die Sommermilch schadet den gesunden Menschen, Kranke und Schwache allerdings dürfen sich durch sie etwas stärken." (*Physica*)

Wichtig ist, daß Sie beim Einkauf der Milch auf die Herkunft achten. Wenn Sie direkt beim Bauern kaufen, sollten Sie sich vergewissern, daß die Kühe nicht überwiegend mit Silage gefüttert werden – das gibt der Milch einen leicht bitteren Geschmack. Am empfehlenswertesten ist Milch von einem „Biohof". Sie erhalten sie im Reformhaus oder im Naturkostladen, manchmal auch direkt beim Erzeuger. Diese Milch ist zwar etwas teurer als die Milch aus dem Supermarkt, aber sehr viel wertvoller und wohlschmeckender.

Da Hildegard von Bingen die Margarine noch nicht kannte – diese wurde erst im letzten Jahrhundert erfunden –, sei hier nur kurz angemerkt, daß alle, die keine Butter mögen oder vertragen, möglichst Margarine aus dem Naturkostladen oder Reformhaus verwenden sollten. Diese ist nicht nur schonender hergestellt, sondern enthält mehr wertvolle Inhaltsstoffe als andere Margarinesorten.

Über die *Butter* schreibt Hildegard:

> „Die Kuhbutter ist heilsamer als Schaf- und Ziegenbutter. Ein Mensch mit Lungenproblemen oder Husten oder von großer Magerkeit sollte Butter essen. Diese heilt ihn innerlich und erfrischt ihn. Auch für gesunde Menschen, die kein übermäßiges Fett am Körper haben, ist die Butter gut und gesund. Dicke Menschen allerdings sollten Butter nur in Maßen essen, damit sie nicht noch dicker werden." (*Physica*)

Über den *Käse* habe ich bei Hildegard von Bingen keine Hinweise gefunden. Man kann aber davon ausgehen, daß für den Käse das gleiche gilt wie für die Butter.

Die Würzkräuter der heiligen Hildegard

Würzkräuter geben den Speisen nicht nur ein besonderes, oft charakteristisches Aroma (man denke nur an die Mittelmeerküche mit Rosmarin, Thymian, Basilikum usw.), sie machen viele Speisen auch bekömmlicher. Dies ist z. B. bei Majoran der Fall, den man zur Wurst gibt, beim Bohnenkraut in Bohnengerichten, bei Wacholderbeeren zum Braten und zum Sauerkraut usw. Die meisten Würzkräuter sind gleichzeitig Heilpflanzen.

Basilikum

Basilikum ist ein Küchenkraut, das vor allem in den Mittelmeerländern kultiviert wird. Es ist ein besonders edles Gewürzkraut und erfreut sich sowohl frisch wie getrocknet großer Beliebtheit. Es enthält Mineralstoffe, Enzyme (dies sind Fermente, die dem Körper helfen, die Nahrung besser aufzuschließen) und – im frischen Zustand – auch Vitamine.

In gekochten Gerichten läßt man Basilikum am besten mitkochen. Bei Rohkost (vor allem bei Tomaten) geben Sie es kurz vor dem Servieren dazu. Hier wirkt es vor allem gegen Verdauungsbeschwerden. Als Gewürz (auch getrocknet) schmeckt Basilikum zu Schaffleisch, Kalbfleisch, Fisch, Erbsen und Kräutermayonnaisen.

Sie können Basilikum in Ihrem eigenen Garten oder auf der Fensterbank ziehen. Ab Frühjahr gibt es Basilikum in Töpfen nicht nur in Gärtnereien, sondern auch in vielen Supermärkten.

Hildegard von Bingen empfiehlt das Basilikum allerdings in der Hauptsache als Arzneimittel, vor allem gegen Fieber.

Beifuß

Der Beifuß enthält reichlich Bitterstoffe, die Vitamine A, B und C, außerdem Inulin, einen stärkeähnlichen Stoff.

Beifuß wirkt appetitanregend und vor allem verdauungsfördernd. Deshalb sollte er bei keiner fetten Speise fehlen. Dies gilt vor allem für Ente und Gans sowie für fettes Schaffleisch. Man kann damit aber auch Fisch, Rohkost, Gemüse und Pilze würzen.

Beifuß findet sich in der freien Natur, und man kann ihn im Garten ziehen. Getrockneten Beifuß, der ebenfalls verwendet werden kann, erhalten Sie in der Apotheke.

Hier Hildegards Kommentar zum Beifuß:
> „Der Beifuß ist sehr warm. Er heilt kranke Eingeweide und wärmt den kranken Magen. Wenn jemand durch den Genuß von Speisen oder Getränken unter Magen- oder anderen Beschwerden leidet, sollte er sein Essen immer zusammen mit Beifuß kochen. Dieser nimmt die Fäulnis weg, die sich der Betroffene durch frühere Speisen und Getränke zugezogen hat." (*Physica*)

Bertram

Dieses im allgemeinen wenig verwendete Gewürzkraut gilt in der Hildegard-Küche gewissermaßen als Universalgewürz. In den südlichen Mittelmeerländern wird der Bertram auch als Heilpflanze kultiviert. Er unterstützt die Speichelbildung, das bedeutet, daß alle damit gewürzten Gerichte besser verdaut werden können.

Die gemahlene Wurzel – sie ist im Reformhaus und in der Apotheke erhältlich – wird messerspitzenweise dem Essen zugesetzt.

Hildegard schreibt über dieses Gewürz:
> „Der Bertram ist von gemäßigter und etwas trockener Wärme. Dies ist eine reine Mischung, die eine gesunde Frische erhält. In einem gesunden Menschen vermindert das Gewürz die innere Fäulnis und vermehrt das gute Blut, außerdem sorgt es für einen guten Verstand. Aber auch Kranke, sogar Schwerkranke, bringt es wieder zu Kräften. Bertram schickt nichts aus dem Menschen unverdaut hinaus, sondern sorgt für eine gute Verdauung." (*Physica*)

Dill

Dill hat nicht nur einen angenehmen Geschmack, sondern gilt gewissermaßen auch als Diätgewürz, vor allem bei Gicht und rheumatischen Erkrankungen. Er kann zudem Magenschmerzen, Blähungen und Übelkeit verhindern. Deshalb gibt man ihn vor allem gern an die Soße; aber auch zu vielen Rohkostgerichten paßt Dill hervorragend. Das gleiche gilt für gedünstetes Gemüse und Gemüsesuppen. Geben Sie den

Dill immer erst gegen Ende der Garzeit zu den Speisen, so werden seine Wirkstoffe nicht durch die Hitze zerstört und sein charakteristisches Aroma bleibt erhalten.

Dill können Sie das ganze Jahr über frisch sogar in Supermärkten kaufen; es gibt ihn auch tiefgefroren. Auch im Garten läßt sich Dill leicht anbauen – er ist recht anspruchslos. Und frisch geernteter Dill ist natürlich von Duft und Geschmack her noch viel intensiver.

Hildegard über den Dill:
> „Der Dill ist trocken, warm und gemäßigt. Roh sollte man ihn nicht genießen, weil er den Menschen dann traurig macht und ihm auch deshalb übel bekommt, weil er die Feuchtigkeit und manchmal auch die Fettigkeit der Erde in sich enthält. Aber gekocht gegessen unterdrückt er die Gicht, und so ist er nützlich in der Küche."
> (*Physica*)

Dost

Dieses Gewürz ist bei uns besser bekannt als „Oregano" und wird viel für Rezepte aus der Mittelmeerküche verwendet. Es enthält neben ätherischen Ölen (die ein wenig an die Minze erinnern) auch Harz- und Bitterstoffe. Es wirkt gegen Verdauungsstörungen und Blähungen, außerdem gegen Beschwerden von Milz und Leber.
Oregano gibt es getrocknet in jedem Supermarkt, und Sie können es selbst in Ihrem Garten ziehen.
Hildegard empfiehlt den Dost zwar für einige Heilmittel, rät aber von der Anwendung in der Küche ab:
> „Der Dost ist warm und trocken, aber weder das eine noch das andere überwiegt. Wenn ein Mensch ihn in seinen Körper aufnimmt, schädigt er seine Lunge und seine Leber." (*Physica*)

Fenchel

Der aus dem Mittelmeer stammende Fenchel wird heute in ganz Europa angebaut. Während die Knollen und das Fenchelgrün einen dillähnlichen Geschmack haben, erinnern die Samen an Kümmel und Anis. Die weißen und grünen Teile des Fenchels enthalten das Provitamin A sowie die Vitamine B und C, außerdem Kalzium und Phosphor. In den Samen sind natürliche Zuckerverbindungen, Eiweiß und ätherische Öle.

Fenchel wirkt verdauungsfördernd und beugt Blähungen vor. So machen die frischen, feingehackten Blätter schwerverdauliche Gerichte wie beispielsweise Hülsenfrüchte bekömmlicher. Außerdem können Sie damit Fischsud sowie Soßen, Salate, Marinaden, Mayonnaisen und Füllungen für Fisch würzen. Fenchelsamen werden vor allem für Gebäck, Brot, Suppen nach italienischer Art, Salate und Marinaden verwendet. Fenchelknollen, an denen immer noch etwas Fenchelkraut ist, erhalten Sie das ganze Jahr über im Supermarkt. Sie können sie selbstverständlich auch selbst im Garten anbauen. Fenchelsamen gibt es ebenfalls in allen Geschäften, außerdem in Reformhäusern und Apotheken.

Hildegard schätzt den Fenchel nicht nur als Gemüse besonders hoch ein, sondern auch in jeder anderen Form, z. B. als Würzmittel:

„Der Fenchel hat eine angenehme Wärme. Er ist weder von trockener noch von kalter Natur. Wie auch immer er gegessen wird, macht er den Menschen fröhlich und vermittelt ihm eine angenehme Wärme, außerdem eine gute Verdauung. Auch sein Same ist von warmer Natur und nützt der Gesundheit des Menschen." (*Physica*)

Gewürznelke

Der Gewürznelkenbaum stammt ursprünglich von den Molukken, einer indonesischen Inselgruppe, wird heute aber in tropischen Gebieten weltweit kultiviert.

Gewürznelken enthalten reichlich ätherische Öle und werden zusammen mit Wacholderbeeren und Lorbeer gern als Braten- oder Fischwürze verwendet. Sauer eingemachtem Kürbis geben sie ein besonders feines Aroma. In gemahlener Form kann man sie ebenfalls zum Backen, z. B. für Plätzchen, verwenden.

Hildegard empfiehlt Gewürznelken vor allem als Heilmittel, etwa bei Kopfschmerzen oder bei hohem Blutdruck. Über ihre Eigenschaften schreibt sie:

„Die Gewürznelke ist sehr warm und hat eine gewisse Feuchtigkeit in sich. Diese dehnt sich im Körper aus wie die angenehme Feuchtigkeit des Honigs." (*Physica*)

Ingwer

Der Ingwer ist ein uraltes Heil- und Würzmittel, das weltweit in tropischen Gebieten angebaut wird. Es wirkt appetitanregend und magenfreundlich. Besonders bekannt ist es in England, wo es zum Backen (*ginger bread*) und in Getränken (*ginger ale*) verwendet wird. Ingwer erhalten Sie pulverisiert im Gewürzregal oder in der Apotheke. Frischer Ingwer ist bei uns nur im Winter und im Frühjahr erhältlich, also genau in der Jahreszeit, für die Hildegard von Bingen ihn empfiehlt.

Hildegard empfiehlt den Ingwer vor allem solchen Menschen, die in der dunklen Jahreszeit unter Appetitlosigkeit, Mattigkeit und allgemeiner körperlicher Abgeschlagenheit leiden. Dem gesunden Menschen ist Ingwer weniger förderlich.

> „Der Ingwer ist warm und ausgedehnt, d. h. er zerfließt leicht im Körper. Einem gesunden Menschen schadet sein Genuß eher, denn es macht ihn dumm, müde und zügellos.
>
> Wer aber einen trockenen Körper hat und sehr schwach ist, sollte pulverisierten Ingwer in die Suppe oder auf sein Brot geben, dann wird es ihm bessergehen." (*Physica*)

Kerbel

Kerbel ist bei uns frisch kaum erhältlich – außer mit viel Glück an einem spezialisierten Kräuterstand auf dem Wochenmarkt. Man kann ihn aber leicht selbst im Garten anbauen. Getrockneten Kerbel finden Sie im Gewürzregal Ihres Supermarktes.

Kerbel ist sehr reich an Provitamin A und Vitamin C. Außerdem enthält er wertvolle Mineralstoffe und Spurenelemente, beispielsweise Eisen. Er wirkt leicht abführend und tut der Leber und den Nieren gut. In der Küche wird er vor allem in Soßen und Suppen verwendet, aber auch Gemüsen und grünen Salaten kann man damit einen besonderen Pfiff geben. Kerbel hat ein petersilienähnliches Aroma und erinnert zugleich ein wenig an Anis.

Hildegard allerdings möchte den Kerbel nur als Arzneimittel und nicht als Würze verwenden sehen, denn:

„Der Kerbel ist von trockener Natur. Er ist mehr warm als kalt, seine Wärme ist gesund. Weder roh noch gekocht taugt er zum Essen, nur in Heilmitteln ist er sehr nützlich." (*Physica*)

Knoblauch

In Asien und im Mittelmeerraum wurde der Knoblauch schon sehr früh nicht nur als Würz-, sondern auch als Heilmittel eingesetzt. Aber auch den Germanen war er schon bekannt.
Knoblauch enthält Eiweißstoffe, reichlich Vitamine und etwas Schwefel. Sein Hauptwirkstoff ist das ätherische Öl Allicin, durch welches auch der typische Geruch entsteht. Knoblauch wirkt gegen Bakterien und verschiedene Pilze. Er regt die Gallenfunktion an und entkrampft den Magen-Darm-Bereich.

Auch bei uns ist Knoblauch heute ein beliebtes Küchengewürz, das man Salaten, Gemüsen und Fleisch- und Fischgerichten beifügen kann. Sie erhalten Knoblauch in Pulverform im Gewürzregal. Besser sind jedoch die frisch verwendeten Knoblauchzehen, die es das ganze Jahr über am Gemüsestand gibt. Knoblauch läßt sich außerdem gut im Garten anbauen.

Hildegard über den Knoblauch:
„Der Knoblauch hat die richtige Wärme. Für gesunde und kranke Menschen ist er heilsamer als beispielsweise der Lauch. Allerdings sollte er roh gegessen werden, weil er sonst nicht mehr die rechte Wärme hat.
Knoblauch sollte in Maßen gegessen werden, damit das Blut im Menschen sich nicht übermäßig erwärmt. Nur alter Knoblauch sollte mitgekocht werden, damit er die ihm innewohnenden Kräfte wiedererlangt." (*Physica*)

Kümmel

Der Kümmel ist wahrscheinlich die älteste in Europa beheimatete Heil- und Gewürzpflanze – das belegen Funde aus der Jungsteinzeit. Er gedeiht wildwachsend in allen gemäßigten Zonen Europas, wird aber in einigen Gegenden auch feldmäßig kultiviert. Kümmel läßt sich ohne Probleme im Garten anbauen.

Er enthält zahlreiche ätherische Öle und schmeckt leicht süßlich – ein wenig wie Lakritze und Anis. Kümmel ist sehr magenfreundlich und verdauungsfördernd. Deshalb sollte man ihn an alle Kohl- und Sauerkrautgerichte geben. Auch bei selbstgebackenem Brot, zu Schweinebraten, Schaffleisch, Kartoffeln, Quark und Käse paßt er hervorragend.

Hildegard rät allerdings kranken – vor allem herzkranken – Menschen von der Verwendung des Kümmels ab. Dagegen sollten Lungenkranke vermehrt ihre Speisen mit Kümmel würzen.

„Der Kümmel ist von gemäßigter Wärme und trocken. Für Menschen, die unter Lungen- und Atembeschwerden leiden, ist er in jeder Form gut und gesund. Herzkranken allerdings schadet er, weil er das Herz nicht vollkommen erwärmt – und dieses muß immer warm sein. Gesunden Menschen ist er uneingeschränkt zu empfehlen, denn er gibt ihnen einen klaren Verstand und eine milde Wärme." (*Physica*)

Liebstöckel

Der Liebstöckel ist wegen seines charakteristischen Geruchs bei uns auch als „Maggikraut" bekannt. Er stammt vermutlich aus dem Iran und gedeiht wildwachsend vor allem im südlichen Europa. Bei uns kann man ihn problemlos im Garten oder auf der Fensterbank ziehen.

Liebstöckel enthält neben ätherischen Ölen verdauungsfördernde Bitterstoffe. Sein kräftiger Geschmack ähnelt dem Sellerie. Er paßt vor allem zu deftigen Speisen wie etwa Eintöpfen. Auch grünen Salaten gibt er eine besondere Note. Das gleiche gilt für frische, gedünstete Gemüse.

Dazu Hildegard:

> „Der Liebstöckel ist von gemäßigter Wärme. Roh gegessen, macht
> er die Natur des Menschen eher zerfließend. Allein, ohne alle ande-
> ren Würzen gekocht, macht er Geist und Körper schwer und un-
> lustig. Zusammen mit anderen Würzen aber schadet er dem Men-
> schen nicht so sehr." (*Physica*)

Meerrettich

Der aus der Gegend um das Kaspische Meer in Rußland stammende
Meerrettich gedeiht überall in Europa. Von ihm werden ausschließlich
die Wurzeln verwendet, meistens in geriebener Form, aber auch in
Scheiben geschnitten als Brotauflage (beispielsweise bei einer zünfti-
gen bayerischen Brotzeit).

Der Meerrettich enthält Vitamin C, außerdem viel Schwefel und Kalium, dazu Kalzium, Phosphor, Eisen, Kupfer und Senföl. Er ist nicht
nur eine delikate Würzpflanze, sondern hat zudem zahlreiche heilende
Eigenschaften. Früher verwendete man ihn wegen seines Vitamin-C-
Gehaltes gerne zur Vorbeugung gegen Skorbut, einer Vitaminmangel-
krankheit. Da er die Verdauung stärkt, wird er gerne als gesunde
Küchenwürze eingesetzt. Er schmeckt scharf und senfartig.

Rettiche bekommt man das Jahr über in den Supermärkten, und man
kann sie problemlos selbst im Garten anbauen. Fertige Meerrettich-
paste gibt es ebenfalls im Supermarkt. Meerrettich paßt zu Fisch und
Fleisch, außerdem zu Salatmayonnaisen.

Hildegard schreibt über den Meerrettich:

> „Er ist warm in seiner Natur. Besonders junger Meerrettich ist gut
> zu essen, vor allem für gesunde und starke Menschen, weil seine
> Grünkraft die guten Säfte in ihm stärkt." (*Physica*)

Melisse

Die Melisse ist nicht nur ein altes Heilmittel der Klostermedizin – man
denke nur an den berühmten „Melissengeist"! –, sondern seit langem
ein beliebtes Würzmittel, vor allem für Salate. Frische Melisse gibt es
häufig in Supermärkten. Man kann sie natürlich genausogut im Garten
und ohne Probleme selbst auf der Fensterbank ziehen.

Hildegard von Bingen empfiehlt die Melisse vor allem als Stimmungsaufheller:

„Die Melisse ist warm. Der Mensch, der sie ißt, lacht gern, weil ihre Wärme seine Milz positiv beeinflußt und daher das Herz erfreut
wird." (*Physica*)

Mohn

Der Mohn war bereits den Griechen und Römern bekannt. Sie verwendeten ihn nicht nur als Ölpflanze, sondern auch als schmerzstillendes
und schlafförderndes Mittel. Mohn mit blauen Samen ist opiumfrei und
kann ohne weiteres in der Küche – vor allem beim Backen – verwendet
werden.

Der opiumhaltige Schlafmohn stammt aus der Schwarzmeerregion und
wurde bereits um die Zeitenwende in Mitteleuropa bekannt. Die Mohn-
samen dienten wegen ihres hohen Ölgehalts schon sehr früh als Nahrungsmittel.

Hildegard von Bingen sieht im Mohn vor allem ein Heilmittel, besonders bei Schlafstörungen, aber auch ein wirksames Mittel gegen Läuse.
„Der Mohn ist kalt und mäßig feucht. Seine Körner führen den
Schlaf herbei. Roh sind sie besser und nützlicher zu essen als gekocht." (*Physica*)

Muskatnuß

Die Muskatnuß gelangte aus den tropischen Regionen zu uns. Sie wird
vielfach als Küchengewürz verwendet. In der Medizin benutzt man sie
als Magenmittel und zur allgemeinen Anregung des Organismus.

In der Küche würzt die Muskatnuß in geriebener Form verschiedene
Gebäcksorten; zu Blumenkohl oder Kartoffelbrei ist sie ebenfalls ein
anregendes und gesundes Würzmittel.

„Die Muskatnuß enthält viel Wärme. Ihre Kräfte sind gut gemischt.
Sie öffnet das Herz des Menschen, reinigt seinen Sinn und gibt ihm
einen klaren Verstand." (*Physica*)

Petersilie

Die Petersilie ist wohl das bei uns am meisten verbreitete und das beliebteste Gewürzkraut. Sie stammt ursprünglich aus dem östlichen Mittelmeergebiet, ist aber inzwischen in der ganzen Welt beheimatet. Meistens verwendet man die krause Petersilie, würziger ist jedoch die glatte Blattpetersilie. Beide Sorten sind im Supermarkt das ganze Jahr über frisch erhältlich, man kann sie zudem tiefgefroren kaufen oder im eigenen Garten und sogar auf der Fensterbank ziehen.

Petersilie wurde in unseren Gegenden bereits im 9. Jahrhundert angebaut und gehört zu den von Karl dem Großen für Kräutergärten empfohlenen Pflanzen. Petersilie hat eine zarte Schärfe und schmeckt ein klein wenig süßlich. Sie enthält eine ganze Reihe lebenswichtiger Wirkstoffe, beispielsweise das Provitamin A, die Vitamine B1 und B2 sowie vor allem reichlich Vitamin C. Außerdem finden sich in der Petersilie Kalium, Kalzium, Schwefel und Eisen, dazu ätherische Öle.

Die Petersilie fügt nicht nur allen Gerichten die von Hildegard als so wichtig empfohlene Grünkraft hinzu, sondern wirkt auch appetitanregend und entschlackend. Besonders ältere Menschen sollten ihre Speisen mit viel Petersilie würzen.

Sie paßt eigentlich zu allen Gerichten – zu Rohkost ebenso wie zu gekochten Mahlzeiten. Man sollte sie möglichst nicht mitkochen, weil dann ihre besten Wirkstoffe (ebenso wie beim Trocknen) verlorengehen. Also erst zum Schluß des Garprozesses hinzufügen! Petersilie gibt es das ganze Jahr über frisch oder eingefroren in den Supermärkten. Sie ist aber auch leicht im Garten oder auf der Fensterbank zu ziehen.

Hildegard über die Petersilie:
> „Am nützlichsten ist die Petersilie für den Menschen, wenn sie roh gegessen wird. Bei Erhitzung wird ihre Grünkraft beeinträchtigt."
> (*Physica*)

Pfeffer

Der Pfeffer ist wohl das wichtigste Welthandelsgewürz – deshalb nannte man wahrscheinlich früher die Kaufleute „Pfeffersäcke". Pfeffer enthält ätherische Öle, die ihm seine charakteristische Schärfe geben.

Hildegard von Bingen empfiehlt, den Pfeffer nur sparsam in der Küche zu verwenden. Kranke Menschen sollten lieber auf andere Würzkräuter ausweichen.

„Der Pfeffer ist sehr warm und trocken. Er hat ein gewisses Verderben in sich und kann bei reichlichem Genuß dem Menschen schaden." (*Physica*)

Salbei

Die berühmte medizinische Schule von Salerno in Italien prägte im Mittelalter ein Sprichwort: „Wie kann jemand sterben, der Salbei im Garten hat?" Salbei ist aber nicht nur eine wirksame Heilpflanze, sondern auch ein vielseitig einsetzbares Würzkraut. Salbei enthält neben Bitterstoffen ätherische Öle, durch die sein charakteristischer Duft entsteht.

Wegen seines kräftigen Aromas sollte Salbei allerdings nur sparsam verwendet werden. Am besten kommt er zur Entfaltung, wenn man ihn kurz in Fett mitbraten läßt, beispielsweise bei Fleisch- oder Fischgerichten (Hildegard empfiehlt den Salbei ja vor allem als Füllung von fettem Geflügel). Salbei gibt es in getrockneter Form im Gewürzregal des Supermarktes, oft auch in Töpfen zu kaufen. Er läßt sich problemlos im Garten und auf der Fensterbank kultivieren.

Hildegard von Bingen schreibt über den Salbei:
„Der Salbei ist warm und trocken. Deshalb wirkt er gegen die kranken Säfte im Menschen. Roh und gekocht nützt er allen, die durch schädliche Stoffe geplagt werden, denn er neutralisiert diese. Wer pulverisierten Salbei auf Brot ißt, kann den Überfluß an schlechten Säften in seinem Inneren dadurch vermindern." (*Physica*)

Salz

Zwar ist das Salz kein Würzkraut, aber da es als Gewürz natürlich schon Hildegard von Bingen bekannt war, soll hier darauf eingegangen sein. Schließlich gehört das Salz neben dem Pfeffer zu unseren wichtigsten Würzmitteln. Empfehlenswert ist auf jeden Fall Meersalz oder Kräutersalz. Beides erhalten Sie im Reformhaus und im Naturkostladen.

Grundsätzlich sollte mit Salz jeder Art sparsam umgegangen werden, da es beispielsweise den Blutdruck erhöhen kann. Zum Würzen sollte man deshalb als Alternative oder Ergänzung zum Salz Kräuter verwenden.

Einige Überlegungen Hildegards zum Salz:
„Das Salz ist sehr warm und etwas feucht. Ißt ein Mensch ungesalzene Speisen, macht ihn dies innerlich etwas lau. Wenn er aber seine Speisen mäßig mit Salz würzt, kann ihn dieses stärken und heilen. Zu stark gesalzene Speisen sind schädlich, denn sie trocknen den Körper aus und machen die Lunge dämpfig. Wichtig ist, daß jede Speise so gesalzen wird, daß sie ihren Eigengeschmack bewahrt und das Salz in ihr nicht gespürt wird." (*Physica*)

Süßholz
Das Süßholz wird vorwiegend im Mittelmeerraum angebaut. Aus seinem Saft wird unter anderem Lakritze hergestellt. Süßholz enthält sehr viel Rohrzucker und ist deshalb besonders gut zum Würzen von Süßspeisen geeignet. Man erhält Süßholz in der Apotheke.

Hildegard bescheinigt der Süßholzwurzel eine positive Wirkung nicht nur auf den Körper, sondern auch auf die Seele des Menschen:
„Das Süßholz ist von gemäßigter Wärme. Auf welche Art es auch immer gegessen wird – es gibt dem Menschen eine klare Stimme, macht seinen Sinn mild, erhellt seine Augen und verschafft dem Magen eine gute Verdauung." (*Physica*)

Wegerich
Die Samen des zu den Wegerichgewächsen gehörenden Strauches *Plantago afra* werden als „Flohsamen" bezeichnet. Sie enthalten Stoffe mit mild abführender und reizmindernder Wirkung. Wenn die Flohsamen mit Flüssigkeit in Berührung kommen, quellen sie und erreichen ein Vielfaches ihres ursprünglichen Volumens. Als unverdauliche Ballaststoffe gelangen sie so in den Dickdarm und sorgen für eine ausreichende Füllung, die für einen normalen, regelmäßigen Stuhlgang notwendig ist.

Man kann die Flohsamen über eine Suppe streuen, aber auch auf einem Stück Brot essen. Dann ist es allerdings wichtig, ausreichend dazu zu

trinken, damit die Samen entsprechend aufquellen können. Flohsamen
erhalten Sie in der Apotheke und im Reformhaus.

Hildegard schreibt über die Wegerichsamen:

„Der Flohsamen ist von kalter Natur, allerdings in einem angenehmen Maß. Dadurch gibt er bedrückten Menschen ihre Fröhlichkeit
wieder und stärkt ihr Gehirn." (*Physica*)

Ysop

Leider wird dieses Küchenkraut, das auch seiner Heileigenschaften
wegen geschätzt wird, viel zu selten im Küchengarten angebaut. Dabei
ist es überaus pflegeleicht und ausdauernd.

Der Ysop stammt aus dem Mittelmeergebiet und diente schon in der
griechischen und jüdischen Medizin als Heilmittel, etwa gegen Lungenkrankheiten und Wassersucht. Um seine Heil-und Würzkraft voll
entfalten zu können, sollte Ysop schon während des Kochens dem Essen beigegeben werden. Es sollte in keinem Fleischgericht fehlen. Wer
selbst keinen Ysop anbauen kann, mag das pulverisierte Kraut verwenden. Es ist in der Apotheke erhältlich.

„Der Ysop ist von trockener Natur und gemäßigt warm. Er reinigt
von dem krankhaften Schaum der Körpersäfte und ist für alle Speisen nützlich und geeignet. Gekocht ist er am nützlichsten und getrocknet und pulverisiert immer noch nützlicher als roh verzehrt. Er
macht die Leber stark und reinigt auch die Lunge." (*Physica*)

Zimt

Der Zimt wächst hauptsächlich auf Sri Lanka und kann bei uns des
Klimas wegen nicht kultiviert werden. In der ursprünglichen Stangen-
form ist er aromatischer als gemahlen.

Er enthält verschiedene natürliche Säuren, unter anderem auch den Bit-
terstoff Gerbsäure. Hildegard empfiehlt ihn nicht nur zur Geschmacks-
verbesserung, sondern auch als Kräftigungsmittel:

„Der Zimt ist sehr warm, hat große Kraft und enthält auch eine
mäßige Feuchtigkeit. Allerdings ist seine Wärme so stark, daß sie
die Feuchtigkeit unterdrückt. Wenn man oft Zimt ißt, werden die
üblen Säfte vermindert und die guten Säfte im Körper vermehrt."
(*Physica*)

Was Hildegard noch nicht kannte

NEBEN Kaffee, Kakao und zahlreichen tropischen Früchten und Gemüsen, die heute zu unserem Alltag gehören, waren Hildegard von Bingen auch einige andere Feldfrüchte unbekannt, die nicht nur für uns westliche Europäer zu den Grundnahrungsmitteln gehören: beispielsweise die Tomate, der Mais und vor allem die Kartoffel.

Kartoffeln

Die Kartoffel ist aus unserer Küche nicht mehr wegzudenken. Dabei kam sie erst vor wenigen Jahrhunderten aus Amerika zu uns. In Preußen wurde sie unter Friedrich dem Großen praktisch unter Zwang eingeführt – die Menschen hatten die grünen Früchte (also nicht die Knollen) gegessen, die natürlich hochgiftig sind. Aber sehr schnell erkannte man, wie bedeutsam die Kartoffel für die Volksernährung ist. Kartoffeln sind nämlich relativ anspruchslos, was die Bodenverhältnisse anbetrifft, außerdem lassen sich aus ihnen vielseitige, nährstoffreiche Gerichte kochen.

Kartoffeln haben einen hohen Stärkegehalt, der je nach Sorte und Standortbedingungen schwanken kann, aber meistens um die 18 Prozent beträgt. Außerdem enthalten sie Kalium und Vitamine, vor allem Vitamin C. Obwohl der Eiweißgehalt von Kartoffeln mit 2 Prozent recht niedrig ist, kommt diesem Eiweiß aufgrund seiner hohen Verdaulichkeit (über 90 Prozent) erhebliche Bedeutung zu, und es wird hinsichtlich seiner Wertigkeit dem Eiweiß von Blattgemüsen gleichgesetzt.

Mais

Der Mais wurde schon Jahrtausende vor unserer Zeitrechnung in Mexiko kultiviert. Ein Wildmais konnte durch Pollenanalyse aus einer Zeit vor 60 000 Jahren nachgewiesen werden.

Ob Hildegard – hätte sie ihn denn gekannt – den Mais als ergänzende Getreidenahrung empfohlen hätte, ist fraglich. Frische Maiskolben oder -körner sind sicherlich eine Bereicherung für unsere Küche (übrigens wächst Mais inzwischen auch in unseren Regionen, wo er meistens als Viehfutter verwendet wird). Er ist fettreich und stärkehaltig, allerdings fehlen ihm die lebenswichtigen Aminosäuren. Sein Mangel

an Vitamin B kann in Gegenden, wo Mais das Grundnahrungsmittel
ist, zu ernährungsbedingten Krankheiten führen.

Tomaten

Die Tomate erlangte erst Anfang des 20. Jahrhunderts Bedeutung als
Nutzpflanze bei uns. Sie stammt aus Mexiko und Peru, wo sie schon in
der Zeit vor der Entdeckung durch Columbus kultiviert wurde. In Europa wurde sie im 16. Jahrhundert eingeführt und wegen der vermute-
ten Giftigkeit ihrer Früchte zunächst nur als Zierpflanze gezogen.

Tomaten enthalten kaum Kohlenhydrate, aber reichlich Vitamin C und
Vitamine der B-Gruppe, Vitamin P, das Provitamin A, mehrere
Fruchtsäuren und natürlichen Zucker. Sowohl roh als auch gekocht, gedünstet oder gebraten, sind Tomaten eine gesunde Bereicherung für
den Küchenzettel.

Achten Sie bei Ihrer Ernährung auf die Tageszeit!

AUCH DIE Tageszeit, zu der man Nahrung zu sich nimmt, ist durchaus nicht unwichtig. Zum einen unterliegen die einzelnen Organe unterschiedlichen Rhythmen, so daß sie zu manchen Zeiten Nahrungsmittel besser verarbeiten können als zu anderen. Zum anderen hat jeder Mensch seinen individuellen Tagesrhythmus, der sich nicht nur auf seine geistige und körperliche Fitneß bezieht, sondern zudem für seine Essenszeiten wichtig ist.

Sicher ist Ihnen das Sprichwort bekannt, daß der Mensch gesund lebt, der frühstückt wie ein König, zu Mittag ißt wie ein Bürger und dessen Abendessen eher karg wie das eines Bettelmanns ist. Diese Regel mag sicherlich für sehr viele Menschen zutreffen. Aber wenn Sie das Gefühl haben, daß Ihnen eine andere Einteilung besser bekommt, sollten Sie eher Ihrem eigenen Körpergefühl vertrauen.

Vielen Menschen widerstrebt es – nicht nur aus zeitlichen, sondern aus rein körperlichen Gründen –, schon am Morgen eine größere Mahlzeit zu sich zu nehmen. Sie begnügen sich mit Kaffee, Tee oder Saft und kommen trotzdem (oder vielleicht gerade deshalb) ohne Probleme durch den Tag. Hildegard von Bingen macht dazu eine sehr interessante Anmerkung:

> „Für einen körperlich gesunden Menschen ist es gesund und gut für die Verdauung, wenn er bis gegen Mittag auf Nahrungsaufnahme verzichtet." (*Causae et curae*)

Es ist nur natürlich, daß sich in diesem Fall der Magen im Laufe des Vormittags lautstark zu Wort meldet, obwohl man selbst kein akutes Hungergefühl registriert. Aber da der Körper kaum Verdauungsarbeit zu leisten hat, ermüdet er nicht so schnell und ist viel leistungsbereiter. Wenn das Knurren zu lästig wird, kann man es schnell mit einem Apfel, einer Möhre oder einem anderen Stück Obst oder Gemüse beruhigen. So führt man dem Körper neben wichtigen Vitaminen und Spurenelementen Ballaststoffe zu, die Magen und Darm beschäftigen, ohne belastend zu wirken.

Dies gilt allerdings nur für körperlich gesunde Menschen. Deshalb macht Hildegard die folgende Einschränkung:

> „Für Kranke, Entkräftete und körperlich Schwache ist es allerdings gut und gesund, morgens zu frühstücken. So können sie die ihnen fehlenden Kräfte zumindest der Nahrung entnehmen."

Die genannten Personengruppen befinden sich letztlich in einer Art Ausnahmezustand, dem in der Ernährung Rechnung getragen werden muß.

Ein üppiges, wenn auch dem Sprichwort nach lediglich „bürgerliches" Mittagessen muß nicht unbedingt das Ideal für jeden Menschen sein. Danach ist man meistens träge und wünscht sich nichts sehnlicher als ein Mittagsschläfchen, aber gerade dies wird den meisten Menschen nicht möglich sein. Deshalb sollte das Mittagsmahl möglichst leicht ausfallen – eine Suppe oder ein Salat etwa sättigen und geben neue Energie, anstatt müde zu machen.

Das Abendessen des Bettelmanns ist ebensowenig stichhaltig. Natürlich wird ein schwerer Gänse- oder Schweinebraten uns wahrscheinlich Verdauungsprobleme und schwere Träume verursachen, wenn wir ihn spät am Abend zu uns nehmen. Andererseits ist das Abendessen in unserer Zeit meistens die einzige Gelegenheit, eine gemeinsame Mahlzeit im Familienkreis einzunehmen. Außerdem sind wir am Abend viel entspannter und können uns dem Genuß des Essens ganz anders hingeben als während des Tages. Und der Genuß gehört nun einmal unabdingbar zu einer guten Verwertung und Verdauung der Nahrung.

Hildegard von Bingen war in ihrer Position als Äbtissin eine berufstätige Frau mit vielfältigen Verpflichtungen. Offensichtlich hat auch sie erkannt, daß es durchaus angebracht ist, die Hauptmahlzeit am Abend einzunehmen. So schreibt sie:

> „Auch abends kann der Mensch dieselben Speisen essen und dieselben Getränke zu sich nehmen, die er am Tag genossen hat, wenn er dies will. Nur sollte er dann so rechtzeitig essen, daß er noch einen Spaziergang machen kann, bevor er sich schlafen legt." (*Causae et curae*)

Manche Menschen haben das Bedürfnis, noch kurz vor dem Einschlafen eine Kleinigkeit zu essen. Diesem Bedürfnis darf und sollte durchaus nachgegeben werden, denn es ist dem Einschlafen förderlich: Da durch den Verdauungsprozeß Blut aus dem Kopfbereich in die Magen-Darm-Region abgezogen wird, entsteht eine wohltuende Müdigkeit. Dasselbe gilt, wenn man nachts aufwacht: Scheuen Sie nicht den Gang zum Kühlschrank, um noch einen kleinen Bissen zu essen. Um so besser werden Sie wieder einschlafen – und durchschlafen!

Natürlich gilt auch hier wieder Hildegards Regel von der *discretio*. Man darf – etwa bei einem besonderen Festessen – schon mal ein wenig „über die Stränge schlagen". Schädlich sind unkontrollierte Eßgewohnheiten wie beispielsweise das Chips-Knabbern beim Fernsehen usw. Stellen Sie statt dessen lieber Möhren, Kohlrabischeiben und Paprikastreifen auf den Tisch!

Ernährung im Einklang
mit den Jahreszeiten

ILDEGARD von Bingen war es wichtig, daß der Mensch auch in der Ernährung den Jahreszeiten folgt. Zu ihrer Zeit war kaum etwas anderes möglich – unsere modernen Treibhäuser gab es noch nicht. Und es war natürlich nicht möglich, zu allen Jahreszeiten frische Früchte und Gemüse aus anderen Ländern einzufliegen. Heute haben wir zwar alle diese Möglichkeiten – aber haben Sie es nicht auch schon festgestellt, daß der frisch geerntete Spargel, die frisch gepflückten Erdbeeren usw. ganz anders schmecken als Obst und Gemüse, das unreif geerntet ist, um den Flug oder die Schiffsreise zu überstehen?

Außerdem werden so die Früchte der Saison nicht zur Selbstverständlichkeit – sie sind etwas Besonderes, eben weil man sie nicht immer haben kann. Der erste neugestochene Spargel kann ein Fest sein, ebenso die ersten frisch gepflückten Erdbeeren. Dieses Erlebnis hat sicherlich etwas mit unserem Gaumen und unserem Magen zu tun, aber auch mit der Vorfreude, etwas genießen zu können, was es eben nur für eine begrenzte Zeit gibt. Insofern ist das Essen nicht nur Nahrung für den Körper, sondern auch für Geist und Seele.

Körperlich und seelisch sollte sich der Mensch im Einklang mit dem Kosmos befinden. Nur so kann er sein inneres und äußeres Gleichgewicht wahren – ein Bestreben, das in unserer hektischen Zeit und auf unserer durch mannigfaltige Gifte verschmutzten Erde immer schwerer zu verwirklichen ist. Eine jahreszeitlich orientierte Ernährung kann dabei durchaus hilfreich sein. Immer wieder empfiehlt Hildegard von Bingen deshalb, sich den Jahreszeiten entsprechend zu ernähren.

So warnt sie etwa davor, im Winter, wenn man sich selbst innerlich kalt fühlt, kalte Speisen zu essen.
„Dadurch zieht man sich leicht die Schwarzgalle (Melancholie) zu und erregt sie in sich." (*Causae et curae*)

Deshalb sollte man seinen gewohnten Rohkostsalat in der kalten Jahreszeit unbedingt durch eine warme Suppe – etwa auf Gemüse- oder

Getreidebasis – ergänzen, denn dadurch wird nicht nur der Magen, sondern auch die Seele erwärmt. Und noch einen weiteren Rat hält Hildegard für die Winterzeit bereit, bei dem es um die Umgebung geht, in der man ißt:

> „Will jemand bei großer Winterkälte essen, soll er einen Raum suchen, der weder zu warm noch zu kalt ist, und soll nur lauwarme Speisen genießen." (*Causae et curae*)

Auch für den Sommer sieht Hildegard einen Zusammenhang zwischen der jahreszeitlich bedingten Hitze und der Ernährung: Durch den Genuß sehr kalter Speisen (Eis, gekühlte Getränke usw.) kann es ihrer Erfahrung nach nicht nur zu körperlichen Erkrankungen kommen, sondern der Mensch kann dadurch auch phlegmatisch werden! Übermäßiges Essen ist im Sommer unbekömmlich – das sollte vor allem bei den beliebten Grillparties bedacht werden. Mäßig warme Speisen – im rechten Maß genossen – werden dagegen wohltun. Auch hier bewährt sich die Goldene Regel der Hildegard: in allem das rechte Maß halten zu lernen.

Kleiner Ernährungskalender für das ganze Jahr

WENN IM folgenden bestimmte Obst- oder Gemüsesorten für bestimmte Monate angegeben sind, heißt dies durchaus nicht, daß sich deren Verzehr ausschließlich auf die genannten Monate beschränken muß. Sie können natürlich während der gesamten Wachstumssaison gegessen werden – die angegebene Zeit entspricht lediglich im besonderen Maße dem Rhythmus der Jahreszeiten. Auch bei den Rezepten handelt es sich nur um Beispiele, die Sie Ihren eigenen Vorlieben nach variieren können. Der „Kleine Ernährungskalender" soll Ihnen durch zahlreiche Rezepte für Einsteiger zeigen, wie einfach es sein kann, nach der Ernährungslehre der Hildegard von Bingen im Einklang mit den Jahreszeiten zu kochen.

Januar

Da es im Januar kaum einheimische Frischgemüse gibt, ist es sicherlich angebracht, in diesem Monat das von Hildegard am meisten bevorzugte Getreide auf den Tisch zu bringen: den Dinkel. Er ist eine Urform unseres Weizens und in unserer Zeit zu Unrecht fast vergessen.

Dinkel und Grünkern

Der Dinkel ist für unsere Ernährung sehr wertvoll (siehe unter „Dinkel", Seite 137). Bevorzugen Sie deshalb auch beim Einkauf im Bäckerladen Brot und Gebäck aus Dinkelmehl. Es ist nicht nur besonders gesund, sondern zeichnet sich auch durch einen besonders herzhaften, nußartigen Geschmack aus.
Sie können Dinkel ebenso wie Weizen zum Kochen und Backen verwenden. Das günstigste Ergebnis hinsichtlich Geschmack und Festigkeit erzielen Sie allerdings, wenn Sie ein Drittel bis die Hälfte der angegebenen Weizenmenge durch Dinkel ersetzen.

Hildegard lobt den Dinkel immer wieder in ihren Büchern, beispielsweise in der *Physica*:

„Wenn jemand so krank ist, daß er nicht essen oder kauen kann, nehme man die ganzen Körner des Dinkels und koche sie in Wasser unter Beigabe von Fett oder Eigelb. Der Kranke wird den Dinkel wegen des besseren Geschmacks gerne essen, und der Dinkel heilt ihn innerlich wie eine gute und gesunde Salbe."

Grünkern, ein Dinkelprodukt, hat ein besonders würziges Aroma und eignet sich deshalb vorzüglich für die Zubereitung von Suppen und Getreidegerichten aller Art.

Dinkel und Grünkern erhalten Sie im Reformhaus, in Naturkostläden und inzwischen auch in vielen Supermärkten. Sie sollten möglichst frischgeschrotete Körner verwenden, denn diese enthalten noch alle wertvollen Inhaltsstoffe. Entweder lassen Sie sich Ihr Korn im Laden schroten, oder Sie schaffen sich selbst eine Getreidemühle an – die nicht ganz billige Investition lohnt sich in jedem Fall.

Dinkelsuppe mit Gemüse

Zutaten:
2 Stangen Lauch
1 große Möhre
1/2 Sellerieknolle
100 g Dinkel
1 EL Pflanzenöl
1 l Gemüsebrühe
1/8 l Sahne
Kräutersalz und Kümmel
Zubereitung:
Die Lauchstangen in Ringe schneiden.
Möhre und Sellerie grob raspeln.
Den Dinkel grob schroten und in dem Öl andünsten.
Das Gemüse hinzugeben, kurz weiterdünsten, dann mit der Gemüsebrühe auffüllen.
Etwa 20 Minuten lang auf kleiner Flamme garen.
Die Sahne daruntergeben und mit Kräutersalz und Kümmel abschmecken.

Grünkernbratlinge

Zutaten:
200 g Grünkern
1 kleine Zwiebel
1/2 Bund Petersilie
1 Ei
1/2 TL Basilikum
1/2 TL Majoran
1 TL gekörnte Gemüsebrühe
1/2 TL Kräutersalz
60 g geriebener Käse
etwas Olivenöl

Zubereitung:
Den Grünkern mittelfein schroten und 45 Minuten lang in kaltem Wasser einweichen. Die Masse sollte danach eine zähflüssige Konsistenz haben.
Zwiebel und Petersilie hacken.
Beides zusammen mit den Kräutern, der Brühe, dem Salz und dem Käse unter die Grünkernmasse geben und Bratlinge daraus formen.
Das Öl in der Pfanne erhitzen und die Bratlinge darin goldbraun braten.
Dazu passen gut eine Kräuter- oder Tomatensoße und ein frischer Salat.

Februar

Wenn man das Glück hat, einen Garten zu besitzen, sollte man schon im Sommer für den Winter Vorsorge treffen. Da zu dieser Zeit nur wenig frisches Gemüse zur Verfügung steht, kann man dann auf getrocknete Gemüse zurückgreifen – z.B. auf weiße Bohnen.
Diese haben einen hohen Eiweißgehalt. Wer also auf tierisches Eiweiß verzichten möchte, findet hier eine geeignete Alternative. Aus weißen Bohnen lassen sich nämlich wunderbar schmackhafte Gerichte zaubern. Hier ein Rezept für Einsteiger:

Bohnensuppe mit Fenchel

Zutaten:
2 Fenchelknollen
3 EL Öl
1 1/2 l Gemüsebrühe
400 g weiße Bohnen
100 g Vollkornnudeln
200 g magerer Kräuterquark
2 TL Kapern
frisch gemahlener schwarzer Pfeffer

Zubereitung:
Die Bohnen über Nacht in kaltem Wasser quellen lassen.
Mit dem Einweichwasser eine Stunde lang kochen lassen. Abgießen.
Den Fenchel putzen, in Ringe schneiden und waschen.
Das Öl in einem Topf erhitzen und den Fenchel darin andünsten.
Die Brühe dazugeben und bei mittlerer Hitze 10 Minuten kochen.
Bohnen, Nudeln, Kapern hinzufügen.
Die Suppe noch zehn Minuten bei kleiner Hitze kochen.
Auf Teller verteilen und pro Portion einen großen Eßlöffel Kräuter-
quark dazugeben.
(Der Fenchel gehört zu den bevorzugten Gemüsearten Hildegards. Er
ist deshalb – als auch im Winter erhältliches Frischgemüse – eine gute
Ergänzung zu den getrockneten Bohnen.)

März

Im März sprießen auf Wiesen und in Gärten die ersten zarten Kräuter.
Wenn es schon uns modernen Menschen, die wir das ganze Jahr über
frisches Gemüse verfügen, wohltut, das Pflanzenleben wieder erwa-
chen zu sehen – wie muß es da erst den Menschen des Mittelalters zu-
mute gewesen sein? Für sie war das die erste Gelegenheit, nach den
langen Wintermonaten endlich wieder etwas Grünes zu essen.
Für Hildegard von Bingen war die Farbe Grün in jeder Hinsicht der In-
begriff der Lebenskraft. Das gilt natürlich auch für die Ernährung. Sowohl Farbtherapeuten als auch Ernährungswissenschaftler unserer Zeit
bestätigen diese Erkenntnis Hildegards.

Wildkräutersalat

Zutaten:
Blätter oder Schößlinge von wilden Kräutern, z. B. Himmelschlüssel-
blätter, Gänseblümchenblüten, Veilchenblüten, Sauerampfer, Feldsalat,
Löwenzahn, Minze, Brunnenkresse
Für die Marinade:
gutes Salatöl
Zitronensaft oder milder Obstessig
Pfeffer und Salz
1 EL feingehackte Petersilie
1 EL in feine Röllchen geschnittener Schnittlauch
1 TL Senf

Zubereitung:
Aus den für die Marinade angegebenen Zutaten in einer großen Schüs-
sel die Salatsoße so lange schlagen, bis sie cremig ist.
Dann alle sorgfältig geputzten und gewaschenen Salatkräuter nach
gründlichem Abtropfen vorsichtig untermischen.
Varianten:
Streuen Sie ein feingehacktes hartgekochtes Ei über den Salat.
Übergießen Sie den Salat mit frisch ausgelassenen Schinken-
speckwürfeln und dem Bratfett.
Streuen Sie geröstete Brotwürfel (Croûtons) über den Salat.

In den März (bzw. April) fällt auch das Osterfest – das große christliche Fest der Auferstehung. In vielen Familien ist es Tradition, das
Osterlamm zu essen. Dabei ist vielen Menschen der religiöse Hinter-
grund gar nicht mehr gegenwärtig: die Erinnerung an das Lamm Gottes
(Christus), das sein Blut und sein Leben für die Menschen hingab, oder
wenn man noch weiter zurückgeht an das Passah-Lamm der Juden.
Oft ist der Grund, gerade um diese Zeit Lammfleisch zu essen, sehr
viel profaner: Das Fleisch der jungen Lämmer, die Anfang des Jahres
geboren wurden, ist besonders zart und mager. Feinschmecker bevorzugen es „pré-salé" (soviel wie: auf natürliche Art vorgesalzen). Dieses
Fleisch stammt von Schafen, die an der Meeresküste geweidet wurden,
beispielsweise an der Nordsee oder in der Normandie. Es gibt eine
Vielzahl von köstlichen Lammfleischgerichten, auf die in einem späteren Band ausführlich hingewiesen wird.

April

Nachdem der März uns die ersten frischen Wildkräuter gebracht hat, können wir im April schon den ersten Gartensalat – entweder aus dem Frühbeet oder, in guten Jahren, vom Gartenbeet – ernten.

Für Hildegard ist die Zubereitung des Salats besonders wichtig, weil er sonst eher schädlich als tauglich ist. Das begründet sie in ihrer *Physica* folgendermaßen:

> „Unzubereitet gegessen kann er das Gehirn leer machen, dagegen den Magen-Darm-Trakt mit Krankheitsstoffen angreifen. Salat sollte deshalb mit Dill, Essig und Knoblauch abgeschmeckt werden, so daß er vor dem Essen noch genügend Zeit hat, sich mit diesen Würzstoffen zu durchtränken. Ißt man ihn so zubereitet, dann stärkt er das Hirn und macht eine gute Verdauung."

Uns stehen heute viele hervorragende Würzmittel für Salate zur Verfügung, die wir nicht einmal mühsam selbst herstellen müssen – wie es etwa zu Hildegards Zeit der Fall war –, sondern die wir in bester Qualität fertig kaufen können.

Die beiden wichtigsten Zutaten für eine wirklich gute Salatsoße sind Essig und Öl. Dabei sollten Sie unbedingt auf die beste Qualität achten – nicht nur der gesundheitliche Nutzen, sondern auch der Wohlgeschmack lohnen diesen Aufwand!

- Essig: Hier empfehlen sich vor allem Himbeeressig und Balsamico, die den Salaten eine ganz besonders edle Geschmacksnote verleihen. Aber auch ein guter Obstessig ist geeignet.

- Öl: Dadurch wird der Salat noch bekömmlicher, allerdings sollten Sie nur kaltgepreßte Öle verwenden, in denen noch alle wertvollen Inhaltsstoffe enthalten sind. Besonders empfehlenswert ist neben Olivenöl und Distelöl das etwas teurere, aber besonders schmackhafte Walnußöl.

Für Fischfreunde ist der April ebenfalls ein besonderer Monat, denn in dieser Zeit werden viele leckere Fische gefangen. Da die – fleischlose – Fastenzeit manchmal bis in den April hinein dauerte, war Fisch in vergangenen Zeiten eine willkommene Abwechslung zu Mehlspeisen und Eiergerichten.

Hecht „grün"

Zutaten:
750 g frischer Hecht
1 Bund Suppengrün
1 Zwiebel
3 EL Butter
2 EL Mehl
1/8 l Sahne
1 Eigelb
3 EL gehackte Kräuter (Dill, Petersilie, Schnittlauch, Kerbel)
Zitronensaft
1/2 l Fischfond oder Fleischbrühe
eine Prise Zucker

Zubereitung:
Die Butter erhitzen, das Mehl darin hellgelb anschwitzen lassen.
Die Brühe darunterrühren.
Die gewürfelte Zwiebel und das feingeschnittene Suppengrün sowie etwas Salz dazugeben.
Den Hecht ausnehmen, waschen, innen und außen gründlich mit Salz abreiben (so löst sich der Schleim) und in Portionsstücke schneiden.
Junge Hechte mit der Haut in die Soße geben, ältere Fische vorher abziehen.
Die Fischstücke bei sanfter Hitze in der Soße 15 bis 20 Minuten garen lassen, dann mit einem Schaumlöffel herausnehmen.
Das Eigelb mit etwas kaltem Wasser verrühren und unter die Soße ziehen.
Mit Zitronensaft und einer Prise Zucker abschmecken und mit den Kräutern verrühren.
Variante:
Dieses Rezept eignet sich auch für Aal (von dem Hildegard allerdings abrät), Zander und Schleie.

Mai

Auch der Mai bringt uns eine Fülle des lebenskräftigen und kräftigenden Grüns, das Hildegard so schätzt und auch für die Ernährung emp-

fiehlt. Die vielen Heilkräuter, die in dieser Zeit gesammelt werden können (Löwenzahn, Brennesseln, Wegerich, Weißdorn, Holunder und viele andere mehr), sind nicht nur eine Bereicherung für unsere Hausapo-
theke, sondern können auch unseren Küchenzettel variieren. Gerade
die sogenannten Unkräuter sind dabei am wohlschmeckendsten.

Brennesselsuppe

Zutaten:
1 EL Butter oder Margarine
1 kleine Zwiebel
250 g gewaschene feingehackte Brennesselblätter
1 l Gemüsebrühe
1 EL Tomatenmark
1 TL frischer oder getrockneter Oregano
Salz und Pfeffer

Zubereitung:
Das Fett in einem Topf schmelzen lassen und die feingehackte Zwiebel
darin andünsten.
Die Brennesselblätter dazugeben und unter Rühren einige Minuten
dünsten.
Mit der Brühe aufgießen, den Oregano und das Tomatenmark darunterrühren und das ganze 10 Minuten lang auf kleiner Flamme köcheln
lassen.
Varianten: Rühren Sie nach dem Servieren nach Belieben etwas Sahne
in die Suppe, oder bestreuen Sie sie mit gerösteten Brotwürfeln
(Croûtons).

Holunderblütenkaltschale

Zutaten:
300 g frisch gepflückte Holunderblüten
1/4 l Milch
100 Zucker oder Honig
3 Eigelbe
1 Prise geriebener oder gemahlener Ingwer

Zubereitung:
Die Blüten vorsichtig, aber gründlich waschen, um die oft winzig kleinen Insekten zu entfernen.
Die Stiele abschneiden.
Die Milch aufkochen und die Blüten kurz darin ziehen lassen, dann durch ein Sieb abseihen.
Den Zucker, die in etwas kaltem Wasser verrührten Eigelbe und den Ingwer dazugeben.
Bis zum Servieren kalt stellen, aber nicht eiskalt essen.
Hübsch als Dekoration ist eine kleine Holunderblüte in jedem Suppenteller.

Juni

Juni ist der Monat, in dem alle zarten Sommergemüse in Fülle auf den Markt kommen oder im Garten zu ernten sind. Dazu gehören vor allem Erbsen und Möhren.

Während Hildegard bei den Erbsen einige Vorbehalte hat, weil sie bei anfälligen Menschen möglicherweise die Lunge verschleimen, und sie deshalb nur gesunden Menschen „von warmer Natur" empfiehlt, lobt sie die Möhre:
„Die Mohrrübe ist eine Erquickung für den Menschen. Weder nützt noch schadet sie seiner Gesundheit, aber sie füllt den Bauch."
(*Physica*)

Am wichtigsten aber ist für Hildegard der Fenchel, den sie neben Dinkel und Kastanien uneingeschränkt allen Gesunden und Kranken empfiehlt. Sie können Fenchel auch roh zubereiten – beispielsweise als Salat (in Italien ißt man Fenchelknollen wie bei uns Äpfel) –, aber es gibt auch viele andere köstliche Zubereitungsarten.

Fenchelgemüse

Zutaten:
3–4 Fenchelknollen
1/2 l Gemüsebrühe

für die Soße:
1/2 l Gemüsebrühe
2 Ecken Sahneschmelzkäse
2 EL gemahlene Haselnüsse
1 Knoblauchzehe
2 EL trockener Weißwein
2 TL Zitronensaft
etwas frisch geriebene Muskatnuß
1 EL feingehackte Kräuter (Petersilie, Schnittlauch, Dill, Basilikum
usw.)

Zubereitung:
Die Fenchelknollen waschen, putzen und halbieren. Das Fenchelgrün
aufheben.
Die Gemüsebrühe aufkochen lassen und den Fenchel darin bißfest ga-
ren (etwa 15 bis 20 Minuten).
Die Fenchelhälften auf einer feuerfesten Platte im Backofen warm
stellen.
Die Gemüsebrühe (am besten verwenden Sie dafür die Kochflüssig-
keit, in der Sie den Fenchel gegart haben) erhitzen, den Käse und die
geriebenen Nüsse kräftig darin verquirlen.
Den Knoblauch schälen und zerdrücken und mit dem Wein und dem
Zitronensaft zur Soße geben.
Mit den Gewürzen abschmecken und die Kräuter dazugeben.

Juli

In ihrem großen Werk *Physica* macht Hildegard von Bingen verschiedene sehr wichtige Anmerkungen zum gesundheitlichen Wert der gerade in diesem Monat reif werdenden Früchte wie Himbeeren, Johannis-
beeren und Kirschen (siehe im Abschnitt „Die Lebensmittel der Hildegard-Küche" unter „Früchte", S. 154).

„Der Gichtbaum (so nennt Hildegard die Johannisbeere) ist sehr
warm. Für sich allein sind die Früchte nicht so gut zu gebrauchen,
deshalb sollte man sie mit anderen Beeren mischen. So bekommen
sie einen höheren Nutzwert als Heilmittel." (*Physica*)

Am besten ist es natürlich, alle diese köstlichen Früchte frisch zu genießen – direkt vom Baum oder Strauch. Aber es lassen sich auch
leckere Gerichte daraus zaubern und vor allem natürlich vitaminreiche
Vorräte für den Winter.

August

Die katholische Kirche feiert am 15. August einen im Zusammenhang
mit Hildegards Erkenntnissen zur Medizin und Ernährungslehre sehr
wichtigen Festtag: Mariä Himmelfahrt. Dieser Tag ist traditionell einer
der besten Tage, um Kräuter zum Trocknen zu sammeln – nicht nur die
Teekräuter, sondern auch die ebenso heilsamen Würzpflanzen wie Majoran, Thymian, Salbei usw. Sorgen Sie für den Winter vor, indem Sie
sich einen köstlich duftenden Kräutervorrat anlegen!

Ein in Hildegards Ernährungslehre besonders bevorzugtes Gemüse
wird in diesem Monat ebenfalls reif: der Kürbis.

Kürbisbrot

Zutaten:
3 EL Honig
2 EL Pflanzenfett
50 g Rohrzucker
50 g Mandelsplitter
50 g Rosinen
200 g fein geriebener Kürbis
175 g Vollkornmehl (am besten eine Dinkel-Weizen-Mischung)
2 TL Backpulver
1 TL Salz
Zimt
Orangensaft

Zubereitung:
Die Zutaten nacheinander zu einem zähflüssigen Teig verrühren.
Eine Kastenform fetten und den Teig hineingeben.
Bei 200 Grad 45 Minuten backen.

September

Obwohl im September das von Hildegard von Bingen so gerühmte Grün langsam verblaßt und in die goldenen Farben des Herbstes übergeht, hält dieser Monat doch eine Frucht bereit, die – zumindest in Norddeutschland – in der Ernährung viel zuwenig verwendet wird: die Edelkastanie.

Vermicelles (Kastanienpüree)

Zutaten:
1 kg Eßkastanien
1/2 l Milch
1 Prise Salz
1 EL Honig
1 Vanilleschote
1/4 l Sahne
1 TL Honig

Zubereitung:
Die Kastanien auf der runden Seite kreuzweise einschneiden.
Im vorgeheizten Backofen erhitzen, bis die Schale sich entfernen läßt.
Die Schalen ablösen und die Kastanien in kochendes Wasser legen, bis sich auch die Innenhaut lösen läßt.
Die Kastanien in Milch mit Salz, Honig und der aufgeschlitzten Vanilleschote etwa 20 Minuten weich kochen.
Durch den Fleischwolf drehen. (Natürlich können Sie auch den Pürierstab verwenden, aber dann erhalten Sie nicht die würmchenförmigen Vermicelles.)
Die Sahne mit Honig und – nach Belieben – mit etwas gemahlener Naturvanille steif schlagen und zu den Vermicelles reichen.

Oktober

Der Oktober gibt uns schon den Vorgeschmack des Herbstes, aber auch eine reiche Ernte an Früchten und Gemüsen und – nicht zu vergessen – die Weinlese. Der Wein spielt in der Heilkunde wie in der Ernährungslehre der Hildegard von Bingen eine sehr wesentliche Rolle – aller-

dings soll auch er mit *discretio* genossen werden. Es gibt zahlreiche
Hinweise und Rezepte für Gesunde und Kranke in Verbindung mit
Wein, auf die in dem Kapitel *Gesundheit* ausführlich eingegangen wird.
Im Oktober wird eine Frucht reif, die Hildegard besonders schätzt: die
Quitte.
Der bittere Geschmack ist möglicherweise nicht jedermanns Sache,
läßt sich aber mildern und verfeinern, so daß auch „süße Zungen" auf
ihre Kosten kommen und den geschmacklichen und gesundheitlichen
Wert der Quitte genießen können.

Quittenkompott

Zutaten:
1 kg Quitten
1 l Wasser
1 Zimtstange
einige Gewürznelken
Zucker nach Belieben

Zubereitung:
Die Quitten waschen und trockentupfen. Braune Stellen aus der Schale
entfernen.
Die Früchte achteln und das Kerngehäuse entfernen.
In einem Liter Wasser, dem die Gewürze hinzugefügt sind, auf kleiner
Flamme etwa 45 Minuten dünsten. Dann mit Zucker nach Belieben
süßen.

November

Nun beginnt die dunkle Zeit, die bei vielen Menschen zu Depressionen
führt. Die Tage sind kurz geworden, draußen ist es kalt und ungemüt-
lich. Viele traurige Gedenktage vertiefen diesen Gemütszustand noch:
Allerseelen, Volkstrauertag, Buß- und Bettag.

Hildegard von Bingen aber ist der Meinung, daß nur ein fröhliches
Herz Gott in der rechten Weise dienen kann und daß nur ein Mensch
mit einem heiteren, ausgeglichenen Gemüt auch körperlich gesund sein
kann. Dazu schreibt sie in ihrem Buch *Causae et curae:*

„Wenn ein Mensch unter großer Trauer leidet, soll er ausreichend
bekömmliche Speisen zu sich nehmen. So wird er durch die Nahrung neu belebt."
Vor allem empfiehlt sie zwei wärmende, gemütsaufhellende Gewürze,
die den Menschen von innen und außen durchwärmen können: Ingwer
und Muskatnuß.

Ingwercreme

Zutaten:
500 g Magerquark
4 EL Sahne
3 EL Honig
4 EL Orangensaft
die abgeriebene Schale von zwei kleinen Orangen (unbehandelt)
3–4 TL geriebener frischer Ingwer
4 Eiweiß

Zubereitung:
Den Quark mit der Sahne cremig rühren.
Den Honig und den Orangensaft darunterrühren.
Die Orangenschale dazugeben.
Die Quarkcreme nach Geschmack mit Ingwer würzen.
Die Eiweiße steif schlagen und darunterheben.

Wichtig:
Alle Gewürze haben nicht nur eine geschmackliche, sondern auch eine
gesundheitliche Wirkung. Dies gilt besonders für die exotischen Würzpflanzen Muskat und Ingwer. Gerade diese sollten deshalb in Maßen –
also mit der von Hildegard empfohlenen *discretio* – genossen werden.

Dezember

Jahreszeitlich gesehen ist der Dezember zwar der dunkelste Monat des
Jahres. Aber gerade jetzt warten wir auf das schönste und leuchtendste
Fest: Weihnachten. Deshalb heißt diese Zeit auch Advent, Zeit der Er-
wartung. Ein Weihnachtsfest in unserem modernen Sinn – mit Tannen-
baum, Bescherung usw. – gab es zu Hildegards Zeit noch nicht. Aber

die Jagdsaison brachte eine Bereicherung des Speiseplanes: das fettarme, eiweißreiche Wildfleisch.

Dieses empfiehlt Hildegard von Bingen nicht zuletzt wegen seiner gesundheitlich wertvollen Eigenschaften. Es ist nicht nur für den gesunden Menschen eine wertvolle Alternative zu Haustierfleisch, sondern gerade auch für Kranke. So schreibt sie in ihrer *Physica*:
„Hirschfleisch sollte warm, aber nicht heiß gegessen werden, dann reinigt es den Magen und macht ihn leicht."
Die moderne Ernährungswissenschaft bestätigt diese Erkenntnis. Deshalb sollten Sie die Wintersaison nutzen, um – beispielsweise für die Feiertage – ein Wildgericht auf den Tisch zu bringen.

Hirschragout mit Essigpflaumen

Zutaten:
750 g Hirschfleisch ohne Knochen (aus der Schulter oder aus der Keule)
200 g kleine Zwiebeln
Butter und Öl zum Braten
1 kleines Stückchen Zimtrinde
3 Pimentkörner
1 Gewürznelke
Salz und Pfeffer
1 Lorbeerblatt
3/8 l Rotwein
1 Spirale Zitronenschale (unbehandelt)
50 g gehackte Haselnüsse
1/4 l süße Sahne
4 Quitten
8 Essigpflaumen

Zubereitung:
Am Vortag die Pflaumen in Würzessig und Zucker marinieren.
Die Quitten vierteln und vom Kernhaus befreien, in Rotwein und Wasser weich kochen.
Das Hirschfleisch in grobe Würfel schneiden.
Das Fett im Bräter erhitzen.

Die geschälten und geviertelten Zwiebeln darin von allen Seiten an-
bräunen, herausnehmen.

Das Fleisch in den Bräter legen, kräftig anbraten, salzen und pfeffern.

Zwiebeln, Gewürze, Rotwein und die Nüsse hinzugeben, erhitzen und
im Backofen bei 180 Grad etwa 80 Minuten lang schmoren lassen.

Den Bratenfond abgießen, durchseihen und mit der Sahne zusammen
cremig einkochen, abschmecken und wieder zum Fleisch geben.

Abgetropfte Quitten und Pflaumen dazugeben und mit dem Ragout erwärmen.

Dazu passen Spätzle.

Welche Getränke empfiehlt Hildegard von Bingen?

EINE AUSREICHENDE Flüssigkeitszufuhr ist für die Gesundheit des Menschen noch wesentlich wichtiger als eine ausreichende Ernährung. Man kann ohne feste Nahrung wesentlich länger überleben als ohne Flüssigkeit. Das liegt daran, daß der Körper – beispielsweise beim Fasten – auf seine eigenen Fettreserven zurückgreifen kann. Da der Mensch aber zum größten Teil aus Wasser besteht, droht ihm schon nach wenigen Tagen ohne Flüssigkeitszufuhr der Tod aufgrund von Austrocknung.

Der Mensch braucht pro Tag etwa drei Liter Flüssigkeit – darin enthalten sind Suppen und das in Obst und Gemüse enthaltene Wasser. Die meisten von uns nehmen viel zuwenig Flüssigkeit zu sich. Sie können dies leicht feststellen, indem Sie Ihre Trinkgewohnheiten während eines Tages beobachten. Kinder haben noch ein gutes Gespür, wieviel sie trinken müssen – als Erwachsene sind wir oft erstaunt über ihren enormen Flüssigkeitsbedarf. Leider geht dieses Gespür im Laufe des Lebens verloren, und gerade ältere Menschen trinken meistens viel zuwenig. Das führt nicht nur zu einer Austrocknung der Haut, sondern kann auch ernsthafte organische Schäden – etwa im Nieren- und Blasenbereich – verursachen.

Besonders geeignet ist ein gutes, natriumarmes Mineralwasser, um den täglichen Flüssigkeitsbedarf zu decken. Ergänzend dazu können Obst- und Gemüsesäfte und natürlich Kräutertees getrunken werden. Mit letzteren lassen sich gleichzeitig die verschiedensten Beschwerden lindern – beispielsweise Verdauungsprobleme, Schlaflosigkeit, Erkältungskrankheiten und vieles mehr. Darauf wird ausführlich in dem Kapitel *Gesundheit* eingegangen.

Die Wichtigkeit einer ausreichenden Flüssigkeitszufuhr unterstreicht Hildegard von Bingen in ihrem Buch *Causae et curae*:

> „Wenn der Mensch beim Essen nicht trinken würde, würde er geistige und körperliche Beschwerden bekommen und weder eine gute Blutflüssigkeit bilden noch eine gute Verdauung haben. Trinkt er

aber beim Essen übermäßig viel, verursacht er bei seinen Körpersäften eine schlimme, stürmische Überschwemmung, so daß die
guten Säfte in ihm ihre Wirkung verlieren."

Im Gegensatz zu Hildegard empfehlen viele moderne Ernährungswissenschaftler, zu den Mahlzeiten nicht zu trinken – damit die
Nahrungsmittel besser eingespeichelt und damit besser verdaut werden
können. Es ist sicherlich nicht unbedingt nötig, zu einer warmen Mahlzeit, bei der Suppe oder Gemüse ohnehin schon Wasser enthalten, noch
etwas zu trinken. Bei einer Mahlzeit, die vorwiegend aus Brot besteht,
können Tee, Saft, Milch usw. aber durchaus angebracht sein. Und zu
einem Festessen trinkt man natürlich auch gern ein Glas Wein oder
Bier.

Neben verschiedenen Kräutertees und dem Absud von Obst und
Gemüse mißt Hildegard nämlich vor allem dem Wein und dem Bier
auch heilende Eigenschaften zu.

Wein

Erst in neuester Zeit haben Forscher auch wissenschaftlich bestätigt,
daß ein Gläschen Wein vielen Erkrankungen vorbeugend entgegenwirken kann – z. B. Durchblutungsstörungen und Kreislaufschwäche.
Auch dem Herzinfarkt und der Arteriosklerose kann ein Glas Wein vorbeugen. Außerdem wirkt es appetitanregend und verdauungsfördernd.

Wichtig ist es, keine billigen, sondern möglichst naturbelassene Weine
zu trinken. Und genauso wie die modernen Ernährungsforscher rät
auch Hildegard von Bingen von den schweren, edlen Weinen ab. Sie
empfiehlt, wenn man diese Weine schon trinkt – etwa bei einem Festessen oder bei einer anderen besonderen Gelegenheit –, etwas Wasser
darunterzumischen (oder dazu zu trinken) oder trockenes Brot dazu zu
essen (was jeder Weinkenner ebenfalls empfiehlt). Für gesundheitsfördernd und heilsam hält sie die schweren Weine jedenfalls nicht. Statt
dessen empfiehlt sie in ihrem Werk *Causae et curae* leichte Landwei-
ne, besonders die aus dem Hunsrück:
    „Hunsrücker Wein braucht man nicht auf diese Weise zu mischen,
    weil er nicht so stark ist. Wenn jedoch jemand Wasser dazugießen

oder Brot eintauchen und dann trinken will, ist er auf jeden Fall angenehmer zu trinken, aber nicht unbedingt gesünder."

Hildegard schreibt zudem, daß der Wein das Blut der Erde und in der Erde wie das Blut des Menschen sei. Deshalb heile und erfreue der Wein den Menschen mit seiner Wärme und Kraft.

Bier

Die heilsame Wirkung des Biers ist modernen Ernährungswissenschaftlern ebenfalls bekannt. Bier regt die Harntätigkeit an und beugt deshalb Prostatabeschwerden vor. Durch seinen Hopfengehalt sorgt es für einen gesunden Schlaf. Es gibt nicht umsonst viele berühmte Klosterbrauereien – genauso, wie viele berühmte Weine, nicht zuletzt der Champagner, in Klosterkellereien gekeltert wurden.

Über das Bier schreibt Hildegard in *Causae et curae*:
> „Bier macht das Fleisch des Menschen stark und gibt dem Gesicht aufgrund der Kraft und des guten Saftes des Getreides eine schöne Farbe."

Natürlich gilt besonders und gerade für die alkoholischen Getränke wie Bier und Wein Hildegards Regel von der *discretio*. Nur wer das rechte Maß zu halten versteht, wird von der Heilkraft dieser Getränke profitieren können.

Auch das Fasten gehört zu einer gesunden Ernährung

DIE MEISTEN Religionen kennen die Fastenzeiten, in denen sich nicht nur der Körper, sondern auch die Seele von vielem irdischen Ballast befreien kann. Während des Mittelalters war die Zeit vom Ende des Karnevals (*carne vale* heißt ja nichts anderes als „Fleisch ade!") bis Ostern eine Periode, in der zumindest kein Fleisch genossen wurde. Die Mohammedaner essen während ihres Fastenmonats Ramadan erst abends, wenn die Sonne nicht mehr scheint – was für viele unserer ausländischen Mitbürger nicht leicht ist, da der Ramadan sich jedes Jahr verschiebt und so auch in unsere Sommerzeit fallen kann, wo die Dunkelheit nur kurz anhält.

Es gibt zudem das ganz strikte Fasten, wobei überhaupt keine feste Nahrung aufgenommen wird. Dies muß nicht unbedingt aus religiösen Gründen geschehen, sondern viele Menschen führen eine solche Fastenzeit einfach für ihre Gesundheit durch. Wichtig ist dabei vor allem, daß man das Fasten nicht als Strafe, sondern als Chance ansieht und ausreichend Flüssigkeit zu sich nimmt – mindestens drei Liter am Tag, am besten in Form von Mineralwasser, Kräutertee, Obst- und Gemüsesäften.

Hildegard von Bingen möchte selbst beim Fasten die *discretio* gewahrt wissen. Sie spricht sich ganz entschieden gegen ein unvernünftiges Fasten aus:

> „Wenn manche Menschen auf übertriebene Weise sich des Essens enthalten und ihrem Körper dadurch nicht die richtige Stärkung geben und wenn sie außerdem noch an schwerwiegenderen Krankheiten leiden, kann es vorkommen, daß in ihrem Körper eine heftige Unruhe entsteht, weil die Elemente gegeneinander aufgebracht werden." (*Liber divinorum operum*)

Wer also eine Fastenzeit plant, sollte möglichst vorher mit seinem Arzt besprechen, ob sein Organismus diese Belastung überhaupt aushalten kann, ohne Schaden zu nehmen. Gesunden Menschen schadet es nicht, einen Tag, eine Woche, ja bis zu einem Monat zu fasten. Es kommt zwar zu körperlichen Veränderungen durch die Ausscheidung von Giften (beispielsweise Körpergeruch), aber insgesamt wird das Ergebnis des Fastens nur positiv sein.

Schönheit

Hildegard von Bingen als Kosmetikerin?

DIESES Kapitel trägt den Titel *Schönheit*. Da stellt sich sicherlich die Frage: Wie kann sich eine Äbtissin, eine Frau, die sich der Religion und der Wissenschaft verschrieben hat, mit einem so profanen Thema beschäftigt haben?

Natürlich sind viele Rezepte, die hier angegeben werden, lediglich Rezepte zur Pflege bei Hauterkrankungen – aber mitunter gibt es bei Hildegard von Bingen auch Zitate, in denen es heißt, daß man durch die eine oder andere Anwendung eine schöne Haut oder glänzende Augen bekäme.

Hildegard von Bingen hat – obwohl sie Nonne war und das Keuschheitsgelübde abgelegt hatte – nie vergessen, wie wichtig es ist, auch seinen Körper zu pflegen. Zum einen natürlich, um diesen gesund zu erhalten – zum anderen aber auch, um – vor allem als Frau – schön und reizvoll zu sein. Es gibt meines Wissens nicht eine einzige Äußerung von ihr, in der sie das natürliche Schönheitsbedürfnis vor allem der Frau ablehnt. Im Gegenteil – sie gibt sogar zahlreiche Rezepte an, die für die Schönheitspflege wichtig sind.

Natürlich kann man von einer Klosterfrau nicht erwarten, daß sie auf allen Gebieten der Kosmetik bewandert ist. Aber die Mittel, die zu Hildegards Zeit zur Verfügung standen, finden sich bis heute in unseren Gärten, auf der Wiese, im Wald und in der Küche. Hildegards Rezepte sind in diesem Werk nach bestem Wissen und Gewissen ergänzt worden – nicht zuletzt unter Zuhilfenahme antiker und mittelalterlicher Rezepturen.

Was brauchen Sie
für Ihre eigene „Kosmetikküche"?

Das „Handwerkszeug"

Zur Herstellung eigener Schönheits- und Pflegemittel benötigen Sie
keine aufwendigen Geräte. Die meisten davon werden in Ihrem Haushalt vorhanden sein. Wichtig ist, daß Sie alle Geräte und Gefäße, die
Sie in Ihrer Kosmetikküche verwenden, peinlich sauberhalten. Am besten kochen Sie sie in Wasser aus. In der natürlichen Kosmetik werden
ja keine Konservierungsstoffe (die gleichzeitig keimtötend wirken)
verwendet. Und frische Grundstoffe wie Eier, Butter und Obst werden
deshalb schnell von Bakterien angegriffen, die unsauberen Geräten anhaften.

Am besten reservieren Sie einen Topf und einige Schüsselchen zur ausschließlichen Verwendung in Ihrer Kosmetikküche.
Töpfe, in denen Sie Kräuteraufkochungen herstellen, sollten emailliert
sein. Viele Kräuter und Früchte gehen nämlich mit Metall eine chemische Verbindung ein, die ihre Wirkung beeinträchtigt.
Aus diesem Grund brauchen Sie zum Umrühren auch einen Holzlöffel.
Häufig werden Sie in einem Rezept den Hinweis finden „im Wasserbad
erwärmen". Dazu brauchen Sie einen hohen Plastiktopf (Mixbecher),
in den Sie die zu erwärmenden Zutaten (z. B. Honig) geben. Dieser
wiederum wird in einen Kochtopf mit Wasser gestellt und erhitzt. Die
Zutaten werden also nicht direkt durch die Ofenhitze erwärmt, sondern
indirekt durch die Hitze, die das Wasser beim Kochen entwickelt.
Zum Zerkleinern von Nüssen und verschiedenen Kräuterwurzeln ist eine elektrische Kaffeemühle sehr gut geeignet. Diese muß allerdings
nach jeder Verwendung mit einem Pinsel oder mit einem Tuch sehr
gründlich gereinigt werden, besonders wenn die Wurzeln einen starken
Duft entfalten. (Kaffee zieht nämlich Gerüche sehr leicht an und ist
dann nicht mehr unbedingt als Getränk geeignet.) Inzwischen gibt es
für viele Küchenmaschinen Mahlwerkaufsätze, denen – falls vorhanden – zu diesem Zweck der Vorzug gegeben werden sollte.
Zum Auspressen frischer Obst-, Gemüse- und Kräutersäfte benötigen
Sie eine Küchenmaschine oder einen Entsafter. Ohne diese technischen

Hilfsmittel ist es ziemlich umständlich, z. B. Apfel- oder Petersiliensaft selbst herzustellen. Andererseits sind die meisten Kräuter-, Obst- und Gemüsesäfte auch im Reformhaus oder im Naturkostladen erhältlich. Obst und Gemüse können auf der Küchenreibe gerieben und dann durch ein sauberes Leinentuch (etwa ein Geschirrhandtuch) ausgepreßt werden.

Sehr wichtig in Ihrer Kosmetikküche ist ein Trichter. Damit lassen sich Gesichtswasser, Lotionen, Badeöle usw. schnell und einfach in Flaschen abfüllen.

Zum Abmessen der für die verschiedenen Rezepturen benötigten Flüssigkeitsmengen können Sie einen Küchenmeßbecher verwenden. Gut geeignet sind Babytrinkflaschen, die ebenfalls verwendet werden können, um Flüssigkeiten im Wasserbad zu erhitzen.

Zum Abseihen von Kräuteraufgüssen, Kräuteressig usw. benötigen Sie ein Haarsieb, in dem der Großteil der Pflanzenrückstände liegenbleibt. Für Fuß- und Handbäder usw. ist dies vollkommen ausreichend.

Für Gesichtswasser, Haarspülungen, Badeöle und Körperlotionen usw. muß die Flüssigkeit allerdings reiner und klarer sein. Zum Abfiltern eignet sich besonders gut Kaffeefilterpapier. Körper- und Badeöle, die mit Kräutern angesetzt werden, laufen allerdings nur sehr langsam durch solche Papiere, die mitunter auch zerreißen, wenn die Kräuterrückstände ausgepreßt werden. Wenn Sie noch alte Mullwindeln besitzen, verwenden Sie diese zum Abfiltern und Auspressen. Auch große, nicht zu feine Herrentaschentücher sind dafür geeignet.

Zerrissene Perlonstrümpfe oder Strumpfhosen mit Laufmaschen sollten Sie nicht gleich wegwerfen. Sie lassen sich noch gut als „Badesäckchen" für duftende Kräuterbäder verwenden. Waschen Sie die Strümpfe gut durch, und schneiden Sie für ihren Gebrauch die Fußteile ab. Diese werden mit Kräutern gefüllt und in die Wanne gelegt. Darüber lassen Sie das Badewasser einlaufen und pressen dann das Badesäckchen gut aus.

Das Abfüllen und Aufbewahren selbsthergestellter Schönheitsmittel ist kein Problem, wenn Sie rechtzeitig damit beginnen, Tiegel und Flaschen zu sammeln. Leere Cremetöpfe, Flaschen von Gesichtswasser, Parfüm und Badeöl – alle diese Behältnisse eignen sich zur Aufbewahrung Ihrer selbst hergestellten Schönheitsmittel. Kochen Sie die Behälter am besten aus, damit keine Fett- oder Duftrückstände haftenbleiben. Vergessen Sie hinterher das ausgiebige Austrocknen nicht!

Viele Öle und andere Schönheitsmittel verändern ihre Beschaffenheit
und verlieren an Wirksamkeit, wenn sie dem Licht ausgesetzt werden.
Solche Präparate sollten deshalb in dunkle Flaschen – die sogenannten
Apothekerflaschen – abgefüllt werden. Wenn Sie öfter eigene Kosmetika herstellen, werden Sie bald einen Vorrat solcher Flaschen haben,
denn Apotheken geben Alkohol, Öle und Essenzen ohnehin nur in solchen Behältnissen ab. Sonst fragen Sie Ihren Apotheker, ob er Ihnen einige braune Flaschen verkaufen kann.
Für das Ansetzen von Kräuterölen und Kräuteressig sind Einmachglä-
ser sehr gut geeignet. Mit Haushalts- oder Aluminiumfolie können diese luftdicht verschlossen werden.
Selbst gesammelte und getrocknete oder gekaufte Kräuter können entweder in Blechdosen oder in Gläsern aufbewahrt werden. Die Kräuter-
behälter sollten mit Aufklebern versehen werden, die den Inhalt bezeichnen und auch das Datum angeben – die meisten Kräuter verlieren
ihre Wirksamkeit, wenn sie länger als ein Jahr gelagert werden.

Für die Anwendung
Ihrer selbst hergestellten Kosmetika

- Für Kompressen eignen sich besonders gut die kleinen Gäste-
handtücher – sie haben das ideale Format für diesen Zweck. Aber auch
große Waschlappen können verwendet werden. Außerdem sind Mullwindeln und große Herrentaschentücher geeignet. Diese müssen allerdings häufiger befeuchtet werden, da sie schneller trocknen als Frottee-
stoffe.
- Für Augenkompressen eignen sich Wattebäusche und mehrfach zu-
sammengelegte Batisttaschentücher.
- Alle Gesichtsmasken können mit der Hand aufgetragen werden. Für
Masken von flüssigerer Konsistenz empfiehlt sich allerdings die Ver-
wendung eines Pinsels. Kosmetikpinsel erhalten Sie in Drogerien und
Kosmetik-Fachgeschäften. Sie können aber ohne weiteres auch einen
Backpinsel oder einen flachen, weichen Malerpinsel verwenden. Diese
Pinsel sollten aber unbedingt kosmetischen Zwecken vorbehalten blei-
ben. Nach jeder Verwendung den Pinsel sorgfältig mit viel heißem
Wasser auswaschen und gut an der Luft trocknen lassen.
- Ein wichtiges Requisit ist eine Duschhaube aus Plastik. Diese schützt
Ihr Haar nicht nur in der Badewanne oder unter der Dusche vor Feuch-

tigkeit, sondern kann zusätzlich als Haarschutz verwendet werden, wenn Sie eine Gesichtsmaske auflegen.

Eine Duschhaube sollte auch aufgesetzt werden, wenn Sie eine Haarpackung anwenden. So wird die Wärme (die ja die Wirksamkeit der Packung erhöht) länger erhalten, und es wird außerdem verhindert, daß Ihnen Eigelb, Öl oder sonst ein Bestandteil der Haarpackung über Gesicht und Kleidung tropft. Am sichersten ist es, wenn Sie nach dem Auftragen der Haarpackung Papiertücher unter die Ränder der Duschhaube schieben und diese so „abdichten".

Schönheitspflege aus dem Blumengarten

BLUMEN galten und gelten als Sinnbilder von Schönheit und Anmut. Es ist deshalb nicht weiter erstaunlich, daß man schon von alters her versuchte, sie für die Schönheitspflege zu nutzen. Die meisten Gartenblumen finden wir in Parfüms wieder: Maiglöckchen, Narzissen, Nelken, Rosen, Jasmin, Flieder und andere. Aus einigen Blumen lassen sich außerdem auch ohne viel Aufwand sehr wirksame Mittel zur Schönheitspflege herstellen.

Buchsbaum

Der Buchsbaum ist keine Blume, sondern ein Strauch, der auch heute noch in vielen Gärten die Beete einfaßt – genauso wie es in alten Kloster- und Bauerngärten der Fall war.

Hildegards Rezepte:
Hildegard von Bingen schreibt über den Buchsbaum, daß er seiner Natur nach warm sei und so stark, daß er das ganze Jahr über sein Grün behalte. Sie empfiehlt ihn in ihrer *Physica* vor allem zur Pflege von unreiner Körperhaut:

Buchsbaumsaft

„Ein Mensch, der Ausschläge ... an seinem Körper hat, zerstoße die Rinde und die Blätter und drücke ihren Saft aus. ... Er mische dem Saft etwas Olivenöl bei, tauche eine Feder ein und salbe sich damit sanft um den Ausschlag und um seine Kruste. Dies tue er oft, und er wird geheilt werden."

Buchsbaum-Haartönung
Zutaten:
1 Handvoll Buchsbaumholz
1/2 l Wasser
Zubereitung und Anwendung:
Zerkleinern Sie das Buchsbaumholz und lassen es in dem Wasser 1/2 Stunde lang leicht köcheln.
Dann durch ein Haarsieb abseihen und als letzte Spülung nach dem Haarewaschen verwenden.

Blondes Haar erhält dadurch einen hübschen rötlichen Schimmer. Gleichzeitig wirkt die Spülung auch gegen Schuppen und Haarausfall.

Eibisch

Der Eibisch gehört zu den Malvengewächsen. Für kosmetische Zwecke ist vor allem die Wurzel interessant, die wertvolle Schleimstoffe enthält, welche sehr pflegend wirken.

Hildegards Rezept:
Hildegard von Bingen schreibt in ihrer *Physica* über den Eibisch, daß er seiner Natur nach warm und trocken sei. Sie empfiehlt ihn gegen Fieber und – als Salbe – gegen Kopfschmerzen. Entsprechende Rezepte finden Sie im Kapitel *Gesundheit*.

Eibisch-Gesichtsmaske
Zutaten:
2 EL Eibischwurzeln (in der Apotheke erhältlich)
1 EL Honig,
3 EL heißes Wasser
Zubereitung und Anwendung:
Zerkleinern Sie die Eibischwurzeln (z. B. in der Kaffeemühle). Lösen Sie den Honig im heißen Wasser auf, und rühren Sie das Eibischpulver darunter.
Tragen Sie diese Maske auf das gereinigte Gesicht auf.
1/2 Stunde einwirken lassen, dann mit viel warmem Wasser abwaschen und kalt nachspülen.
Diese Maske ist besonders zur Behandlung unreiner Haut geeignet.

Lilie

Die Lilie wird auch Iris genannt. Unter dieser Bezeichnung erhalten Sie sie in der Apotheke. Die getrockneten Lilienwurzeln haben einen sehr angenehmen, veilchenartigen Duft. Auch die Blüten der weißen Lilie werden seit alters her für die Schönheitspflege verwendet.
Hildegards Rezepte:
Hildegard von Bingen schreibt in ihrer *Physica*, daß die Lilie von Natur aus eher kalt als warm sei. Vor allem die Wurzeln sind ihrer Mei-

nung nach besonders gut zur Hautpflege geeignet. Sie empfiehlt sie sogar zur Behandlung der Lepra!
Aber auch bei Ausschlägen und jeder Art von Hautunreinheiten rät sie zur Verwendung der Lilie.

Liliensalbe

„Man nehme den Stengel und die Blätter von Lilien und zerstoße sie und drücke ihren Saft aus und knete diesen Saft gleichzeitig mit Fett." (*Physica*)
Mit dieser Salbe sollen die betroffenen Stellen regelmäßig eingerieben werden.

Lilienwurzel-Gesichtswasser

Zutaten:
3 EL zerkleinerte Lilienwurzeln (nicht pulverisiert!)
1/2 l Wasser
1 EL Honig
Zubereitung und Anwendung:
Das Wasser aufkochen lassen, dann die Lilienwurzeln dazugeben und zugedeckt 1 Stunde lang leicht köcheln lassen.
Dann in eine Porzellanschüssel abfüllen und zugedeckt über Nacht stehenlassen.
Am nächsten Tag durch ein Haarsieb streichen und nochmals leicht erwärmen. In der erwärmten Flüssigkeit 1 Eßlöffel Honig auflösen. Das Gesichtswasser in eine Flasche abfüllen.
Dieses Gesichtswasser ist für jede Haut geeignet, besonders aber für trockene und älter werdende Haut.

Malve

Wegen ihrer pflegenden Eigenschaften wird die Malve (auch „Käsepappel" genannt) gerne für kosmetische Zwecke verwendet.
Hildegards Rezept:
Hildegard von Bingen schreibt über die Malve:

„Sie hat eine mäßige Kälte in sich wie der Tau, und wie die Luft ist sie am Morgen gemäßigt." (*Physica*)

Malven-Augenkompresse

„Suche auf der Malve nach Tau ... Und den Tau, den man in der Nacht oder bei Morgengrauen gefunden hat, wenn die Nacht klar und rein und angenehm ist, den streiche um die Lider ... und nachher schlafe ein wenig." (*Physica*)

Genau wie Rosen- kann man auch Malvenblätter, die vom Morgentau benetzt sind, auf die Augen legen. Diese können lindernd auf Schwellungen und Rötungen wirken. Interessant ist Hildegards Aufforderung, bei dieser Behandlung ein wenig zu schlafen: Die Entspannung bei der Anwendung von Augenkompressen ist fast genauso wichtig wie das angewendete Mittel selbst.

Malven-Gesichtskompresse

Zutaten:
1 Malventeebeutel
1 Tasse kochendes Wasser
1 EL Honig
Zubereitung und Anwendung:
Den Malventee aufgießen, 5 Minuten ziehen lassen, den Honig darunterrühren.
In diese Flüssigkeit ein Gästehandtuch tauchen, auswringen und auf das gereinigte Gesicht legen.
Etwa 10 Minuten einwirken lassen.
Diese Kompresse wirkt vor allem gegen große Poren.

Ringelblume

Ringelblumen sind durch ihren Gehalt an Schleim- und Eiweißstoffen, Apfelsäure und ätherischen Ölen für die Schönheitspflege wertvoll. Ringelblumen wachsen in den meisten Blumengärten, wo sie sehr üppig gedeihen. Die getrockneten Blüten können allerdings auch in der Apotheke gekauft werden. Dort erhalten Sie ebenfalls Ringelblumentinktur.

Hildegards Rezepte:

Hildegard von Bingen schreibt in ihrer *Physica*, daß die Ringelblume ihrer Natur nach kalt und feucht sei und eine starke Grünkraft enthalte. Sie empfiehlt sie gegen Ausschläge und unreine Haut, vor allem, wenn diese Probleme an der Kopfhaut auftreten.

Ringelblumensalbe für die Kopfhaut

„Schneide das ab, was weich am Speck ist, und schneide auch die Schwarte des Specks ab. Nimm das Harte vom Speck und zerstoße dies mit der Ringelblume im Mörser. Damit salbe oft den Kopf, und die Kopfhaut wird wieder schön werden." (*Physica*)
Dieses Rezept wirkt vor allem auch gegen trockene Schuppen.

Ringelblumen-Haarwäsche

Als zusätzliche Behandlung empfiehlt Hildegard von Bingen eine Massage mit Ringelblumensaft. Sie können dafür aber auch verdünnte Ringelblumentinktur verwenden. Oder gießen Sie einen kräftigen Ringelblumentee auf:

„Habe eine Lauge aus Ringelblumensaft bereit und wasche oft deinen Kopf damit, und er wird geheilt werden." (*Physica*)

Weitere Rezepte:

Ringelblumen-Gesichtskompresse

Zutaten:
2 EL getrocknete Ringelblumenblüten
1/4 l Wasser
Zubereitung und Anwendung:
Übergießen Sie die Ringelblumenblüten mit kochendem Wasser.
Nach dem Abkühlen durch Kaffeefilterpapier abseihen.
In die Flüssigkeit ein Gästehandtuch tauchen, auswringen und auf das gereinigte Gesicht legen.
Diese Kompresse wirkt vor allem gegen unreine Haut.

Ringelblumen-Gesichtswasser

Zutaten:
30 ml Ringelblumentinktur
100 ml Rosenwasser (beides in der Apotheke erhältlich)
Zubereitung und Anwendung:
Geben Sie beide Flüssigkeiten in eine dunkle Flasche.
Gut durchschütteln und kühl aufbewahren.
Das Gesichtswasser ist vor allem zur Reinigung und Erfrischung von großporiger und schlecht durchbluteter Haut geeignet.

Rose

Die Rose ist wohl schon immer die wichtigste „Schönheitspflanze" gewesen. Wer einen eigenen Garten besitzt, sollte sich den Luxus leisten, eines der kostbarsten Schönheitsmittel zu verwenden: die Blütenblätter der Rose. Die Blüten enthalten neben Fett, Gerbstoffen, Apfel- und Zitronensäure auch pflegende ätherische Öle. Wenn Sie keine eigenen Rosen besitzen (deren Blütenblätter für die Verwendung in Schönheitsmitteln übrigens nicht chemisch gespritzt sein dürfen!), können Sie auch getrocknete Rosenblätter aus der Apotheke verwenden.

Hildegards Rezepte:
Hildegard von Bingen schreibt, daß die Rose ihrer Natur nach kalt sei und daß diese Kälte eine nützliche Mischung in sich habe. Diese kühlende Wirkung lasse sich auch für die Schönheitspflege nutzen. Sie empfiehlt:
> „Die Rose ist auch gut zu ... Salben und zu allen Heilmitteln, wenn
> sie ihnen beigefügt wird. Sie sind um so besser, wenn ihnen etwas
> von der Rose beigefügt wird, auch wenn es nur wenig ist – wegen
> ihrer bereits erwähnten guten Kräfte." (*Physica*)

Rosenblätter-Augenkompresse
Sie empfiehlt die folgende Augenkompresse:
> „Am frühen Morgen oder wenn der Tag schon angebrochen ist,
> nimm ein Rosenblatt und lege es auf deine Augen. Es zieht den Saft
> heraus und macht sie klar." (*Causae et Curae*)

Dieses Rezept ist besonders gut geeignet für verquollene und gerötete Augen und soll – nach Hildegards Angaben – die Augen auch schön glänzend machen.

Rosenblätter-Gesichtskompresse
Außerdem rät sie zu der folgenden Gesichtskompresse:
> „Wer leichte Geschwüre an seinem Körper hat, lege Rosenblätter
> darauf, denn diese ziehen den Schleim heraus." (*Causae et Curae*)

Am wirksamsten ist es, die Rosenblätter mit einer feuchtwarmen Kompresse abzudecken, die die Blätter gleichzeitig fixiert. Gegen Akne, Pickel und Mitesser wirkt dieses Rezept besonders heilsam.

Weitere Rezepte:

Rosenblüten-Badezusatz
Zutaten:
1 gute Handvoll (möglichst duftender) Rosenblütenblätter
1 alter Perlonstrumpf
Zubereitung und Anwendung:
Geben Sie die Rosenblütenblätter in den Strumpf, und legen Sie diesen
unter das einlaufende Badewasser. Dann gut auspressen.
Dieses Bad ist für jeden Hauttyp geeignet.

Rosenblüten-Gesichtsdampfbad
Zutaten:
1 Handvoll Rosenblütenblätter
1 1/2 l kochendes Wasser
Zubereitung und Anwendung:
Lassen Sie die Rosenblütenblätter im heißen Wasser 10 Minuten zie-
hen, und erwärmen Sie die Flüssigkeit dann noch einmal, ohne sie ko-
chen zu lassen.
Dann ein Handtuch über Kopf und Schüssel legen und die pflegenden
Dämpfe auf die Gesichtshaut einwirken lassen.
Dieses Dampfbad wirkt glättend und entspannend für jede Haut.

Rosenblüten-Gesichtskompresse
Zutaten:
1 Handvoll Rosenblütenblätter
1/2 l kochendes Wasser
Zubereitung und Anwendung:
Übergießen Sie die Rosenblütenblätter mit dem kochendem Wasser.
10 Minuten ziehen lassen, dann abseihen.
Ein Handtuch in die Flüssigkeit eintauchen, auswringen und auf das
gereinigte Gesicht legen. 10 Minuten einwirken lassen.
Diese Kompresse ist für jeden Hauttyp geeignet.

Rosenblüten-Gesichtswasser 1
Zutaten:
3 Handvoll Rosenblütenblätter
etwa 1/4 l destilliertes Wasser (in der Apotheke erhältlich)
Zubereitung:
Die Rosenblütenblätter mit dem destillierten Wasser übergießen, bis sie
bedeckt sind.

Dann auf kleiner Flamme erhitzen (nicht kochen lassen), 10 Minuten ziehen lassen.
Danach durch Kaffeefilterpapier abgießen und die Blüten dabei gut auspressen. Das Gesichtswasser in eine Flasche abfüllen.
Dieses Rosenblütengesichtswasser ist vor allem für die ältere, schon etwas erschlaffte Haut gut geeignet.

Rosenblüten-Gesichtswasser 2

Zutaten:
1/4 l Weißwein
1 Handvoll Rosenblütenblätter
Zubereitung und Anwendung:
Den Weißwein leicht erwärmen und die Rosenblütenblätter dazugeben.
15 Minuten auf kleiner Flamme ziehen lassen (nicht kochen!).
Die Mischung in eine Porzellanschale geben und über Nacht zugedeckt ziehen lassen.
Am nächsten Tag durch Kaffeefilterpapier abgießen und die Pflanzenrückstände gut auspressen.
Das Gesichtswasser in eine Flasche abfüllen.
Dieses Gesichtswasser ist für jeden Hauttyp geeignet.

Rosenblüten-Körperöl

Zutaten:
2 Handvoll Rosenblüten
etwa 1/4 l süßes Mandelöl (in der Apotheke erhältlich)
Zubereitung und Anwendung:
Legen Sie die Rosenblüten in ein Weckglas und übergießen Sie sie mit dem Mandelöl, bis sie gut bedeckt sind.
Das Ganze luftdicht verschlossen 4 Wochen lang an einem sonnigen oder warmen Platz stehenlassen.
Dann durch ein Tuch oder durch Kaffeefilterpapier abgießen und die Pflanzenrückstände gut auspressen.
Das Öl in eine dunkle Flasche abfüllen.
Dieses Körperöl wirkt besonders pflegend bei trockener, schuppiger Körperhaut.

Rosenblüten-Haarspülung

Zutaten:
1 Handvoll Rosenblütenblätter
1/2 l Wasser

Zubereitung und Anwendung:
Übergießen Sie die Rosenblütenblätter mit dem kochenden Wasser.
Nach dem Abkühlen durch ein Sieb gießen und als Haarspülung nach
dem Haarewaschen verwenden.
Diese Haarspülung ist besonders geeignet für trockenes sprödes Haar.
Wichtig: Für blondes Haar nur weiße Rosenblüten verwenden!

Rosenblüten-Haaressig
Zutaten:
3 Handvoll Rosenblütenblätter
1/4 l Obstessig
Zubereitung und Anwendung:
Übergießen Sie die Rosenblüten mit dem Obstessig, so daß sie bedeckt
sind.
3 Tage zugedeckt stehenlassen, dann durch Kaffeefilterpapier abseihen
und die Pflanzenrückstände gut ausdrücken.
Den Haaressig in eine Flasche abfüllen und alle 2 Tage Haare und
Kopfhaut damit massieren.
Dieser Haaressig wirkt vor allem pflegend für trockenes und sprödes
Haar.
Wichtig: Dieser Haaressig ist *nicht* für blondes Haar geeignet.

Rosenblüten-Gesichtswasser
Rosenwasser kann als mildes Gesichtswasser für jeden Hauttyp ver-
wendet werden.
Rosenwasser besteht aus einer Mischung von jeweils 4 Tropfen des
kostbaren Rosenöls auf 1 l destilliertes Wasser. Rosenwasser ist in der
Apotheke erhältlich. Es wirkt anregend und leicht adstringierend, d. h.,
die Haut zieht sich zusammen.
Besonders geeignet aber ist es für schlaffe und welke Haut.

Veilchen

Das Veilchen ist in der Kosmetik vor allem durch seine Verwendung in
Parfüms bekannt. Aber auch in Pflegemitteln kann es gebraucht
werden.

Hildegards Rezepte:
Hildegard von Bingen schreibt über das Veilchen:

„Das Veilchen befindet sich seiner Natur nach zwischen warm und kalt, ist aber vorwiegend von gemäßigter Wärme, und es wächst von der Lieblichkeit und Milde der Luft." (*Physica*)

Diese Lieblichkeit und Milde gibt es an den Menschen weiter, wenn er es richtig einzusetzen versteht.

Veilchen-Augensalbe

„Bringe Olivenöl ... zum Kochen. Während es kocht, gib Veilchen hinein, damit das Öl davon eingedickt wird. Fülle dies in ein gläsernes Gefäß und bewahre es auf. Abends salbe damit die Haut um die Augen und die Lider." (*Physica*)

Schönheitspflege aus dem Gemüsegarten

DIE MEISTEN Gemüse sind – als Lebensmittel verwendet – gleichzeitig Schönheitsmittel, die von innen her pflegen. Dazu erfahren Sie Näheres in dem Abschnitt „Schönheit kann man essen" (ab S. 318). Allerdings gibt es seit Jahrtausenden Rezepte, wie man diese Gemüse auch als äußerliche Kosmetika einsetzt.

Bohnen

Bohnen sind reich an Eiweiß und Vitaminen. Beides wirkt sich auch bei äußerer Anwendung positiv auf die Hautbeschaffenheit aus.

Hildegard von Bingen beschreibt die Bohne in ihrer *Physica* als ihrer Natur nach warm. Sie empfiehlt sie vor allem bei Magenbeschwerden und Geschwüren zur inneren Anwendung. Entsprechende Rezepte finden Sie im Kapitel *Gesundheit*.

Bohnen-Gesichtspackung
Zutaten:
1 Tasse weiße Bohnen
1 EL Olivenöl
Saft 1/4 Zitrone
1 EL Honig
Zubereitung und Anwendung:
Die Bohnen kochen und durch ein Sieb drücken. Diesem Brei das Öl, den Zitronensaft und den Honig beifügen.

Die Masse noch warm auf das gereinigte Gesicht auftragen, eine Viertelstunde lang einwirken lassen.
Dann sehr warm abwaschen und kalt nachspülen.
Die belebende Wirkung dieser Packung wird unterstützt durch Waschungen mit dem Wasser, in dem die Bohnen gekocht wurden.
Diese Gesichtspackung ist ein schonendes Straffungsmittel für müde, älter werdende Haut. Das Rezept war übrigens bereits im alten Rom bekannt.

Fenchel

Nicht nur als Gewürz- und Teepflanze ist Fenchel wertvoll, er ist auch ein wahres „Schönheitskraut", denn er enthält neben ätherischen Ölen auch fette Öle und wertvolle pflanzliche Eiweiße.

Hildegards Rezepte:
Für Hildegard von Bingen ist der Fenchel neben Dinkel und Kastanie das empfehlenswerteste Lebensmittel überhaupt. In ihrer *Physica* empfiehlt sie ihn gegen Magenbeschwerden und sogar gegen Depressionen. Entsprechende Rezepte finden Sie im Kapitel *Gesundheit*.
Für einen angenehmen Atem gibt sie das folgende Rezept an:
„Wer Fenchel oder seinen Samen täglich nüchtern ißt, der ... unterdrückt den üblen Geruch seines Atems." (*Physica*)

Weitere Rezepte:
Fenchel-Gesichtsdampfbad
Zutaten:
2 Fenchelteebeutel
kochendes Wasser
Zubereitung und Anwendung:
Den Fencheltee in einer großen Porzellanschüssel mit dem kochenden Wasser übergießen.
Über Kopf und Schüssel ein großes Handtuch legen.
Dieses Dampfbad hat wegen des hohen Ölgehalts des Fenchels eine glättende und schonende Wirkung vor allem bei trockener Haut.

Fenchel-Gesichtskompresse
Zutaten:
1 Fenchelteebeutel
1 Tasse kochendes Wasser
1 TL Honig
Zubereitung und Anwendung:
Den Fencheltee einige Minuten ziehen lassen, dann den Honig einrühren.
In die Flüssigkeit ein Mulltuch tauchen, auswringen und auf das gereinigte Gesicht legen.
Eine Viertelstunde einwirken lassen.
Diese Kompresse wirkt glättend bei Gesichtsfalten.

Gurke

Gurken beleben und erfrischen jede Haut. Deshalb sollten Sie Gurkenschalen nie fortwerfen, ohne vorher ausgiebig das Gesicht damit zu massieren. Gurken enthalten Schwefel, Vitamin A und C, Schleimstoffe und Enzyme. Sie wirken glättend und straffend auf die Haut.

Hildegards Rezepte:
Hildegard von Bingen handelt die Gurke sehr kurz ab, denn sie kann sie für die Ernährung des Menschen nicht sehr empfehlen:
   „Die Gurken sind ihrer Natur nach feucht und kalt und wachsen von der Feuchtigkeit der Erde. Sie bringen die Bitterkeit der Säfte in den Menschen in Bewegung. Für Kranke taugen sie nicht zum Essen." (*Physica*)
Gesunde Menschen dürfen sie allerdings durchaus zu sich nehmen und sogar zur Schönheitspflege von innen einsetzen. Näheres dazu finden Sie in dem Abschnitt „Schönheit kann man essen".

Weitere Rezepte:

Gurken-Handpflege
Zutaten:
Gurkensaft
Anwendung:
Massieren Sie Ihre Hände hin und wieder mit Gurkensaft.
Dadurch werden rote, aufgesprungene Hände wieder zart und weich.

Gurken-Halspackung
Zutaten:
frische Gurkenschalen
Zubereitung und Anwendung:
Legen Sie frische Gurkenschalen auf den Hals und umwickeln Sie diesen fest mit einem Tuch.
1 bis 2 Stunden einwirken lassen.
Diese Packung wirkt gegen Halsfalten.

Gurken-Gesichtswasser
Zutaten:
Gurkenwasser
Frisch gepreßter, durch Kaffeefilterpapier abgefilterter Gurkensaft ist ein ideales Gesichtswasser.
Im Kühlschrank können Sie ihn 2 bis 3 Tage lang aufbewahren.
Dieses Gesichtswasser ist für jeden Hauttyp geeignet.

Gurken-Gesichtspackung 1
Zutaten:
Gurkenscheiben
Zubereitung und Anwendung:
Verteilen Sie Gurkenscheiben auf das gereinigte Gesicht, und legen Sie eine feuchtwarme Kompresse darüber.
1/4 Stunde einwirken lassen.

Gurken-Gesichtspackung 2
Zutaten:
1/2 Salatgurke
1 Spritzer Zitronensaft
1 EL Eiweiß
Zubereitung und Anwendung:
Die Gurke waschen und im Mixer oder auf einer Reibe zerkleinern.
Den Brei mit Zitronensaft und Eiweiß verrühren.
Die Mischung auf das gereinigte Gesicht auftragen, eine Viertelstunde einwirken lassen.
Lauwarm abwaschen und kalt nachspülen.

Gurken-Gesichtspackung 3
Zutaten:
1/2 Gurke
Zubereitung und Anwendung:
Die Gurke pürieren.
Zwischen zwei Mulltüchern auf das gereinigte Gesicht legen und 1/2 Stunde einwirken lassen.
Die Packungen 1 bis 3 sind besonders geeignet zur Pflege von fettiger, unreiner und großporiger Haut.

Gurken-Gesichtsmaske
Zutaten:
2 EL Gurkensaft
1/2 Becher naturreiner Joghurt
etwas Weizenstärke
Zubereitung und Anwendung:
Verrühren Sie Gurkensaft und Joghurt mit so viel Weizenstärke, daß ein weicher Brei entsteht.
Tragen Sie diesen dick auf das gereinigte Gesicht auf.
Wenn die Maske angetrocknet ist, mit viel lauwarmem Wasser abwaschen.
Diese Maske belebt vor allem die müde, älter werdende Haut.

Gurken-Gesichtswasser 1
Zutaten:
Gurkensaft- und kerne
50prozentiger Alkohol (in der Apotheke erhältlich)
Zubereitung und Anwendung:
Gurkensaft und -kerne fallen z. B. beim Einlegen von Senfgurken reichlich an.
Füllen Sie eine Flasche zu einem Drittel damit, und gießen Sie den Rest mit Alkohol auf.
Luftdicht verschlossen drei Wochen lang an einem warmen Ort stehenlassen.
Dann durch ein Tuch abseihen und in kleine Flaschen abfüllen.

Gurken-Gesichtswasser 2
Zutaten:
2 EL Gurkensaft
2 EL Hamameliswasser

1 EL Rosenwasser (beides in der Apotheke erhältlich)
Zubereitung und Anwendung:
Die Flüssigkeiten gut miteinander vermischen und in eine Flasche abfüllen.
Beide Gesichtswässer sind für jeden Hauttyp geeignet.

Kohl

Kohl enthält die Vitamine B, C und P, außerdem Schwefel und Stärke.
Geeignet für die kosmetische Verwendung sind alle Blattkohlsorten.

Hildegards Rezepte:
In ihrer *Physica* schreibt Hildegard von Bingen, daß die Kohlsorten „von
der Flüssigkeit des Taus und der Luft" wachsen. Nähere Angaben über
den Kohl finden Sie im Kapitel *Ernährung*.

Weitere Rezepte:
Kohlblätter-Gesichtspackung
Zutaten:
einige frische Kohlblätter
Zubereitung und Anwendung:
Reinigen Sie die Kohlblätter, nehmen Sie die Mittelrippen heraus, und
rollen Sie die Blätter dann kräftig mit einem Nudelholz.
Die Blätter danach in mehreren Lagen auf das gereinigte Gesicht legen. 1/2 Stunde einwirken lassen.
Diese Gesichtspackung ist besonders geeignet zur Behandlung von unreiner Haut.

Sauerkraut-Gesichtspackung
Zutaten:
1 Handvoll Sauerkraut
Zubereitung und Anwendung:
Das Sauerkraut auf dem gereinigten Gesicht verteilen und eine feucht-warme Kompresse darüberlegen.
1/4 Stunde lang einwirken lassen, dann lauwarm abwaschen.
Diese Behandlung ist besonders wirksam bei fettiger, großporiger
Haut.

Sauerkraut-Gesichtspflege
Auch bei zarter, empfindlicher Haut brauchen Sie auf das pflegende
Sauerkraut nicht zu verzichten:
Tränken Sie einfach einen Wattebausch mit etwas Sauerkrautsaft und
tupfen Sie damit das Gesicht ab.

Sauerkraut-Badezusatz
Zutaten:
1/2 l Preßsaft von Rohsauerkraut
Zubereitung und Anwendung:
Geben Sie den Saft in Ihr Badewasser.
Dieser Badezusatz wirkt durchblutungsfördernd und macht die Haut
zart und seidig.

Meerrettich

Meerrettich ist besonders wegen seines hohen Schwefelgehalts für die
Kosmetik interessant.

Hildegards Rezepte:
Hildegard von Bingen schreibt in ihrer *Physica*, daß der Meerrettich
von Natur aus warm sei. Sie empfiehlt ihn vor allem gegen Herz- und
Lungenbeschwerden. Entsprechende Rezepte finden Sie im Kapitel
Gesundheit.

Weitere Rezepte:
Meerrettich-Umschläge
Zutaten:
1/2 l Milch
100 g geriebener Meerrettich
Zubereitung und Anwendung:
Lassen Sie die Milch aufkochen, nehmen Sie sie vom Herd und rühren
Sie den geriebenen Meerrettich darunter.
Nach dem Erkalten abseihen.
In diese Flüssigkeit tauchen Sie allabendlich ein leinenes Taschentuch
und legen es auf die Hautpartien auf, die Sie behandeln möchten.
Dieses Mittel wirkt bei längerer Anwendung gegen Altersflecken und
Sommersprossen.

Meerrettich-Hautlotion
Zutaten:
100 g geriebene Meerrettichwurzeln
1/2 l Weinessig
Zubereitung und Anwendung:
Lassen Sie die Meerrettichwurzeln 1 Woche lang gut zugedeckt in dem Weinessig ziehen.
Danach abfiltern.
Reiben Sie die betroffenen Hautstellen täglich mit dieser Lotion ein.
Auch diese Lotion wirkt gegen Altersflecken und Sommersprossen.

Salat

Grüner Salat ist nicht nur ein gesundes Gemüse, sondern auch ein erfrischendes Schönheitsmittel.

Hildegards Rezepte:
Hildegard von Bingen rät in ihrer *Physica* dazu, einen Salat nie ohne eine Marinade zu essen, weil diese ihn bekömmlicher macht. Rezepte dazu finden Sie im Kapitel *Ernährung*.

Weiteres Rezept:
Salat-Gesichtspackung
Zutaten:
Salatblätter
etwas Olivenöl
etwas Zitronensaft
Zubereitung und Anwendung:
Die Salatblätter waschen, in Olivenöl tauchen und mit etwas Zitronensaft beträufeln.
Die Blätter auf das gereinigte Gesicht legen und mit einer feuchtwarmen Kompresse abdecken. 1/2 Stunde einwirken lassen.

Sellerie

Sellerie enthält ätherische Öle, Schleimstoffe und verschiedene Vitamine, die alle auch der äußerlichen Schönheitspflege zugute kommen können.

Hildegards Rezepte:
Hildegard von Bingen schreibt in ihrer *Physica,* daß der Sellerie warm
und mehr von grüner als von trockener Natur sei. Sie empfiehlt ihn vor
allem gegen Gicht. Das entsprechende Rezept finden Sie im Kapitel
Gesundheit.

Sellerie-Fenchel-Augenkompresse

Aber sie hat auch ein Rezept gegen tränende Augen, die ja oft zu Rötungen und Reizungen der zarten Haut um die Augen herum führen
können:

> „Ein Mensch, der tränende Augen hat, so daß sie infolge der über-
> handnehmenden Säfte von tropfenden Tränen überfließen, der neh-
> me Sellerie und etwas mehr Fenchel, zerstoße dies zu Saft und tau-
> che es in Eiweiß ohne Dotter. Wenn er abends schlafen geht, binde
> er das mit einem Tuch auf das tränende Auge. Dies tue er oft, und
> er wird geheilt werden." (*Physica*)

Weitere Rezepte:

Sellerie-Haarspülung

Zutaten:
Selleriewasser
Zubereitung und Anwendung:
Wenn Sie Sellerie kochen, verwenden Sie das abgekühlte Kochwasser
nach dem Haarewaschen, massieren es gut in die Kopfhaut ein und las-
sen es einige Minuten einwirken.
Danach gründlich nachspülen.
Diese Haarspülung ist ein wirksames Mittel gegen Schuppen.

Sellerie-Gesichtspackung

Zutaten:
2 EL Selleriesaft (entweder im Entsafter ausgepreßt oder aus dem Reformhaus bzw. Naturkostladen)
Zubereitung und Anwendung:
Rühren Sie diese Flüssigkeit unter die von Ihnen verwendete Nährcreme.
Tragen Sie diese auf das gereinigte Gesicht auf, tupfen die Packung
nach 1/4 Stunde Einwirkungszeit mit einem Papiertuch ab und spülen
das Gesicht lauwarm ab.
Diese Gesichtspackung erfrischt jeden Hauttyp.

Zwiebel

Zwiebeln sind wegen der in ihnen enthaltenen ätherischen Öle vor allem ein hervorragendes Haarpflegemittel. Keine Sorge: etwaiger Zwiebelgeruch verfliegt sofort.

Hildegards Rezept:
Hildegard von Bingen schreibt in ihrer *Physica* über die Zwiebel, daß sie kalt und giftig sei und möglichst nur in Wein gebeizt gegessen werden sollte. Über die äußere Anwendung der Zwiebel macht sie keine Angaben.

Weiteres Rezept:
Zwiebel-Haarwasser
Zutaten:
1 dicke Zwiebel
100 ml 50prozentiger Alkohol (aus der Apotheke)
Zubereitung und Anwendung:
Die Zwiebel schälen und zerhacken.
Die Zwiebelwürfel in eine Flasche geben und mit dem Alkohol übergießen.
Gut verschlossen 1 Monat lang ziehen lassen.
Dann durch Kaffeefilterpapier abseihen und etwas von dieser Flüssigkeit täglich in die Kopfhaut einmassieren.
Dieses Haarwasser kräftigt das Haar und wirkt vor allem gegen Haarausfall.

Schönheitspflege aus dem Obstgarten

WIE IM Gemüsegarten läßt sich auch im Obstgarten manches finden, was nicht nur von innen, sondern auch von außen der
Schönheit dienen kann.

Äpfel

Äpfel sind nicht nur reich an Vitaminen, sondern auch an Pektinen,
Säuren, Enzymen und Mineralsalzen. Dieses Obst ist ein Schönheitsmittel, das sowohl innerlich als auch äußerlich angewendet werden
kann. Zur inneren Anwendung finden Sie nähere Angaben im Abschnitt „Schönheit kann man essen".

Hildegards Rezepte:
Hildegard von Bingen schreibt in ihrer *Physica* über den Apfelbaum,
daß er seiner Natur nach feucht und warm sei – „und zwar von solcher
Feuchtigkeit, daß er sogar zerfließen würde, würde er nicht durch die
Wärme zusammengehalten".

Apfelblätter für glänzende Augen
„Man nehme im Frühling die Blätter jenes Baumes, bevor er die
Früchte des Jahres hervorbringt – nämlich dann, wenn die Blätter
im ersten Ausbrechen zur Frühlingszeit sind, weil sie dann zart und
heilkräftig sind wie die jungen Mädchen, bevor sie Kinder bekommen. Diese Blätter zerstoße man und drücke ihren Saft aus und gebe
dazu ein gleiches Maß von Tropfen, die aus der Rebe fließen, und
bringe das zusammen in ein Gefäß. Abends vor dem Schlafengehen
salbe man damit die Lider und die Augen mit einer darin einge-
tauchten Feder ein wenig, wie wenn der Tau auf das Gras fällt, und
so, daß nichts ins Auge gelange. Und dann besprenge man die zerstoßenen Apfelblätter mit den genannten Tropfen, die aus der Rebe
fließen, und lege dies auf die Augen und halte dies mit einem Tuch
zusammen." (*Physica*)
Hildegard empfiehlt den Apfel besonders zur Behandlung von Milz-
und Magenleiden – entsprechende Rezepte finden Sie im Kapitel *Gesundheit*. Wie Sie den Apfel in der Küche verwenden können, sagt Ihnen das Kapitel *Ernährung*.

Weitere Rezepte:

Apfel-Gesichtsmassage
Zutaten:
2 Apfelviertel
Zubereitung und Anwendung:
Mit den Schnittflächen des Apfels unter kreisenden Bewegungen sanft die Gesichtshaut massieren.
Diese Massage ist besonders geeignet für die müde, trockene Haut.

Apfel-Gesichtswasser
Verwenden Sie Apfelsaft als Gesichtswasser – dieser festigt das Gewebe.

Apfel-Gesichtspackung
Zutaten:
1 Apfel
1 TL Honig
Zubereitung und Anwendung:
Den Apfel waschen und reiben, mit dem Honig verrühren.
Auf das gereinigte Gesicht auftragen, mit einer feuchtwarmen Kompresse fixieren und 1/2 Stunde einwirken lassen.

Apfel-Handpflege
Apfelschalen eignen sich wegen ihrer Bleichwirkung hervorragend zur Reinigung verfärbter Hände. Die Hände werden einfach regelmäßig intensiv mit der Innenseite der Schalen abgerieben.
Diese Pflege eignet sich zur Behandlung von Nikotin-, Saft- und auch von Altersflecken.

Apfel-Haarwasser
Regelmäßige Kopfmassagen mit Apfelsaft schützen vor vorzeitigem Ergrauen der Haare.

Birnen

Birnen sind ideale Feuchtigkeitsspender für die Haut.
Über die innere Anwendung erfahren Sie mehr im Abschnitt „Schönheit kann man essen". Auch zur äußeren Schönheitspflege kann man die Birne verwenden.

Hildegards Rezepte:
Hildegard von Bingen schreibt in ihrer *Physica*, daß der Birnbaum seiner Natur nach mehr kalt als warm sei. Sie empfiehlt die Birne vor allem in Form von Birnhonig, der als Medikament besonders gegen die Migräne „kostbarer als Gold" sei. Das Rezept für den Birnhonig finden Sie im Kapitel *Gesundheit*.

Weitere Rezepte:

Birnen-Gesichtsmassage
Zutaten:
2 Birnenviertel
Zubereitung und Anwendung:
Die Anwendung ist denkbar einfach – massieren Sie mit den Birnenvierteln sanft Ihr Gesicht.
Diese Massage wirkt erfrischend und belebend vor allem auf müde, trockene Haut.

Birnen-Gesichtspackung
Zutaten:
1 weiche, saftige Birne
etwas Quark oder süße Sahne
Zubereitung und Anwendung:
Schälen und zerdrücken Sie die Birne zu einem Brei.
Um die pflegende Wirkung noch zu verstärken, können Sie etwas Quark oder süße Sahne daruntermischen.
Die Packung auf das gereinigte Gesicht auftragen, 1/4 Stunde einwirken lassen, dann lauwarm abspülen.
Diese Gesichtspackung wirkt belebend und feuchtigkeitsspendend vor allem für die trockene Haut.

Erdbeeren

Erdbeeren tragen durch ihren Vitamin-C-Gehalt innerlich und äußerlich zur Zellerneuerung bei. Dadurch wird die Haut zart und samtig. Allerdings sollte man bei Allergien vorsichtig sein.

Hildegards Rezepte:
Hildegard von Bingen lehnt die Erdbeere als Lebensmittel ab. Für sie zählt sie zu den sog. Küchengiften. Näheres dazu finden Sie im Kapitel

Ernährung. In ihrer *Physica* rät sie deshalb vom Genuß der Erdbeeren ab. Über die äußere Anwendung zur Hautpflege schreibt sie allerdings nichts.

Weitere Rezepte:
Erdbeer-Gesichtswasser
Während der Erdbeersaison können Sie statt Gesichtswasser auch frisch gepreßten Erdbeersaft verwenden.

Erdbeer-Gesichtspackung 1
Zutaten:
1 Handvoll Erdbeeren
1 EL süße Sahne
1 TL Bienenhonig
Zubereitung und Anwendung:
Die Erdbeeren zerdrücken und mit Sahne und Honig verrühren.
Die Masse auf die gereinigte Haut auftragen und nach einer Viertelstunde lauwarm abwaschen.
Statt der Sahne können Sie auch Quark oder Joghurt verwenden.

Erdbeer-Gesichtspackung 2
Zutaten:
2 TL frisch gepreßter Erdbeersaft
2 TL ungesalzene Butter
Zubereitung und Anwendung:
Saft und Butter gut miteinander verrühren und auf das gereinigte Gesicht auftragen.
1/4 Stunde einwirken lassen und mit warmem Wasser und einer milden Gesichtsseife (auch Babyseife ist geeignet) abwaschen.
Kalt nachspülen.

Erdbeer-Gesichtspackung 3
Zutaten:
1 Handvoll frische Erdbeeren
1–2 EL Mehl
Zubereitung und Anwendung:
Die Erdbeeren zerdrücken und mit dem Mehl verrühren, so daß ein dicker Brei entsteht. Diesen auf das gereinigte Gesicht auftragen, 1/4 Stunde lang einwirken lassen und mit lauwarmem Wasser abwaschen.

Erdbeerblätter-Kompresse
Zutaten:
2 Handvoll Erdbeerblätter
1/4 l kochendes Wasser
Zubereitung und Anwendung:
Übergießen Sie die Erdbeerblätter mit dem Wasser, und lassen Sie sie
eine Viertelstunde lang darin ziehen.
Dann durch ein Haarsieb abgießen und die Pflanzenteile dabei gut ausdrücken.
In den Aufguß ein Gästehandtuch tauchen, auswringen und dieses auf
das gereinigte Gesicht legen.
1/4 Stunde lang einwirken lassen.
Diese Kompresse ist wegen ihrer adstringierenden Wirkung besonders
gut geeignet zur Pflege fettiger und unreiner Haut.

Pfirsich

Pfirsiche wirken stark durchblutungsfördernd und machen die Haut ge-
schmeidig. Sie sollten deshalb hin und wieder diese wohlschmeckende
Frucht auch für kosmetische Zwecke äußerlich anwenden. Über die innere Schönheitspflege durch den Pfirsich erfahren Sie mehr im Abschnitt
„Schönheit kann man essen".

Hildegards Rezepte:
Hildegard von Bingen charakterisiert den Pfirsichbaum in ihrer *Physica* seiner Natur nach als mehr warm als kalt. Sie empfiehlt ihn gegen
Wurmerkrankungen, Atemwegsbeschwerden und Kopfschmerzen. Die
entsprechenden Rezepte finden Sie im Kapitel *Gesundheit*.

Behandlung der unreinen Haut

„Wer ... Flecken wie eine Unke auf dem Körper hat, der nehme die
innere Rinde dieses Baumes, bevor seine Frucht reift, zerstoße sie
und presse ihren Saft aus. Er füge ein wenig Essig bei und so viel
Honig wie die Menge dieser beiden. Und er gebe alles zusammen
in ein neues Tongefäß, und wo er üble Flecken oder Rosen an seinem Leib hat, salbe er sich oft, bis sie kleiner werden." (*Physica*)

Rezept für einen guten Atem

„Wer einen stinkenden Atem hat, nehme Pfirsichblätter vor der Reife der Frucht und zerquetsche sie. Dann nehme er eine Handvoll

Süßholz, ein wenig Pfeffer und hinreichend Honig und koche alles in reinem Wein und bereite daraus einen Trank. Diesen trinke er oft nach dem Mittagessen und am Abend. Der Trank macht seinen Atem wohlriechend und vertreibt die Fäulnis aus Kopf und Brust." (*Physica*)

Weitere Rezepte:

Pfirsich-Gesichtspackung
Zutaten:
1 reifer Pfirsich
Zubereitung und Anwendung:
Den Pfirsich schälen, entsteinen und mit einer Gabel zerquetschen.
Den Brei auf das gereinigte Gesicht auftragen und eine Viertelstunde lang einwirken lassen.
Dann lauwarm abwaschen.
Die wohltuende Wirkung dieser Gesichtspackung wird unterstützt, wenn Sie jeweils kleinere Mengen Ihrer Hautcreme mit etwas frischem Pfirsichsaft verrühren.
Diese Gesichtspflege ist für jeden Hauttyp geeignet.

Pfirsich-Gesichtsmaske
Zutaten:
1 reifer Pfirsich
1 Eiweiß
Zubereitung und Anwendung:
Den Pfirsich schälen, entsteinen und zerdrücken.
Das Eiweiß steif schlagen und unter die Pfirsichmasse rühren.
Die Maske mit dem Pinsel auf das gereinigte Gesicht auftragen und nach einer 1/2 Stunde kalt abspülen.
Die Maske hat eine besonders gute Wirkung auf die fettige Haut.

Pfirsich-Haarspülung
Zutaten:
1 Handvoll getrocknete Pfirsichblätter
1/4 l kochendes Wasser
Zubereitung und Anwendung:
Übergießen Sie die Blätter mit dem Wasser.
Nach dem Abkühlen abseihen und die Flüssigkeit als letzte Spülung nach dem Haarewaschen verwenden.

Diese Spülung ist besonders gut geeignet zur Pflege von feinem, fliegendem Haar.

Quitte

Quitten enthalten Schleimstoffe, Öle und Vitamin C. Sie sind nicht nur
ein gesundes Obst, sondern können wegen ihrer wertvollen Inhaltsstoffe auch sehr gut für die Schönheitspflege verwendet werden.

Hildegards Rezepte:
Hildegard von Bingen schreibt in ihrer *Physica*, daß die Frucht der
Quitte ihrer Natur nach trocken und warm sei und eine gute Mischung
in sich habe. Sie empfiehlt sie vor allem gegen die Gicht. Das entsprechende Rezept finden Sie im Kapitel *Gesundheit.*

Quitten gegen unreine Haut

„Wenn ein Mensch unter Geschwüren leidet, koche oder brate er
diese Frucht und lege sie mit anderen Mitteln auf die Geschwüre,
und er wird geheilt werden." (*Physica*)

Weitere Rezepte:

Quittenkern-Haarfestiger

Zutaten:
1 EL Quittenkerne (aus der Apotheke)
1/4 l Wasser
Zubereitung und Anwendung:
Die Quittenkerne mit dem Wasser eine Viertelstunde lang leicht
köcheln lassen.
Wenn die Flüssigkeit Blasen wirft, vom Herd nehmen und durch ein
Haarsieb abgießen.
Die Flüssigkeit im Kühlschrank aufbewahren.
Den Quittenschleim nach dem Waschen und Spülen in das Haar gut
einmassieren – dadurch haben Sie die Wirkung eines Haarfestigers, der
den gekauften Produkten in nichts nachsteht.

Quitten-Hautpflege

Bei unreiner Haut wirken regelmäßige Abreibungen mit dem Saft frischer Quitten besonders heilsam.

Auch Quittenschleim, der genauso wie der oben genannte Haarfestiger hergestellt wird, ist für die Behandlung unreiner und vor allem entzündeter Haut sehr gut geeignet. Die Haut mehrmals täglich sanft mit diesem Schleim einreiben.

Schönheitspflege aus dem Wald

BEI EINEM Waldspaziergang tun Sie nicht nur etwas für Ihre Gesundheit – Sie können auch manches Nützliche für Ihre Schönheitspflege dabei finden. Die Schönheit wächst hier buchstäblich auf
den Bäumen.

Birke

Birkenblätter sind für die Schönheitspflege vielseitig verwendbar. Sie
enthalten vor allem Gerb- und Bitterstoffe, Saponine, Harze, Vitamin C
und ätherische Öle. Außerdem wirken sie desinfizierend, was sie zur
Behandlung von fettiger, unreiner Haut besonders geeignet macht.

Hildegards Rezepte:
Hildegard von Bingen beschreibt die Birke als mehr warm als kalt. Sie
empfiehlt sie hauptsächlich zur Behandlung von Hautproblemen.

Birkenknospen bei Hautproblemen
„Wenn am Leib eines Menschen seine Haut sich zu röten und beu-
lig zu werden beginnt ..., nehme er die Knospen, d.h. die Sprossen
dieses Baumes, und wärme sie an der Sonne oder am Feuer. Dann
lege er sie um die betroffene Stelle und lege ein Tuch darüber. Das
tue er oft, und die Geschwulst wird von ihm weichen." (*Physica*)

Weitere Rezepte:
Birkenblätter-Gesichtskompresse
Zutaten:
1 Handvoll Birkenblätter
1/4 l kochendes Wasser
Zubereitung und Anwendung:
Die Birkenblätter mit dem kochenden Wasser übergießen, abkühlen
lassen und durch ein Haarsieb abseihen.
Ein Gästehandtuch in den Aufguß tauchen, auswringen und auf das
gereinigte Gesicht legen.
1/4 Stunde einwirken lassen.
Diese Kompresse ist besonders wirksam zur Behandlung der fettigen,
unreinen Haut.

Birkenblätter-Haarspülung
Zutaten:
1 TL getrocknete Birkenblätter
1 Tasse kochendes Wasser
Zubereitung und Anwendung:
Die Birkenblätter mit dem kochenden Wasser übergießen und 1/4 Stunde lang ziehen lassen.
Dann durch Kaffeefilterpapier abseihen.
Die Flüssigkeit als letzte Spülung nach dem Haarewaschen verwenden.
Eine Haarspülung mit diesem Aufguß macht das Haar weich und glänzend und wirkt außerdem gegen Haarausfall.
Wichtig: Diese Spülung ist *nicht* für blondes Haar geeignet!

Birkenblätter-Fußlotion
Zutaten:
1 Handvoll Birkenblätter
1/2 l kochendes Wasser
Zubereitung und Anwendung:
Die Birkenblätter mit dem kochenden Wasser übergießen, einige Stunden ziehen lassen, dann durch Kaffeefilterpapier abseihen.
Mit diesem Aufguß regelmäßig die Füße abreiben.
Diese Fußlotion wirkt gegen Schweißfüße.

Eiche

Die Eichenrinde hat eine stark adstringierende Wirkung und ist reich an Gerbstoffen. Die bei uns wachsenden Eichen eignen sich allerdings nicht für kosmetische Zwecke. Die für die folgenden Rezepte benötigte Eichenrinde – sie stammt von den Korkeichen der Iberischen Halbinsel – erhalten Sie in der Apotheke.

Hildegards Rezepte:
Es ist interessant, daß Hildegard von Bingen die Eiche in jeder Beziehung ablehnt. Dabei ist diese u. a. ein geeignetes Zufutter für Schweine (die ja gerade auch zu ihrer Zeit sehr viel in Eichenwäldern geweidet wurden). In Notzeiten wurden Eicheln sogar im Brot verbacken. Auch für medizinische Zwecke wurde die Eiche über die Jahrhunderte genutzt. Hildegard schreibt allerdings:

„Die Frucht ist für den Menschen ungenießbar, und nicht einmal die Würmlein fressen ihr Holz gern. Wenn sie es fressen, hören sie schnell auf und gehen ein. Aber es fressen einige wilde Tiere von der Frucht und werden fett, wie die Schweine es sind. Für Heilmittel ist weder die Frucht noch das Holz zu gebrauchen." (*Physica*)

Weitere Rezepte:

Eichenrinde-Hand- und Fußbäder
Zutaten:
1 Handvoll Eichenrinde (aus der Apotheke)
1/2 l Wasser
Zubereitung und Anwendung:
Die Eichenrinde 1/4 Stunde lang in dem Wasser köcheln lassen, dann durch ein Haarsieb abseihen.
Diesen Absud dem Hand- oder Fußbad zusetzen.
Ein solches Bad ist sehr wirkungsvoll gegen schwitzende Hände und Fußschweiß.

Eichenrinde-Badezusatz
Zutaten: 3 Handvoll Eichenrinde
2 l Wasser
Zubereitung und Anwendung:
Die Eichenrinde im Wasser etwa 1/2 Stunde lang leise köcheln lassen.
Dann durch ein Haarsieb ins Badewasser abgießen.
Dieser Badezusatz ist sehr wirksam gegen fettige und unreine Körperhaut.

Erle

Die Erle ist reich an adstringierenden Substanzen. Besonders geeignet – vor allem für fettige Haut – ist die Schwarzerle *(Alnus glutinosa)*.

Hildegards Rezepte:
„Die Erle ist mehr kalt als warm. Sie bezeichnet die Nutzlosigkeit und taugt nicht viel zu Heilmitteln." (*Physica*)

Erlenblätter bei Hautproblemen
Aber Sie hat dennoch ein Rezept gegen unreine Haut:

„Wenn aber jemand an seiner Haut etwas geschwürig ist, lege er junge und frische Blätter dieses Baumes auf die Geschwüre, und er wird sich besser fühlen." (*Physica*)

Erlenblätter-Badezusatz
Zutaten:
1 Handvoll frische oder getrocknete Erlenblätter
2 l kochendes Wasser
Zubereitung und Anwendung:
Die Erlenblätter mit dem kochenden Wasser übergießen und 1/4 Stunde lang ziehen lassen.
Durch ein Haarsieb ins Badewasser abseihen.
Dieser Badezusatz eignet sich vor allem zur Pflege der fettigen, unreinen Körperhaut.

Kastanie

Hildegard von Bingen lobt in ihrer *Physica* die Edelkastanie *(Castanea sativa)*, die sie neben Dinkel und Fenchel uneingeschränkt für Gesunde und Kranke als Lebensmittel empfiehlt. Aber auch die Roßkastanie *(Alsuelus hippocastanum)* – die sie nicht erwähnt – ist gerade für kosmetische Zwecke sehr wichtig. Sie enthält Saponine und Gerbstoffe und kann verschiedene Schönheitsprobleme lindern und heilen.

Hildegards Rezepte:
Die Eßkastanie empfiehlt Hildegard von Bingen vor allem gegen Gicht, Herzbeschwerden, Kopf- und Magenschmerzen. Entsprechende Rezepte finden Sie im Kapitel *Gesundheit*. Die folgenden Rezepte beziehen sich auf die Roßkastanie, die ausschließlich zur äußerlichen Behandlung geeignet ist.

Weitere Rezepte:
Roßkastanien-Zellulitisbehandlung
Zutaten:
1 Handvoll Roßkastanien
1/4 l Wasser

Zubereitung und Anwendung:
Die Kastanien schälen und weichkochen, zerdrücken und mit dem Rest der Füssigkeit zu einem Brei verrühren.
Diesen Brei auf die betroffenen Körperstellen auftragen und 1 Stunde lang einwirken lassen.
Dann mit kaltem Wasser und einem Schwamm abreiben.
Diese Behandlung sollte über einige Monate täglich angewendet werden.

Roßkastanien-Handpflege
Zutaten:
1 Handvoll Roßkastanien
1 Eigelb
1 EL süßes Mandelöl (in der Apotheke erhältlich)
Zubereitung und Anwendung:
Die Kastanien schälen, weichkochen und mit der Gabel zerdrücken.
Mit Eigelb und Mandelöl verrühren.
Die Hände mit diesem Brei bestreichen, Baumwollhandschuhe darüberziehen und über Nacht einwirken lassen.
Diese Behandlung wirkt vor allem gegen gerötete, rissige Hände.

Kiefer

Die Kiefer enthält ätherische Öle und desinfizierende Wirkstoffe, die sehr gut für die Schönheitspflege verwendet werden können.

Hildegards Rezepte:
Kiefern-Augensalbe
Hildegard von Bingen empfiehlt die Kiefer vor allem zur Herstellung von Augensalben:
> „Wenn jemand Augensalben macht, füge er ihnen ein wenig vom Kiefernsaft bei. Dies macht die Augen strahlend und man kann besser sehen. Einfach und allein für sich gebraucht ist der Kiefernsaft nicht geeignet, weil er zu stark wäre." (*Physica*)

Aber auch für alle anderen Salben rät sie zu einem Zusatz der Kiefer:
> „Wenn jemand Salben bereitet, füge er vom Saft ihrer Zweiglein den Salben bei, und sie werden besser und kräftiger." (*Physica*)

Linde

Lindenblüten haben einen hohen Gehalt an ätherischen Ölen. Durch ihre schweißtreibende Wirkung sind sie besonders gut geeignet zur Behandlung unreiner und fettiger Haut.

Hildegards Rezepte:
Hildegard von Bingen schreibt, daß die Linde große Wärme in sich birgt.

> „Diese Wärme ist ganz in der Wurzel enthalten und steigt von dort in die Zweige und Wurzeln auf." (*Physica*)

Sie empfiehlt vor allem das Holz der Lindenwurzel gegen Herzbeschwerden und Gicht. Aber auch für klare, leuchtende Augen (und natürlich für die sie umgebende zarte Haut) ist die Linde empfehlenswert:

Lindenblätter für klare, reine Augen

> „Im Sommer, wenn du schlafen gehst, lege frische Lindenblätter auf deine Augen und bedecke dein ganzes Gesicht damit. Dies macht deine Augen klar und rein." (*Physica*)

Bei diesem Rezept bewährt sich einmal mehr die von Hildegard so gerühmte „Grünkraft" *(viriditas)*, die gerade in den Lindenblättern vorhanden ist.

Weitere Rezepte:

Lindenblüten-Gesichtsdampfbad

Zutaten:
1 Handvoll Lindenblüten
2 l kochendes Wasser
Zubereitung und Anwendung:
Die Lindenblüten in eine große Porzellanschale geben und mit dem kochenden Wasser übergießen.
Über Kopf und Schüssel ein großes Handtuch legen, damit nichts von den heilsamen Dämpfen entweichen kann.
Dieses Gesichtsdampfbad ist besonders gut geeignet zur Behandlung von fettiger und unreiner Haut.

Lindenblüten-Gesichtskompressen
Zutaten:
1 Handvoll Lindenblüten
1/2 l kochendes Wasser
Zubereitung und Anwendung:
Die Lindenblüten mit dem kochenden Wasser übergießen.
Durch Kaffeefilterpapier abseihen, in den noch möglichst heißen Aufguß ein Gästehandtuch tauchen und auswringen.
Dieses auf das gereinigte Gesicht legen und 1/4 Stunde lang einwirken lassen.
Diese Kompresse ist, wenn sie täglich angewendet wird, sehr wirksam zur Behandlung von Pickeln und Mitessern.

Lindenblüten-Badezusatz
Zutaten:
3 Handvoll Lindenblüten
2 Handvoll Kamillenblüten
2 l Wasser
Zubereitung und Anwendung:
Die Linden- und Kamillenblüten mit dem Wasser übergießen und auf kleiner Flamme 1/2 Stunde lang köcheln lassen.
Durch ein Sieb ins Badewasser geben.
Nach dem Bad sollten Sie möglichst gleich zu Bett gehen, um die schweißtreibende Wirkung dieses Bades voll ausnutzen zu können.
Dieser Badezusatz ist beruhigend und hautreinigend und auch bei Erkältungen ein heilsames Mittel.

Lindenblüten-Haarspülung
Zutaten:
1 Handvoll Lindenblüten
1/4 l Wasser
Zubereitung und Anwendung:
Die Lindenblüten 1/4 Stunde lang leicht köcheln lassen.
Dann durch Kaffeefilterpapier abgießen und als letztes Spülwasser nach dem Haarewaschen verwenden.
Diese Haarspülung ist besonders gut geeignet für trockenes, sprödes Haar.
Außerdem hellt es blonde Haare auf.

Weide

In Rinde und Blättern der Weide sind Säuren enthalten, die eine fiebersenkende Wirkung ähnlich der des Aspirins haben. Aber auch für kosmetische Zwecke kann man die Weide verwenden.

Hildegards Rezepte:
Hildegard von Bingen schreibt in ihrer *Physica* im Grunde sehr negativ über die Weide, die doch seit Jahrtausenden ein bewährtes Heilmittel ist (man denke nur an die Eigenschaften der Weidenrinde, die fast dem Aspirin gleichkommen) und auch für die Schönheitspflege verwendet wurde:

„Die Weide ist kalt und bezeichnet die Laster, weil sie schön zu sein scheint. Den Menschen ist sie weniger nützlich ... Sie taugt zu keinem Heilmittel, denn ihre Frucht und ihr Saft sind bitter und taugen nicht für den Gebrauch des Menschen." (*Physica*)

Trotz dieses vernichtenden Urteils über die Weide sollen im folgenden Rezepte angegeben werden, die sich bewährt haben.

Weidenblätter-Haarspülung

Zutaten:
1 EL getrocknete Weidenblätter
1 Tasse kochendes Wasser
Zubereitung und Anwendung:
Die Weidenblätter mit dem Wasser übergießen und nach dem Abkühlen durch Kaffeefilterpapier abgießen.
Als letzte Spülung nach dem Haarewaschen verwenden.
Diese Haarspülung hilft gegen fettiges Haar und Schuppen.
Wichtig: Die Spülung sollte *nicht* bei blondem Haar verwendet werden, weil es zu unliebsamen Verfärbungen kommen könnte.

Schönheitspflege aus dem Kräutergarten.

DIE MEISTEN Küchenkräuter sind nicht nur Würzmittel zur Verfeine-
rung der Speisen oder um diese bekömmlicher zu machen – sie
wurden und werden auch als Heilmittel genutzt. Viele dieser Küchenkräuter können zudem als wirksame Schönheits- und Pflegemittel verwendet werden.

Basilikum

Basilikum ist nicht nur ein besonders aromatisches Küchengewürz – es
kann auch für die Schönheitspflege verwendet werden. Es wurde
früher vor allem als Heilmittel gegen Nerven- und Muskelschmerzen
angewandt.

Hildegards Rezepte:
Hildegard von Bingen beschreibt das Basilikum in ihrer *Physica* als
von Natur aus kalt. Sie empfiehlt es vor allem bei Fiebererkrankungen.
Das entsprechende Rezept finden Sie im Kapitel *Gesundheit.*

Weitere Rezepte:
Basilikum-Mundwasser
Zutaten:
1 kleine Handvoll Basilikumblätter
1/4 l kochendes Wasser
Zubereitung und Anwendung:
Das Basilikum mit dem Wasser übergießen, 1/4 Stunde ziehen lassen,
dann durch Kaffeefilterpapier abseihen.
Den Mund gründlich mit diesem Aufguß ausspülen.
Dieses Mundwasser wirkt bei regelmäßiger Anwendung gegen unange-
nehmen Mundgeruch.

Bohnenkraut

Das Bohnenkraut ist als verdauungsförderndes Gewürz bekannt. Es
läßt sich aber auch für die Schönheitspflege verwenden, da es reich an
ätherischen Ölen ist.

Hildegards Rezepte:
In ihrer *Physica* schreibt Hildegard von Bingen über das Bohnenkraut, daß es seiner Natur nach eher warm als kalt sei. Sie empfiehlt es vor allem gegen Gicht.

Weitere Rezepte:

Bohnenkraut-Gesichtskompresse
Zutaten:
1 EL Bohnenkraut
1/4 l kochendes Wasser
Zubereitung und Anwendung:
Das Bohnenkraut mit dem Wasser übergießen, ziehen lassen.
Nach dem Abkühlen durch Kaffeefilterpapier abseihen.
In die Flüssigkeit ein Gästehandtuch tauchen, auswringen und auf das gereinigte Gesicht legen.
1/4 Stunde lang einwirken lassen.
Diese Kompressen sind sehr wirksam gegen unreine Haut.

Knoblauch

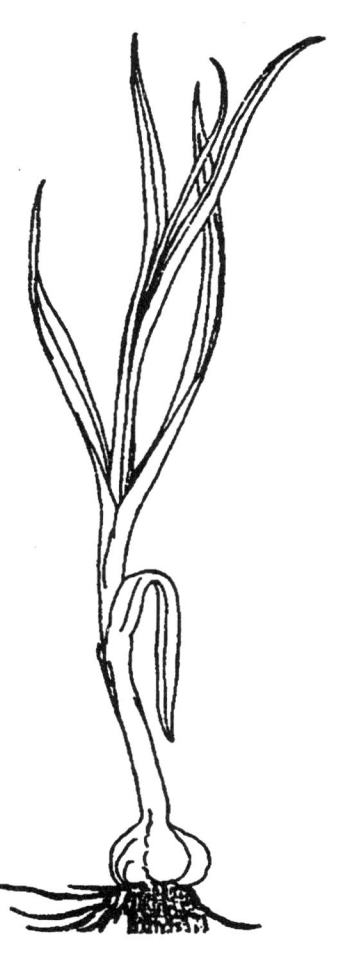

Der Knoblauch ist als Würzpflanze bekannt. Da er Bakterien tötende Wirkstoffe enthält, ist er auch für die natürliche Schönheitspflege interessant.

Hildegards Rezepte:
Hildegard von Bingen schreibt über den Knoblauch:
   „Der Knoblauch hat die rechte Wärme, und er wächst aus der Stärke des Taus." (*Physica*)
Sie empfiehlt vor allem, ihn roh zu essen. Nähere Angaben zum Knoblauch finden Sie im Kapitel *Ernährung*.

Knoblauch-Hühneraugenpflaster
Zutaten:
1 Scheibe Knoblauch, 1 Heftpflaster
Zubereitung und Anwendung:
Eine Scheibe Knoblauch auf das Hühnerauge legen und mit einem Pflaster befestigen.
Über Nacht einwirken lassen und am nächsten Morgen ein heißes Fußbad nehmen.
Die Behandlung wiederholen, bis das Hühnerauge sich ablöst.

Lavendel

Lavendelblüten haben einen hohen Gehalt an ätherischen Ölen und Gerbstoffen. Sie wirken belebend und antiseptisch.

Hildegards Rezepte:
Hildegard von Bingen schreibt:
> „Der Lavendel ist warm und trocken, weil er wenig Saft hat. Er nützt den Menschen nicht zur Nahrung, aber er hat einen starken Duft." (*Physica*)

So empfiehlt sie ihn z. B. gegen Läuse und anderes Ungeziefer:
> „Wenn ein Mensch, der viele Läuse hat, oft am Lavendel riecht, sterben die Läuse an ihm." (*Physica*)

Außerdem gibt sie einen interessanten Hinweis, der Aromatherapie und Kosmetik miteinander verbindet:
> „Der Duft des Lavendels macht die Augen klar." (*Physica*)

Weitere Rezepte:
Lavendel-Badezusatz
Zutaten:
1 Handvoll getrocknete Lavendelblüten
1 alter Perlonstrumpf
Zubereitung und Anwendung:
Die Blüten in den Strumpf geben und das Badewasser darüber einlaufen lassen.
Dann die Blüten gut ausdrücken.
Dieser Badezusatz wirkt gleichzeitig entspannend und erfrischend und ist besonders gut geeignet zur Behandlung unreiner Körperhaut.

Lavendel-Hautlotion

Zutaten:

10 g Lavendelöl

100 g süßes Mandelöl (beides in der Apotheke erhältlich)

Zubereitung und Anwendung:

Mischen Sie die beiden Öle miteinander, und füllen Sie sie in eine dunkle Flasche.

Vor Gebrauch gut schütteln.

Dieses Körperöl ist für jeden Hauttyp geeignet, besonders wirksam aber zur Behandlung von unreiner Haut.

Lavendel-Haarwasser

Zutaten:

2 Handvoll getrocknete Lavendelblüten

1/4 l Obstessig

Zubereitung und Anwendung:

Die Lavendelblüten mit dem Obstessig übergießen und in einem gut verschlossenen Glas 2 Wochen lang an einem warmen Platz (sonnige Fensterbank, Heizungsnähe) stehenlassen.

Dann durch Kaffeefilterpapier abseihen und in eine Flasche abfüllen.

Regelmäßig die Kopfhaut mit diesem duftenden Essig massieren.

Das Haarwasser wirkt sehr gut gegen fettiges Haar und Schuppen.

Wichtig: Lavendelessig sollte *nicht* für blondes Haar verwendet werden!

Lavendel-Gesichtswasser

Zutaten:

3 EL Lavendelblüten

100 ml Obstessig

1/4 l kochendes Wasser

100 g Hamameliswasser (in der Apotheke erhältlich)

Zubereitung und Anwendung:

Die Lavendelblüten mit dem Wasser übergießen, zugedeckt abkühlen lassen, dann den Obstessig dazugeben.

In einem verschlossenen Glas 1 Woche lang stehenlassen.

Dann durch Kaffeefilterpapier abseihen und dabei die Blüten gut ausdrücken.

Das Hamameliswasser dazugeben und alles in eine dunkle Flasche abfüllen.

Zur Erfrischung und Reinigung des Gesichtes einige Tropfen davon auf einen angefeuchteten Wattebausch geben. Dieses Gesichtswasser ist besonders gut geeignet zur Pflege der unreinen, fettigen Haut.

Liebstöckel

Der stark duftende Liebstöckel – auch „Maggikraut" genannt – ist Ihnen sicherlich als Küchengewürz bekannt. Liebstöckel enthält ätherische Öle, verschiedene Säuren und Harze.

Hildegards Rezepte:
Hildegard von Bingen beschreibt in ihrer *Physica* den Liebstöckel als von „gemäßigter Wärme". Sie empfiehlt ihn vor allem gegen Halsschmerzen und Husten. Entsprechende Rezepte finden Sie im Kapitel *Gesundheit.*

Weitere Rezepte:
Liebstöckel-Badezusatz
Zutaten:
2 Handvoll Liebstöckelblätter
1 alter Perlonstrumpf
Zubereitung und Anwendung:
Geben Sie die Liebstöckelblätter in den Strumpf, und lassen Sie das Badewasser darüber einlaufen.
Dann die Kräuter gut ausdrücken.
Dieser Badezusatz ist sehr wirksam gegen starke Schweißabsonderung und unreine Körperhaut.
Liebstöckel-Fußbad
Zutaten:
1 Handvoll Liebstöckelblätter
1/2 l kochendes Wasser
Zubereitung und Anwendung:
Die Liebstöckelblätter mit dem Wasser übergießen und abkühlen lassen.
Dann durch ein Haarsieb abseihen und dem Fußbad zusetzen.
Dieses Fußbad wirkt gegen Fußschweiß.

Melisse

Die Melisse ist nicht nur ein sehr schmackhaftes Teekraut und eine gesunde Speisenwürze – sie ist auch sehr gut geeignet für die Schönheitspflege. Die Melisse enthält viele Mineralsalze, Gerbstoffe und duftende ätherische Öle.

Hildegards Rezepte:
Hildegard von Bingen macht der Melisse ein großes Kompliment zu ihrer Bedeutung für den Menschen:

> „Ein Mensch, der sie ißt, lacht gerne, weil ihre Wärme die Milz berührt und deshalb das Herz erfreut." (*Physica*)

Weitere Rezepte:

Melissen-Gesichtsdampfbad
Zutaten:
2 EL Melissenblätter
2 l kochendes Wasser
Zubereitung und Anwendung:
Die Melissenblätter mit dem Wasser übergießen.
Über Schüssel und Kopf ein großes Handtuch legen, damit die wertvollen Dämpfe nicht verlorengehen.
Dieses Gesichtsdampfbad eignet sich besonders zur Erfrischung und Belebung der müden, älter werdenden Haut.

Melissen-Badezusatz
Zutaten:
1 Handvoll Melissenblätter
1 alter Perlonstrumpf
Zubereitung und Anwendung:
Die Melissenblätter in den Perlonstrumpf geben und das Badewasser darüber einlaufen lassen.
Die Kräuter gut ausdrücken.
Dieser Badezusatz wirkt erfrischend für jeden Hauttyp.

Melissen-Haarwasser
Zutaten:
1 Handvoll Melisse
1/4 l Obstessig

Zubereitung und Anwendung:
Die Melisse mit dem Obstessig übergießen und in einem gut verschlossenen Glas 1 Woche lang stehenlassen.
Dann durch Kaffeefilterpapier abseihen, dabei die Pflanzenrückstände gut auspressen.
Haar und Kopfhaut regelmäßig mit diesem Haarwasser massieren.
Dieses Haarwasser hält das Haar kräftig und gesund.
Wichtig: Das Haarwasser sollte *nicht* für blondes Haar verwendet werden, da es möglicherweise zu unliebsamen Verfärbungen kommt.

Petersilie

Petersilie enthält das „Schönheitsvitamin" A. Man sollte sie deshalb möglichst oft den Speisen zusetzen. Näheres dazu finden Sie im Kapitel „Schönheit kann man essen". Weitere Informationen finden Sie außerdem im Kapitel *Ernährung*.

Hildegards Rezepte:
In ihrer *Physica* bescheinigt Hildegard von Bingen der Petersilie eine „kräftige Natur". Sie empfiehlt sie vor allem zur Behandlung von Fiebererkrankungen und Herz- und Milzbeschwerden. Entsprechende Rezepte finden Sie im Kapitel *Gesundheit*.

Weitere Rezepte:
Petersilien-Gesichtskompressen
Zutaten:
1 Handvoll frische oder getrocknete Petersilie
1/4 l kochendes Wasser
Zubereitung und Anwendung:
Die Petersilie mit dem Wasser übergießen, nach dem Abkühlen abseihen.
Dabei die Pflanzenrückstände gut auspressen.
Ein Gästehandtuch in die Flüssigkeit tauchen, auswringen und auf das gereinigte Gesicht legen.
1/4 Stunde einwirken lassen.
Bei regelmäßiger Anwendung ist dies ein wirksames Mittel zur Behandlung fettiger und unreiner Haut.

Petersilien-Gesichtslotion
Betupfen Sie Pickel und Mitesser regelmäßig mit frisch ausgepreßtem Petersiliensaft.

Petersilien-Gesichtswasser
Zutaten:
2 EL frische Petersilie
1 Tasse heißer Pfefferminztee
Zubereitung und Anwendung:
Die Petersilie mit dem Pfefferminztee übergießen.
1/2 Stunde lang zugedeckt ziehen lassen, dann durch Kaffeefilterpapier abseihen.
Die Flüssigkeit in eine Flasche abfüllen und das Gesicht nach jedem Waschen damit sanft massieren.
Das Gesichtswasser muß alle 3 bis 4 Tage neu angesetzt werden.
Dieses Gesichtswasser ist sehr wirksam zur Behandlung fettiger, unreiner Haut.

Behandlung roter Äderchen mit Petersilie
Auch rote Äderchen auf Wangen und Nase können mit Petersilie behandelt werden.
Legen Sie einen Bund Petersilie einen Tag lang in etwas Wasser und befeuchten Sie mit diesem Wasser immer wieder die betroffenen Hautstellen.
Legen Sie zusätzlich mehrmals in der Woche frisch gehackte Petersilie aufs Gesicht, decken Sie diese mit einer feuchtwarmen Kompresse ab, und lassen Sie dies 1/4 Stunde lang einwirken.
Dann lauwarm abwaschen.
Alle diese Behandlungen sind übrigens auch wirksam zur Bleichung von Sommersprossen.

Petersilien-Halspackung
Zutaten:
2 Handvoll Petersilie
1/4 l heiße Milch
Zubereitung und Anwendung:
Die Petersilie mit der Milch übergießen und einige Minuten lang ziehen lassen.
Dann durch ein Haarsieb abgießen.

In die Petersilienmilch ein Handtuch tauchen, auswringen und so heiß
wie möglich um den Hals wickeln.
Nach dem Abkühlen abnehmen und den Hals mit Nährcreme massieren.
Dieser Halswickel ist bei regelmäßiger Anwendung sehr wirksam gegen Halsfalten.

Pfefferminze

Pfefferminztee ist nicht nur ein gesundes und wohlschmeckendes Getränk, sondern eignet sich auch hervorragend zur Hautpflege. Die Pfefferminze enthält ätherische Öle – vor allem das aromatisch duftende
Menthol – sowie Gerb- und Bitterstoffe.

Hildegards Rezepte:
Hildegard von Bingen unterscheidet in ihrer *Physica* mehrere Minze-
sorten, wie wir sie ja auch heute kennen. Gemeinsam ist allen Sorten,
daß sie nach Hildegards Definition mehr Kälte als Wärme enthalten.
Sie empfiehlt die Minze vor allem gegen Lungen- und Atemwegsbeschwerden sowie gegen Gicht. Entsprechende Rezepte finden Sie im
Kapitel *Gesundheit.*

Weitere Rezepte:
Pfefferminz-Gesichtsdampfbad
Zutaten:
1 Handvoll getrocknete Pfefferminze (oder 2 Teebeutel)
2 l kochendes Wasser
Zubereitung und Anwendung:
Die Pfefferminze mit dem Wasser übergießen und ein großes Handtuch
über Schüssel und Kopf legen, damit die pflegenden Dämpfe nicht verlorengehen.
Dieses hautklärende Gesichtsdampfbad ist vor allem geeignet zur Behandlung der fettigen, unreinen und großporigen Gesichtshaut.
Pfefferminz-Gesichtswasser
Zutaten:
1 Handvoll getrocknete Pfefferminze (oder 2 Teebeutel)
1/4 l Wasser

1/4 l Obstessig
1 EL Rosenwasser (in der Apotheke erhältlich)
Zubereitung und Anwendung:
Die Pfefferminze mit dem Wasser übergießen und einige Minuten kochen lassen.
Nach dem Abkühlen durch Kaffeefilterpapier abseihen, dabei die Pflanzenrückstände gut auspressen.
Den Pfefferminztee nach dem Abkühlen mit dem Obstessig mischen und das Rosenwasser dazugeben.
In eine Flasche abfüllen und zur täglichen Gesichtsreinigung verwenden.
Dieses Gesichtswasser ist besonders gut geeignet zur Behandlung der fettigen, unreinen und großporigen Haut.

Pfefferminz-Augenkompressen
Zutaten:
2 Pfefferminzteebeutel
Zubereitung und Anwendung:
Die Teebeutel in lauwarmem Wasser anfeuchten und auf die Augen legen.
10 Minuten einwirken lassen.
Diese Kompressen wirken nicht nur besänftigend auf brennende Augen, sondern können bei regelmäßiger Anwendung auch Krähenfüße mildern.

Pfefferminz-Körperöl
Zutaten:
2 Handvoll getrocknete Pfefferminze
1/2 l Olivenöl (aus der Apotheke)
Zubereitung und Anwendung:
Die Pfefferminze mit dem Olivenöl übergießen und in einem luftdicht verschlossenen Glas 1 Woche lang an einem warmen Ort (sonnige Fensterbank, Heizungsnähe) stehen lassen.
Dann durch Kaffeefilterpapier abgießen und die Pflanzenrückstände gut auspressen.
Das Öl in eine dunkle Flasche abfüllen.
Dieses Körperöl pflegt nicht nur, sondern wirkt auch straffend auf die Haut.

Pfefferminz-Haarwasser
Zutaten:
1 Handvoll getrocknete oder frische Pfefferminze
1 Tasse Obstessig
2 Tassen Wasser
Zubereitung und Anwendung:
Die Pfefferminze mit dem Obstessig und dem Wasser übergießen und
10 Minuten lang auf kleiner Flamme köcheln lassen.
Durch Kaffeefilterpapier abseihen und die Flüssigkeit in eine Flasche
füllen. Mit diesem Haarwasser täglich die Kopfhaut massieren.
Dieses Haarwasser ist ein wirksames Schuppenmittel.
Wichtig: Das Haarwasser ist *nicht* für blondes Haar geeignet, weil es
zu unliebsamen Verfärbungen kommen könnte.

Rosmarin

Rosmarin ist nicht nur ein vielseitig verwendbares Gewürz, sondern es
eignet sich auch für verschiedene kosmetische Zwecke. Es enthält
ätherische Öle und außerdem Gerb- und Bitterstoffe. Rosmarin regt die
Hautdurchblutung an.

Hildegards Rezepte:
Es ist interessant, daß Hildegard von Bingen in ihrer *Physica* den Rosmarin, der auch schon zu ihrer Zeit als bedeutende Heilpflanze galt,
nicht erwähnt.

Weitere Rezepte:
Rosmarin-Gesichtsdampfbad
Zutaten:
2 EL Rosmarin
2 l kochendes Wasser
Zubereitung und Anwendung:
Den Rosmarin mit dem Wasser übergießen, über Schüssel und Kopf
ein großes Handtuch legen, damit nichts von den pflegenden Dämpfen
verlorengeht.
Dieses Gesichtsdampfbad macht müde, älter werdende Haut zart und
weich, eignet sich aber auch wegen seiner durchblutungsfördernden
Eigenschaften zur Behandlung fettiger und unreiner Haut.

Rosmarin-Gesichtswasser

Zutaten:

1 Handvoll Rosmarin

1/2 l Wasser

Zubereitung und Anwendung:

Den Rosmarin mit dem Wasser kurz aufkochen lassen, 1/2 Stunde zugedeckt ziehen lassen, dann durch Kaffeefilterpapier abgießen und in eine dunkle Flasche abfüllen.

Das Gesicht morgens und abends mit diesem Gesichtswasser abtupfen.

Rosmarin-Gesichtswasser ist besonders wirksam zur Pflege fettiger und unreiner Haut.

Rosmarin-Halspackung

Zutaten:

1 Handvoll Rosmarin

1/4 l heiße Milch

Zubereitung und Anwendung:

Den Rosmarin mit der Milch übergießen und zugedeckt einige Minuten ziehen lassen.

Abseihen und ein Gästehandtuch in die Rosmarinmilch tauchen.

Das Handtuch so heiß wie möglich um den Hals wickeln.

Nach dem Abkühlen abnehmen und den Hals sanft mit Nährcreme einmassieren.

Bei regelmäßiger Anwendung wirkt dieser Wickel gegen Halsfalten.

Rosmarin-Haarspülung

Zutaten:

1 Handvoll Rosmarin

1/4 l kochendes Wasser

Zubereitung und Anwendung:

Rosmarin mit dem Wasser übergießen, 2 Stunden lang zugedeckt ziehen lassen, durch Kaffeefilterpapier abseihen.

Als letzte Spülung nach dem Haarewaschen verwenden und gut in die Kopfhaut einmassieren.

Diese Haarspülung ist besonders geeignet zur Pflege von fettigem, schuppigem Haar.

Wichtig: Diese Haarspülung ist *nicht* für blondes Haar geeignet, weil es zu unliebsamen Verfärbungen kommen könnte.

Rosmarin-Fußbad
Zutaten:
1 Handvoll Rosmarin
1/2 l kochendes Wasser
Zubereitung und Anwendung:
Rosmarin mit dem Wasser übergießen, 1/4 Stunde lang ziehen lassen, dann abseihen und dem Fußbad zusetzen.
Bei regelmäßiger Anwendung wirken diese Bäder gegen unangenehmen Fußgeruch.

Rosmarin-Körpertonikum
Zutaten:
1 TL Rosmarinöl
100 g destilliertes Wasser (beides in der Apotheke erhältlich)
Zubereitung und Anwendung:
Geben Sie das Rosmarinöl in das destillierte Wasser und füllen Sie die Flüssigkeit in eine dunkle Flasche ab.
Vor Gebrauch gut durchschütteln. Nach dem Bad den ganzen Körper damit einreiben.
Dieses Tonikum wirkt belebend und pflegend für jeden Hauttyp.

Salbei

Salbei enthält neben ätherischen Ölen auch Gerbstoffe und wertvolle Harze. Deshalb ist er nicht nur ein gesundes Würzmittel, sondern kann auch für die Schönheitspflege verwendet werden.

Hildegards Rezepte:
Hildegard von Bingen schreibt:
„Der Salbei ist von warmer und trockener Natur, und er wächst mehr infolge der Sonnenwärme als infolge der Feuchtigkeit der Erde." (*Physica*)
Sie empfiehlt ihn vor allem zur Behandlung von Gicht und Appetitlosigkeit. Entsprechende Rezepte finden Sie im Kapitel *Gesundheit*.

Weitere Rezepte:
Salbei-Badezusatz
Zutaten:
4 EL Salbei

1 l Wasser
Zubereitung und Anwendung:
Salbei im Wasser zum Kochen bringen, 10 Minuten lang ziehen lassen,
durch Kaffeefilterpapier abseihen.
Die Flüssigkeit dem Badewasser beigeben.
Salbeibäder sind ein gutes Mittel gegen fettige Körperhaut und wirken
gleichzeitig schweißhemmend.

Salbei-Haarspülung
Zutaten:
1 TL Salbei
1 Tasse kochendes Wasser
Zubereitung und Anwendung:
Salbei mit dem Wasser übergießen, 10 Minuten ziehen lassen, dann
durch Kaffeefilterpaier abseihen.
Den Aufguß als letzte Spülung nach dem Haarewaschen verwenden.
Wichtig: Die Salbeispülung sollte *nicht* für blondes Haar verwendet
werden, weil es zu unliebsamen Verfärbungen kommen könnte.

Salbei-Handbad
Zutaten:
1 Handvoll Salbei
1 l kochendes Wasser
Zubereitung und Anwendung:
Übergießen Sie den Salbei mit dem kochenden Wasser.
Nach dem Abkühlen abseihen und die Hände ausgiebig darin baden.
Dieses Handbad wirkt nicht nur pflegend, sondern kann auch gegen
feuchte, schwitzende Hände helfen.

Thymian

Thymian enthält ätherische Öle, Bitter- und Gerbstoffe sowie antibio-
tisch wirksame Substanzen. Thymian ist nicht nur ein gesundes Gewürz, sondern kann auch wirksam für die Schönheitspflege eingesetzt
werden.

Hildegards Rezepte:
Hildegard von Bingen beschreibt den Thymian in ihrer *Physica* als von
Natur aus warm und trocken. Sie empfiehlt ihn ganz allgemein gegen
Hauterkrankungen, beispielsweise gegen die Lepra.

Weitere Rezepte:

Thymian-Gesichtskompresse
Zutaten:
2 EL Thymian
1/4 l kochendes Wasser
Zubereitung und Anwendung:
Den Thymian mit dem Wasser übergießen, zugedeckt 10 Minuten ziehen lassen.
Dann durch Kaffeefilterpapier abseihen, in den Aufguß ein Gästehandtuch tauchen und auswringen.
Dieses auf das gereinigte Gesicht legen und 15 Minuten einwirken lassen.
Die Kompresse wirkt bei regelmäßiger Anwendung gegen Pickel und unreine Haut.

Thymian-Handbad
Zutaten:
1 Handvoll Thymian
1/2 l kochendes Wasser
1 Msp. Alaun (in der Apotheke erhältlich)
Zubereitung und Anwendung:
Den Thymian mit dem Wasser übergießen.
Über Nacht zugedeckt stehenlassen.
Am nächsten Tag durch Kaffeefilterpapier abseihen und den Alaun beifügen.
Täglich mehrmals die Hände darin baden – dadurch werden nicht nur rissige, aufgesprungene Hände wieder zart und glatt, sondern man kann auch schwitzende Hände damit wirksam behandeln.

Thymian-Fußbad
Zutaten:
1 Handvoll Thymian
1/2 l kochendes Wasser
Zubereitung und Anwendung:
Den Thymian mit dem kochenden Wasser übergießen und 1/4 Stunde lang ziehen lassen.
Dann durch Kaffeefilterpapier abseihen und dem Fußbad zusetzen.
Bei regelmäßiger Anwendung wirkt dieses Fußbad gegen unangenehmen Fußgeruch.

Schönheitspflege mit Wildkräutern

Akelei

Die Akelei gehört zu den Hahnenfußgewächsen. Sie enthält Schleimstoffe und Öle, die sich besonders zur Behandlung unreiner Haut eignen. Die Akelei enthält außerdem Giftstoffe – deshalb sollten Sie sie unbedingt nur äußerlich anwenden.

Hildegards Rezepte:
Hildegard von Bingen empfiehlt zwar in ihrer *Physica*, Akelei in verschiedenen Zubereitungen innerlich anzuwenden. Aufgrund des Giftgehaltes sollten Sie aber von diesen Rezepten absehen und sich auf die äußere Behandlung beschränken!

Weitere Rezepte:
Akelei-Gesichtswasser
Zutaten:
1 kleine Handvoll Akeleiblüten
1/4 l Weißwein
Zubereitung:
Die Akeleiblüten mit dem Weißwein übergießen, kurz aufkochen und 1/2 Stunde ziehen lassen.
Dann durch Kaffeefilterpapier abseihen und in eine dunkle Flasche abfüllen.
Das Gesicht mehrmals täglich mit der Flüssigkeit betupfen.
Dieses Gesichtswasser ist sehr wirksam bei der Behandlung unreiner Haut.

Alant

Der Alant gehört zur Gattung der Korbblütler. Für die Schönheitspflege ist vor allem seine Wurzel interessant, die Inulin, Azulen, Alantsäure und ätherische Öle enthält.

Hildegards Rezepte:
Hildegard von Bingen schreibt über den Alant:

„Er ist von Natur aus trocken und warm und enthält nützliche Kräfte." (*Physica*)

Sie empfiehlt ihn vor allem gegen Lungenleiden und Migräne. Entsprechende Rezepte finden Sie im Kapitel *Gesundheit*.

Weitere Rezepte:

Alant-Gesichtswasser
Zutaten:
2 EL zerkleinerte Alantwurzeln (aus der Apotheke)
1/4 l Wasser
Zubereitung und Anwendung:
Die Alantwurzeln 10 Minuten in dem Wasser leise köcheln lassen.
Danach 1 Stunde lang ziehen lassen und durch Kaffeefilterpapier abseihen.
Das Gesicht mehrmals täglich mit dieser Flüssigkeit betupfen.
Das Alant-Gesichtswasser ist besonders wirksam gegen unreine Haut und Akne.

Alant-Haarspülung
Die Haarspülung wird genauso zubereitet wie das Alant-Gesichtswasser und als letzte Spülung nach dem Haarewaschen verwendet.
Bei regelmäßiger Anwendung wird dadurch die Haarstruktur verbessert und gekräftigt, deshalb ist diese Spülung besonders gut geeignet zur Behandlung von trockenem und sprödem Haar.
Wichtig: Die Spülung sollte *nicht* für blondes Haar verwendet werden, da es zu unliebsamen Verfärbungen kommen könnte.

Arnika

Arnika enthält ätherische Öle und Gerbstoffe. Die Arnika ist durchblutungsfördernd und deshalb besonders gut geeignet zur Behandlung von unreiner Haut. Arnika steht unter *Naturschutz* – deshalb sollten Sie die getrockneten Blüten in der Apotheke kaufen.

Hildegards Rezepte:
    „Die Arnika ist ihrer Natur nach sehr warm und hat eine giftige Wärme in sich." (*Physica*)
Sie hält diese Pflanze lediglich für einen betörenden Liebeszauber:

„Wenn ein Mann oder eine Frau in Begierde brennt, und wenn ein Mensch jenen oder jene an der Haut mit grüner Arnika berührt, wird er in Liebe zu ihm entbrennen. Und nachdem dann jenes Kraut vertrocknet ist, wird der Mann oder die Frau, die mit diesem Kraut berührt worden ist, von jener Liebe ... beinahe betört, so daß er fortan dumm sein wird." (*Physica*)
Aber obwohl die Arnika wegen der in ihr enthaltenen Giftstoffe nicht innerlich verwendet werden sollte und nach Hildegards Angaben als frisches Kraut möglicherweise Zauberkräfte entfalten kann, ist sie doch für die natürliche Schönheitspflege ein seit alters her bewährtes Mittel.

Weitere Rezepte:
Arnika-Gesichtsdampfbad
Zutaten:
1 Handvoll getrocknete Arnikablüten
2 l kochendes Wasser
Zubereitung und Anwendung:
Die Arnikablüten mit dem kochenden Wasser übergießen. Schüssel und Kopf gut mit einem großen Handtuch bedecken, damit die pflegenden Dämpfe nicht entweichen können.

Arnika-Haarspülung
Zutaten:
1 Handvoll Arnikablüten
1/4 l kochendes Wasser
Zubereitung und Anwendung:
Die Arnikablüten mit dem Wasser übergießen und zugedeckt 1 Stunde lang ziehen lassen.
Dann durch Kaffeefilterpapier absehen und als letzte Spülung nach dem Haarewaschen verwenden.
Die Flüssigkeit gut in Kopfhaut und Haare einmassieren.
Diese Spülung wirkt gegen fettiges Haar und ist besonders gut für blondes Haar geeignet.

Beinwell

Dieses zu den Borretschgewächsen gehörende Heilkraut enthält neben ätherischen Ölen das heilungsfördernde Allantoin. Wie sein Name

schon sagt, wurde es früher viel als unterstützendes Heilmittel bei
Knochenbrüchen und anderen Verletzungen verwendet.

Hildegards Rezepte:
Hildegard von Bingen schreibt über den Beinwell, daß man diesen
nicht ohne Vernunft essen solle. Sonst könne es vorkommen, daß ein
verwundetes oder „geschwüriges" Glied zwar äußerlich geheilt werde,
die krank machenden Schleime aber nach innen geleitet würden:

„Das hat eine Ähnlichkeit, wie wenn Steine in eine große Grube ge-
worfen werden, damit sie das Wasser am Ausfließen hindern ... Und
wenn so das Wasser nicht ausfließen kann, bleibt es in der Tiefe sitzen..Und auf diese Weise werden Würmlein und allerlei Schlimmes
innen bleiben, wenn sie verhindert werden auszufließen. So heilt
der Beinwell, wenn er nicht in rechter Weise gegessen wird, die Geschwüre äußerlich, und allerlei Fauliges schickt er nach innen."
(Physica)
Leider äußert sich Hildegard von Bingen nicht über die richtige Zubereitung des Beinwells, der neben seinen heilenden Eigenschaften auch
noch ein wohlschmeckendes Wildgemüse ist, das sich auch im Garten
ziehen läßt. Auch über die äußere Anwendung finden sich bei Hildegard von Bingen keine Angaben.

Weitere Rezepte:
Beinwell-Gesichtskompresse
Zutaten:
2 TL Beinwellwurzeln
1/4 l Wasser
Zubereitung und Anwendung:
Die Beinwellwurzeln in dem Wasser aufkochen, 1/4 Stunde lang zie-
hen lassen, abseihen.
In die Flüssigkeit ein Gästehandtuch tauchen, auswringen und auf das
gereinigte Gesicht legen.
1/4 Stunde einwirken lassen.
Diese Kompressen wirken lindernd und heilend bei empfindlicher, zu
Entzündungen neigender Haut.

Beinwell-Hautlotion
Zutaten:
2 EL Beinwellwurzeln
1/4 l Wasser
1/4 l starker Schwarztee
Zubereitung und Anwendung:
Die Beinwellwurzeln in dem Wasser aufkochen, 1/4 Stunde ziehen lassen, abseihen.
Die Flüssigkeit mit dem Schwarztee mischen und in eine Flasche abfüllen.
Damit die Haut betupfen.
Diese Hautlotion ist bei Entzündungen und vor allem bei Sonnenbrand ein linderndes Mittel.

Brennessel

Die Brennessel ist sehr vielseitig verwendbar: Sie dient der Gesundheit (dazu finden Sie Näheres unter *Gesundheit*), kann als schmackhaftes Gemüse verwendet werden und ist nicht zuletzt ein billiges, aber wirksames Schönheitsmittel. Brennesseln enthalten Chlorophyll, Schwefel, Kieselsäure, Gerbsäure, Enzyme sowie die Vitamine A und C.

Hildegards Rezepte:
Hildegard von Bingen beschreibt die Brennessel in ihrer *Physica* als „in ihrer Art sehr warm". Sie rät davon ab, sie wegen ihrer Rauheit roh zu verzehren. Rezepte zur äußeren Anwendung der Brennessel gibt sie leider nicht an.

Weitere Rezepte:
Brennessel-Haarkur
Zutaten:
1 Handvoll Brennesseln
1/4 l Obstessig
Zubereitung und Anwendung:
Den Obstessig aufkochen lassen, die Brennesseln damit übergießen.
1/2 Stunde ziehen lassen, dann durch Kaffeefilterpapier abseihen.
Mit dieser Flüssigkeit das Haar jeden zweiten Abend leicht durchwaschen und abtrocknen.

Anschließend die Haarwurzeln mit etwas Klettenwurzelöl (in der Apotheke erhältlich) massieren.
Diese Haarkur wirkt gegen Haarausfall.

Brennessel-Haarwasser
Zutaten:
3 Handvoll ganze Brennesseln (Blätter, Stengel und Wurzeln)
1/2 l Weinessig
2 EL Glyzerin (in der Apotheke erhältlich)
Zubereitung und Anwendung:
Die Brennesseln sorgfältig reinigen und zerkleinern.
Mit dem Weinessig übergießen und 1 Woche lang zugedeckt stehenlassen.
Abseihen, Glyzerin darunterrühren und in eine Flasche abfüllen.
Mehrmals wöchentlich die Kopfhaut mit dieser Flüssigkeit massieren.
Dieses Haarwasser ist besonders wirksam gegen Schuppen.

Brennessel-Haarspülung
Zutaten:
1 EL getrocknete Brennesseln
1 Tasse kochendes Wasser
Zubereitung und Anwendung:
Die Brennesseln mit dem Wasser übergießen, nach dem Abkühlen durch Kaffeefilterpapier abseihen.
Als letzte Haarspülung nach dem Waschen verwenden.
Diese Spülung ist besonders wirksam gegen Schuppen und fettiges Haar.
Wichtig: Alle Haarpflegemittel, die mit Brennesselblättern zubereitet werden, sind *nicht* geeignet für blondes Haar, weil es möglicherweise zu unliebsamen Verfärbungen kommen kann.

Brennessel-Wimpern- und Brauenlotion
Zutaten: 2 EL Brennesselblätter
100 ml Wasser
1 EL Rizinusöl (in der Apotheke erhältlich)
Zubereitung und Anwendung:
Die Brennesseln in dem Wasser 5 Minuten lang kochen lassen, abkühlen lassen.
Durch Kaffeefilterpapier abseihen, dabei die Kräuter gut ausdrücken.
1 Eßlöffel dieser Flüssigkeit mit dem Rizinusöl verrühren.

Die Mischung jeden 2. Abend mit einem kleinen Bürstchen (Brauen-
bürste oder kleine weiche Zahnbürste) auf Wimpern und Augenbrauen
auftragen.
Diese Lotion läßt Brauen und Wimpern länger und dichter wachsen.

Brennessel-Gesichtskompresse
Zutaten:
1 Handvoll Brennesselblätter
1/4 l kochendes Wasser
Zubereitung und Anwendung:
Die Brennesseln mit dem Wasser übergießen, 10 Minuten ziehen lassen, dann abseihen, ein Gästehandtuch in die Flüssigkeit eintauchen
und auswringen.
Dieses auf das gereinigte Gesicht auflegen und 1/4 Stunde lang einwirken lassen.
Diese Kompresse wirkt gegen fettige, unreine Haut sowie gegen Pickel
und Mitesser.

Brunnenkresse

Die Brunnenkresse enthält Jod, Eisen und weitere Mineralstoffe. Der
frisch gepreßte Saft (oder der fertige Saft aus dem Reformhaus) eignet
sich sowohl für die innere als auch für die äußere Anwendung und bewirkt einen frischen, reinen Teint. Gegen Pickel und Mitesser eignet
sich besonders ein Tee aus frischen Brunnenkresseblättern.

Hildegards Rezepte:
Hildegard von Bingen empfiehlt die Brunnenkresse in ihrer *Physica*
vor allem gegen Fiebererkrankungen und Gelbsucht. Die entsprechenden Rezepte finden Sie im Kapitel *Gesundheit*. Über die äußere Anwendung der Brunnenkresse gibt es bei ihr leider keine Angaben.

Weitere Rezepte:
Brunnenkresse-Gesichtswasser
Brunnenkressesaft – mit einem Wattebausch auf unreine Hautpartien
getupft – wirkt reinigend und klärend und soll bei regelmäßiger Anwendung sogar Sommersprossen beseitigen.

Brunnenkresse-Gesichtskompresse
Zutaten:
1 Handvoll Brunnenkresse
1/4 l kochendes Wasser
Zubereitung und Anwendung:
Die Brunnenkresse mit dem Wasser übergießen, 10 Minuten lang ziehen lassen, dann durch ein Haarsieb abseihen.
In die Flüssigkeit ein Gästehandtuch tauchen, auswringen und auf das gereinigte Gesicht legen. 1/4 Stunde lang einwirken lassen.

Brunnenkresse-Behandlung von Altersflecken
Zutaten:
1 TL Honig
3 EL Brunnenkressesaft
Zubereitung und Anwendung:
Den Honig im Wasserbad erwärmen und mit dem Brunnenkressesaft verrühren.
Auf die verfärbten Hautstellen auftragen, nach 1 Stunde warm abwaschen.
Die Behandlung mehrmals wöchentlich wiederholen.

Brunnenkresse-Halspackung
Zutaten:
2 Handvoll Brunnenkresseblätter
1/2 l heiße Milch
Zubereitung und Anwendung:
Die Brunnenkresseblätter mit der Milch übergießen, kurz ziehen lassen, dann durch ein Haarsieb abgießen.
In die noch heiße Kressemilch ein Handtuch tauchen und um den Hals wickeln.
Nach dem Abkühlen den Hals mit Nährcreme massieren.
Diese Packung wirkt bei regelmäßiger Anwendung gegen Halsfalten.

Efeu

Die zehrende Wirkung von Efeublättern läßt sich auf mancherlei Weise für die Schönheitspflege nutzen. Der besondere Wirkstoff des Efeus, das Hederin, ist ein anerkanntes Mittel gegen die Zellulitis.

Hildegards Rezepte:

„Der Efeu ist seiner Natur nach mehr kalt als warm, und er ist für den Menschen unnütz zu essen." (*Physica*)

Da der Efeu Giftstoffe enthält, ist von einer inneren Anwendung dringend abzuraten. Hildegard von Bingen empfiehlt den Efeu vor allem zur Behandlung der Gelbsucht.

Weitere Rezepte:

Efeu-Hühneraugenpflaster

Zutaten:

1 Handvoll Efeublätter

1 Heftpflaster

Zubereitung und Anwendung:

Die Efeublätter zerquetschen und auf das Hühnerauge legen.

Mit einer Mullbinde oder einem Pflaster befestigen und über Nacht einwirken lassen.

Die Behandlung wiederholen, bis das Hühnerauge sich ablöst.

Efeu-Kompressen

Zutaten:

50 g Leinsamen

30 g Efeublätter

1/2 l Wasser

Zubereitung und Anwendung:

Leinsamen und Efeublätter 1/4 Stunde lang in dem Wasser kochen und nach dem Abkühlen abseihen.

Mit dem Sud mehrmals täglich die Haut betupfen oder Kompressen auflegen.

Diese Behandlung eignet sich besonders für unreine, entzündete Haut und Ekzeme.

Efeu-Zellulitis-Behandlung 1
Zutaten:
1 Handvoll Efeublätter
1 l Wasser
Zubereitung und Anwendung:
Die Efeublätter 10 Minuten lang in dem Wasser köcheln lassen, durch
ein Sieb ins Badewasser gießen.

Efeu-Zellulitis-Behandlung 2
Zutaten:
2 Handvoll frische Efeublätter
Zubereitung und Anwendung:
Die Efeublätter zerreiben und direkt in die Haut einmassieren. Danach
duschen.

Efeu-Zellulitis-Behandlung 3
Zutaten:
2 Handvoll frische Efeublätter, Mulltücher
Zubereitung und Anwendung:
Die Efeublätter zerreiben, zwischen Mulltücher legen und mehrere
Stunden lang als Kompressen auf die betroffenen Hautstellen auflegen.

Holunder

Holunderblüten enthalten ätherische Öle, Schleimstoffe und Gerbstoffe. Früher galt der Holunder als „die Apotheke des armen Mannes",
weil der Strauch in allen seinen Teilen so viele heilsame Stoffe enthält.

Hildegards Rezepte:
    „Der Holunder ist seiner Natur nach mehr warm als kalt und taugt
    wenig zum Gebrauch des Menschen." (*Physica*)
Aber sie empfiehlt ihn zumindest zur Behandlung der Gicht – zum einen als Schwitzbad, zum anderen als Wein. Entsprechende Rezepte finden Sie im Kapitel *Gesundheit*.

Weitere Rezepte:

Holunder-Gesichtsdampfbad
Zutaten:
1 Handvoll Holunderblüten
2 l kochendes Wasser

Zubereitung und Anwendung:
Die Holunderblüten mit dem Wasser übergießen und Schüssel und Kopf mit einem großen Handtuch bedecken, damit nichts von den pflegenden Dämpfen verlorengeht.
Dieses Gesichtsdampfbad ist besonders gut geeignet zur Behandlung der unreinen Haut.

Holunder-Gesichtswasser
Zutaten:
3 Handvoll Holunderblüten
1/4 l kochendes Wasser
abgefilterter Saft einer halben Zitrone
Zubereitung und Anwendung:
Die Holunderblüten mit dem kochenden Wasser übergießen, so daß sie gut bedeckt sind.
Zugedeckt 24 Stunden lang stehenlassen, durch Kaffeefilterpapier abseihen und den Zitronensaft dazugeben.
In eine dunkle Flasche abfüllen und kühl aufbewahren.
Dieses Gesichtswasser ist sehr wirksam zur Behandlung unreiner Haut.

Huflattich

Der Huflattich enthält Gerbstoffe, Schleimstoffe und Schwefel, außerdem etwas Inulin.

Hildegards Rezepte:
Hildegard von Bingen unterscheidet in ihrer *Physica* zwischen dem großblättrigen und dem kleinen Huflattich. Ersterer ist, wie sie schreibt, seiner Natur nach eher kalt und feucht – „deshalb wächst er stark". Der kleine Huflattich dagegen sei seiner Natur nach warm. Während Hildegard den großblättrigen Huflattich zur äußeren Anwendung gegen Geschwüre empfiehlt, gibt sie für den kleinblättrigen Huflattich eine Empfehlung zur Behandlung von Lebererkrankungen an. Entsprechende Rezepte finden Sie im Kapitel *Gesundheit*.
Bei den folgenden Rezepten können Sie sich an den bei uns am meisten vorkommenden großblätterigen Huflattich halten, den Sie entweder selbst sammeln oder als getrocknetes Kraut in der Apotheke erhalten.

Weitere Rezepte:

Huflattich-Gesichtskompresse
Zutaten:
3 EL getrocknete Huflattichblätter
1/4 l kochendes Wasser
Zubereitung und Anwendung:
Die Huflattichblätter mit dem Wasser übergießen.
10 Minuten lang ziehen lassen und durch ein Haarsieb abgießen.
In die Flüssigkeit ein Gästehandtuch tauchen, auswringen und auf das
gereinigte Gesicht legen.
Eine Viertelstunde lang einwirken lassen.
Diese Kompressen sind bei regelmäßiger Anwendung besonders gut
geeignet zur Behandlung roter Gesichtsäderchen.

Huflattich-Gesichtsdampfbad
Zutaten:
1 Handvoll getrocknete Huflattichblätter
2 l kochendes Wasser
Zubereitung und Anwendung:
Den Huflattich mit dem Wasser übergießen und die Schüssel und den
Kopf gut mit einem großen Handtuch bedecken, damit die pflegenden
Dämpfe nicht entweichen können.
Dieses Gesichtsdampfbad ist besonders gut geeignet zur Pflege der fet-
tigen und unreinen Haut.

Johanniskraut

Johanniskraut enthält ätherische Öle und außerdem das hautstraffende
Pektin. Durch seinen Gehalt an Bitterstoffen und Gerbstoffen ist es besonders geeignet zur Pflege fettiger und unreiner Haut.

Hildegards Rezepte:
Hildegard von Bingen widmet dem Johanniskraut in ihrer *Physica* nur
einige wenige Sätze, in denen sie es lediglich als Viehfutter empfiehlt.
Das ist um so erstaunlicher, als das Johanniskraut besonders im mitteleuropäischen Bereich seit Jahrtausenden eine für die Gesundheits- und
Schönheitspflege besonders geschätzte Pflanze ist. Auch viele magische und religiöse Traditionen sind damit verbunden.

„Das Johanniskraut ist seiner Natur nach kalt und taugt für das Vieh auf der Weide. Für medizinische Zwecke ist es jedoch nicht geeignet, weil es ein verwildertes und vernachlässigtes Kräutlein ist." (*Physica*)

Weitere Rezepte:

Johanniskraut-Gesichtsdampfbad
Zutaten:
1 Handvoll Johanniskraut
2 l kochendes Wasser
Zubereitung und Anwendung:
Das Johanniskraut mit dem kochenden Wasser übergießen, Schüssel und Kopf mit einem großen Handtuch bedecken, damit die pflegenden Dämpfe nicht entweichen können.
Dieses Dampfbad ist besonders gut geeignet zur Pflege fettiger und unreiner Haut.

Johanniskraut-Gesichtskompresse
Zutaten:
1 Handvoll Johanniskraut
1/4 l kochendes Wasser
Zubereitung und Anwendung:
Das Johanniskraut mit dem kochenden Wasser übergießen, 1/4 Stunde lang ziehen lassen, dann durch Kaffeefilterpapier abseihen.
In den Aufguß ein Gästehandtuch tauchen, auswringen und auf das gereinigte Gesicht auflegen.
1/4 Stunde lang einwirken lassen.
Diese Kompresse ist vor allem zur Behandlung fettiger und unreiner Haut geeignet.

Johanniskraut-Gesichtspackung
Zutaten:
2 EL Johanniskrautöl (in der Apotheke erhältlich)
1 Eigelb
1 Spritzer Zitronensaft
Zubereitung und Anwendung:
Das Johanniskrautöl tropfenweise unter das Eigelb rühren, den Zitronensaft dazugeben.
Mit dem Pinsel auf das gereinigte Gesicht auftragen.

1/2 Stunde lang einwirken lassen, warm abwaschen und kalt nachspülen.
Diese Gesichtspackung ist besonders geeignet zur Pflege fettiger und
unreiner Haut.

Johanniskraut-Badezusatz
Zutaten:
100 g Johanniskraut
1 l kochendes Wasser
Zubereitung und Anwendung:
Das Johannniskraut mit dem kochenden Wasser übergießen, 1/2 Stunde
lang ziehen lassen, abseihen.
Den Aufguß dem Badewasser zusetzen.
Dieser Badezusatz fördert die Blutzirkulation und macht die Haut
frisch und elastisch.

Kamille

Die Kamille ist eine der wertvollsten und vielseitigsten Schönheits-
pflanzen. Durch ihren hohen Gehalt an ätherischen Ölen (besonders
dem kostbaren Azulen) hat ihre Anwendung eine besonders pflegende
Wirkung.

Hildegards Rezepte:
Hildegard von Bingen schreibt:
> „Die Kamille ist ihrer Natur nach warm und hat einen angenehmen
> Saft." (*Physica*)
Sie empfiehlt sie vor allem bei Magenbeschwerden – das entsprechende Rezept finden Sie im Kapitel *Gesundheit* – und gegen Menstruati-
onsbeschwerden. Leider sagt Hildegard nichts über die äußere Anwendung der Kamille, obwohl diese bereits zu ihrer Zeit ein vielverwendetes Schönheitsmittel war.

Weitere Rezepte:
Kamillen-Gesichtsdampfbad
Zutaten:
1 Handvoll Kamillenblüten
2 l kochendes Wasser

Zubereitung und Anwendung:
Die Kamillenblüten mit dem Wasser übergießen und Kopf und Schüssel mit einem großen Handtuch bedecken, damit nichts von den pflegenden Dämpfen verlorengeht.
Dieses Dampfbad ist für jeden Hauttyp geeignet, besonders aber bei Pickeln und Mitessern.

Kamillen-Augenkompressen
Zutaten:
2 Kamillenteebeutel
Zubereitung und Anwendung:
Die Kamillenteebeutel anfeuchten und als Kompressen auf die Augen legen.
Diese Kompressen wirken gegen brennende Augen und Augenränder.

Kamillen-Halskompresse
Zutaten:
süßes Mandelöl (in der Apotheke erhältlich)
1 Tasse starker Kamillentee
Zubereitung und Anwendung:
Den Hals mit reichlich Öl bestreichen.
Ein Gästehandtuch in den Tee tauchen und um den Hals wickeln. Die Kompresse 1/2 Stunde lang einwirken lassen.
Die Kompresse wirkt gegen Halsfalten.

Kamillen-Handpflege
Zutaten:
1 Handvoll Kamillenblüten
1/4 l kochendes Wasser
Zubereitung und Anwendung:
Die Kamillenblüten mit dem Wasser übergießen, 5 Minuten ziehen lassen und abseihen.
Den Aufguß dem Handbad zusetzen und die Hände ausgiebig darin baden.
Rissige, aufgesprungene Hände werden bei der regelmäßigen Anwendung dieses Handbades wieder zart und glatt.

Kamillen-Badezusatz
Zutaten:
2 Handvoll Kamillenblüten
1/2 l kochendes Wasser

Zubereitung und Anwendung:
Die Kamillenblüten mit dem Wasser übergießen, zugedeckt 1/2 Stunde
ziehen lassen, dann abseihen. Den Aufguß dem Badewasser zusetzen.
Dieser Badezusatz entspannt nicht nur, sondern pflegt jede Haut zart
und glatt.

Klette

Klettenwurzeln enthalten ätherische Öle, Gerb- und Schleimstoffe sowie Inulin.

Hildegards Rezepte:
Hildegard von Bingen schreibt in ihrer *Physica* zwar, daß die Klettenwurzeln „zu nichts nütze" seien. Dabei ist Klettenwurzelöl seit langem
als bewährtes Haarpflegemittel bekannt. Zur äußeren Anwendung gegen unreine Kopfhaut gibt Hildegard ein Rezept an, das allerdings
nicht unbedingt zur Nachahmung einlädt:

> „Pulverisiere die Blüten der Klette und auch eine Schnecke, nach
> Wegwerfen der Schale. Mische dieses Pulver so, daß mehr
> Schnecken- als Klettenpulver darin enthalten ist. Wenn jemand den
> Grind auf dem Kopf hat, dann streue dieses Pulver auf die Ge-
> schwüre während neun oder fünfzehn Tagen. Am vierten und am
> fünften Tage wasche er seinen Kopf mit einer aus Buchenasche her-
> gestellten Lauge, und er wird geheilt werden." (*Physica*)

Weitere Rezepte:
Klettenwurzel-Haarpackung
Zutaten:
2 Handvoll Klettenwurzeln
1/2 l Olivenöl (aus dem Reformhaus oder dem Naturkostladen)
Zubereitung und Anwendung:
Die Klettenwurzeln mit dem Olivenöl übergießen und in einem gut
verschlossenen Glas 3 Wochen lang an einem sonnigen Platz ziehen
lassen.
Dabei öfter schütteln.
Abseihen und in eine Flasche füllen.
Für die Haarpackung etwas Klettenöl erwärmen und in das trockene
Haar einmassieren.

Eine Duschhaube aufsetzen und ein Handtuch darüberwickeln. Nach 1 Stunde Einwirkungszeit das Haar wie gewohnt waschen.

Durch diese Haarpackung wird das Haar weich, locker und gut frisierbar.

Sie können Klettenwurzelöl auch fertig in der Apotheke oder Drogerie kaufen.

Klettenwurzel-Haarspitzenpflege
Massieren Sie in die Haarspitzen nach jeder Wäsche etwas Klettenwurzelöl ein.

Diese Pflege ist besonders wichtig bei dauergewelltem oder gefärbtem Haar.

Klettenwurzel-Gesichtskompresse
Zutaten:
1 frische Klettenpflanze (Wurzeln und Blätter)
1/4 l Wasser
Zubereitung und Anwendung:
Die Klettenpflanze reinigen und zerkleinern.

In dem Wasser 10 Minuten kochen lassen, dann abseihen.

In den Sud ein Gästehandtuch tauchen, auswringen und dieses so heiß wie möglich auf das gereinigte Gesicht legen.

Diese Kompresse ist sehr wirksam gegen Pickel und unreine Haut.

Schachtelhalm

Der Schachtelhalm ist vor allem durch seinen hohen Gehalt an Kieselsäure für die Schönheitspflege interessant.

Hildegards Rezepte:
In ihrer *Physica* schreibt Hildegard von Bingen über den Schachtelhalm, er habe „weder vollkommene Wärme noch vollkommene Kälte in sich". Sie empfiehlt ihn lediglich zum Vertreiben von Fliegen.

Weitere Rezepte:
Schachtelhalm-Gesichtsdampfbad
Zutaten:
1 Handvoll Schachtelhalm
2 l kochendes Wasser

Zubereitung und Anwendung:
Den Schachtelhalm mit dem Wasser übergießen und Kopf und Schüssel mit einem großen Handtuch bedecken.
Dieses Dampfbad empfiehlt sich besonders bei unreiner und großporiger Haut.

Schachtelhalm-Gesichtswaschung
Zutaten:
1 Handvoll Schachtelhalm
1 Handvoll Rosenblütenblätter
1/2 l kochendes Wasser
Zubereitung und Anwendung:
Die Kräuter mit dem kochenden Wasser übergießen, 1/2 Stunde ziehen lassen, dann durch Kaffeefilterpapier abseihen.
Dabei die Pflanzenrückstände gut auspressen.
Regelmäßige Waschungen mit dieser Flüssigkeit sind eine wirksame\ Behandlung gegen Pickel.

Schachtelhalm-Haarspülung
Zutaten:
1 EL Schachtelhalm
1 Tasse kochendes Wasser
Zubereitung und Anwendung:
Den Schachtelhalm mit dem Wasser übergießen, nach dem Abkühlen durch Kaffeefilterpapier abseihen.
Als letzte Spülung nach dem Haarewaschen verwenden und gut in die Kopfhaut einmassieren.
Diese Haarspülung wirkt gegen Schuppen und fettige Kopfhaut.
Wichtig: Diese Spülung ist *nicht* für blondes Haar geeignet, da es zu unliebsamen Verfärbungen kommen kann.

Schafgarbe

Die Blüten der Schafgarbe enthalten neben anderen wertvollen Stoffen ätherische Öle und das „Schönheitsvitamin" A.

Hildegards Rezepte:
Hildegard von Bingen empfiehlt in ihrer *Physica* die Schafgarbe zur Fieberbehandlung. Vor allem aber betont sie ihre heilsamen Eigen-

schaften bei der äußeren Anwendung, denn „sie hat gesonderte und feine Kräfte für Wunden". So gibt sie nicht nur ein Rezept zur Wundbehandlung an (dieses finden Sie im Kapitel *Gesundheit*), sondern auch zur Augenpflege:

> „Ein Mensch, dessen Augen durch Tränenfluß verdunkelt sind, der zerstoße etwas Schafgarbe und lege diese abends auf die Augen, indem er achtgibt, daß sie die Augen innen nicht berührt. So lasse er sie bis etwa Mitternacht, dann nehme er sie weg. Wenn er das gemacht hat, umstreiche er die Augen mit etwas bestem und reinstem Wein, und so werden die Augen geheilt." (*Physica*)

Weitere Rezepte:

Schafgarben-Gesichtskompresse
Zutaten:
1 Handvoll Schafgarbe
1/4 l kochendes Wasser
Zubereitung und Anwendung:
Die Schafgarbe mit dem kochenden Wasser übergießen, 1/4 Stunde ziehen lassen und durch Kaffeefilterpapier abseihen.
In den Aufguß ein Gästehandtuch tauchen, auswringen und auf das gereinigte Gesicht legen.
Auch die Schafgarbenkompresse ist besonders wirksam gegen fettige und unreine Haut.

Schafgarben-Gesichtspackung
Zutaten:
2 Handvoll frische Schafgarbenblätter
etwas Wasser
Zubereitung und Anwendung:
Die Blätter reinigen und kleinschneiden, dann mit dem Wasser etwa 10 Minuten kochen, so daß ein Brei entsteht.
Diesen in ein Mulltuch geben und auf das gereinigte Gesicht legen.
1/4 Stunde lang einwirken lassen, dann das Gesicht lauwarm abspülen.
Diese Packung sollte zweimal wöchentlich angewandt werden.
Eine Gesichtspackung mit Schafgarbenblättern wirkt nicht nur gegen Pickel, sondern mildert auch Gesichtsfalten.

Schafgarben-Badezusatz
Zutaten:
2 Handvoll Schafgarbe
1 alter Perlonstrumpf
Zubereitung und Anwendung:
Die Kräuter in den Perlonstrumpf geben und das Badewasser darüber einlaufen lassen.
Bei regelmäßiger Anwendung wird durch diesen Badezusatz ältere Haut gestrafft, und auch Hautentzündungen werden gelindert.

Schafgarben-Handbad
Zutaten:
1 Handvoll Schafgarbe
1/4 l kochendes Wasser
Zubereitung und Anwendung:
Die Schafgarbe mit dem Wasser übergießen, 10 Minuten ziehen lassen, dann abseihen.
In der Flüssigkeit ausgiebig die Hände baden.
Bei regelmäßiger Anwendung werden aufgesprungene, rissige Hände wieder zart und glatt.

Schafgarben-Fußbad
Zutaten:
2 Handvoll Schafgarbe
3 l kochendes Wasser
Zubereitung und Anwendung:
Die Schafgarbe mit dem Wasser übergießen, 5 Minuten ziehen lassen, dann abseihen.
In dem Aufguß ein ausgiebiges Fußbad nehmen.
Ein Schafgarbenfußbad ist besonders gut dazu geeignet, Hühneraugen und Schwielen aufzuweichen.

Schlüsselblume

Die Schlüsselblume enthält neben ätherischen Ölen und Saponinen auch Vitamin C.

Hildegards Rezepte:
Hildegard von Bingen schreibt in ihrer *Physica* über die Schlüsselblume, daß diese ihre Kräfte hauptsächlich von der Sonne empfange. Sie

empfiehlt diese Pflanze vor allem zur Behandlung von Depressionen. Entsprechende Rezepte finden Sie im Kapitel *Gesundheit.*

Weitere Rezepte:

Schlüsselblumen-Gesichtskompresse
Zutaten:
1 Handvoll Schlüsselblumenblüten
1/4 l kochendes Wasser
Zubereitung und Anwendung:
Die Blüten mit dem Wasser übergießen und nach dem Abkühlen durch Kaffeefilterpapier abseihen.
In den Aufguß ein Gästehandtuch tauchen, auswringen und auf das gereinigte Gesicht legen.
Diese Kompresse wirkt gegen unreine Haut.

Schlüsselblumen-Badezusatz
Zutaten:
3 Handvoll Schlüsselblumenblüten
1 alter Perlonstrumpf
Zubereitung und Anwendung:
Die Blüten in den Strumpf geben und das Badewasser darüber einlaufen lassen.
Die Blüten gut ausdrücken.
Dieser Badezusatz ist sehr gut geeignet zur Pflege der unreinen Körperhaut.

Schöllkraut

Das Schöllkraut gehört zu den Mohngewächsen. Es enthält ätherische Öle, die es für die Schönheitspflege besonders geeignet machen.

Hildegards Rezepte:
„Es ist seiner Natur nach sehr warm und enthält einen giftigen und schleimigen Saft. Es hat ein so schwarzes und herbes Gift in sich, daß es dem Menschen keine Gesundheit verleihen kann." (*Physica*)
Deshalb sollte man das Schöllkraut auch nicht innerlich anwenden.

Schöllkraut gegen unreine Haut

Zur äußeren Anwendung allerdings empfiehlt Hildegard das Schöllkraut vor allem gegen unreine Haut:

> „Wer etwas Unreines ißt oder trinkt oder berührt, wovon er ge-
> schwürig am Körper wird, der nehme altes Fett und gebe ihm ge-
> nug Saft von Schöllkraut bei und zerstoße es damit. Dann zerlasse
> er es und salbe sich mit dem Talg, und er wird geheilt werden."
> (*Physica*)

Weitere Rezepte:

Schöllkraut-Gesichtskompresse

Zutaten:

1 Handvoll Schöllkraut

1/4 l kochendes Wasser

Zubereitung und Anwendung:

Das Schöllkraut mit dem kochenden Wasser übergießen, 5 Minuten
ziehen lassen und durch Kaffeefilterpapier abseihen.

In den Aufguß ein Gästehandtuch tauchen, auswringen und auf das
gereinigte Gesicht legen.

Diese Kompresse ist sehr wirksam gegen fettige und unreine Haut.

Schöllkraut-Haarspülung

Zutaten:

1 Handvoll Schöllkraut

1/4 l kochendes Wasser

Zubereitung und Anwendung:

Das Schöllkraut mit dem Wasser übergießen.

Nach dem Abkühlen durch Kaffeefilterpapier abseihen und die Flüssigkeit als letzte Spülung nach dem Haarewaschen verwenden.

Diese Spülung wirkt besonders gut gegen Schuppen und fettiges Haar.

Wichtig: Nicht für blondes Haar verwenden, da es zu unliebsamen Verfärbungen kommen kann!

Spitzwegerich

Spitzwegerich ist reich an Vitamin A, Gerbstoffen, Schleimstoffen und
Enzymen.

Hildegards Rezepte:
Hildegard von Bingen beschreibt in ihrer *Physica* den Wegerich als von Natur aus warm und trocken. Sie empfiehlt ihn zur Behandlung der Gicht, gegen Insektenstiche und auch zur Unterstützung des Heilungsprozesses nach Knochenbrüchen. Entsprechende Rezepte finden Sie im Kapitel *Gesundheit*.

Spitzwegerich-Gesichtskompresse
Zutaten:
1 Handvoll Spitzwegerichblätter
1/4 l kochendes Wasser
Zubereitung und Anwendung:
Die Spitzwegerichblätter mit dem Wasser übergießen, nach dem Abkühlen abseihen.
In den Aufguß ein Gästehandtuch tauchen, auswringen und auf das gereinigte Gesicht legen.
Diese Kompresse ist sehr gut geeignet zur Behandlung großporiger, fettiger und unreiner Haut.

Tausendgüldenkraut

Das Tausendgüldenkraut gehört zu den Enziangewächsen. Es enthält Bitterstoffe, Schleimstoffe und ätherische Öle.

Hildegards Rezepte:
Hildegard von Bingen schreibt in ihrer *Physica*, daß das Tausendgüldenkraut von Natur aus warm und trocken sei. Sie empfiehlt es vor allem zur Behandlung der Gicht. Entsprechende Rezepte finden Sie im Kapitel *Gesundheit*.

Tausendgüldenkraut-Gesichtskompresse
Zutaten:
1 Handvoll Tausendgüldenkraut
1/4 l kochendes Wasser
Zubereitung und Anwendung:
Das Tausendgüldenkraut mit dem kochenden Wasser übergießen.
Nach dem Abkühlen durch Kaffeefilterpapier abseihen.
In die Flüssigkeit ein Gästehandtuch tauchen, auswringen und auf das
gereinigte Gesicht legen.
Diese Kompresse wirkt klärend und reinigend bei unreiner Haut.

Weißdorn

Der Weißdorn gehört zu den Rosengewächsen. Er enthält Saponine,
Gerbstoffe und ätherische Öle. Diese Inhaltsstoffe machen ihn besonders gut geeignet für die Schönheitspflege.

Hildegards Rezepte:
Es ist nicht ganz klar, ob Hildegard von Bingen sich in ihrer *Physica*
im Kapitel über den „Agenbaum" auf den Weißdorn bezieht. Ihr Text
lautet sehr lapidar, daß dieses Gewächs zu nichts nütze sei – was aber
durch jahrtausendealte Erfahrungen widerlegt ist.

> „Der Weißdorn hat weder die rechte Wärme noch die rechte Kälte,
> wie das Unkraut, so daß weder sein Saft noch seine Frucht zu Heil-
> mitteln und zu anderem Gebrauch des Menschen dienen." (*Physica*)

Weitere Rezepte:
Weißdorn-Gesichtsdampfbad
Zutaten:
1 Handvoll Weißdornblüten
2 l kochendes Wasser
Zubereitung und Anwendung:
Die Weißdornblüten mit dem Wasser übergießen.
Schüssel und Kopf mit einem großen Handtuch bedecken, so daß
nichts von den pflegenden Dämpfen verlorengeht.
Dieses Gesichtsdampfbad ist besonders gut geeignet zur Pflege der
trockenen und empfindlichen Haut.

Weißdorn-Gesichtslotion

Zutaten:

2 Handvoll Weißdornblüten

ca. 1/4 l kochendes Wasser

1 EL Honig

Zubereitung und Anwendung:

Die Weißdornblüten mit dem Wasser übergießen, eine Viertelstunde lang zugedeckt ziehen lassen.

Dann durch Kaffeefilterpapier abseihen und in dem Aufguß den Honig auflösen.

Die Lotion in eine Flasche abfüllen und täglich sanft das Gesicht damit einreiben.

Weißdorn-Haarwasser

Zutaten:

1 Handvoll Weißdornblüten

1/4 l Obstessig

Zubereitung und Anwendung:

Die Weißdornblüten mit dem Obstessig übergießen und in einem gut verschlossenen Glas 3 Tage lang ziehen lassen.

Durch Kaffeefilterpapier abseihen und die Pflanzenrückstände gut auspressen.

In eine Flasche abfüllen und regelmäßig in die Kopfhaut einreiben.

Weißdornblütenessig normalisiert die Funktion der Kopfhaut und ist deshalb gleichermaßen für trockenes wie für fettiges Haar geeignet.

Schönheitspflege aus der Küche

VIELE der wichtigsten Schönheitsmittel kommen seit Jahrtausenden aus der Küche – nicht für die innere, sondern auch für die äußere Schönheitspflege. So wurden schon in Ägypten, im antiken Griechenland und in Rom Milch, Eier und Salz für die Schönheitspflege verwendet.

Bienenhonig

Honig ist ein Schönheitsmittel, dessen umfassende Wirkung schon seit Jahrtausenden bekannt ist. Sein Gehalt an Enzymen und organischen Säuren macht ihn besonders geeignet auch zur äußeren Anwendung.

Wichtig: Bei der Auflösung von Honig sollten Sie beachten, daß man ihn nur in warmen, aber niemals in kochend heißen Flüssigkeiten lösen sollte.

Hildegards Rezepte:

Hildegard von Bingen schreibt über den Honig, daß er seiner Natur nach warm sei. Es ist erstaunlich, daß sie den Honig, der zu ihrer Zeit ja nicht nur das wichtigste Süßungsmittel, sondern auch ein vielverwendetes Medikament war, durchaus nicht empfehlen kann:

„Ein Mensch, der fett ist und fettes Fleisch hat und der oft Honig ißt, bereitet Fäulnis in sich. Wer aber mager und trocken ist und ihn kocht, wird von ihm geschädigt. Wenn aber jemand die Honigwabe mit dem Wachs ißt, dann erregt er die Melancholie in sich, und das schadet ihm und bereitet Schwere in ihm und läßt die Melancholie in ihm zunehmen." (*Physica*)

Weitere Rezepte:

Bienenhonig-Gesichtspackung 1

Zutaten:

1 TL Honig

1 TL Nährcreme

1 Spritzer Zitronensaft

Zubereitung und Anwendung:
Alles miteinander verrühren, auf das gereinigte Gesicht auftragen und nach 1/2 Stunde Einwirkzeit lauwarm abwaschen.
Diese Gesichtspackung wirkt pflegend für jeden Hauttyp.

Bienenhonig-Gesichtspackung 2
Zutaten:
2 EL Honig
1 EL Quark
Zubereitung und Anwendung:
Den Honig im Wasserbad erwärmen und den Quark darunterrühren.
Auf das gereinigte Gesicht auftragen, 1/2 Stunde einwirken lassen, dann warm abwaschen.
Diese Pflegepackung ist besonders gut geeignet für trockene Gesichtshaut.

Bienenhonig-Gesichtsmaske 1
Zutaten:
2 EL Honig
2 EL warme Milch
Zubereitung und Anwendung:
Milch und Honig gut miteinander vermischen, dann mit einem Pinsel auf das gereinigte Gesicht auftragen.
1/2 Stunde einwirken lassen, dann warm abwaschen.
Diese Gesichtsmaske ist durchblutungsfördernd und deshalb besonders geeignet für die fettige, unreine Haut.

Bienenhonig-Gesichtsmaske 2
Zutaten:
2 EL Honig
2 EL Weizenkleie
Saft einer halben Zitrone
Zubereitung und Anwendung:
Den Honig im Wasserbad erwärmen, dann die Weizenkleie und den abgefilterten Zitronensaft darunterrühren.
Auf das gereinigte Gesicht auftragen, 1/2 Stunde einwirken lassen.
Warm abwaschen und kalt nachspülen.
Diese Maske wirkt gleichermaßen reinigend und nährend.

Bienenhonig-Gesichtswasser
Zutaten:
1 EL Honig
1 Tasse destilliertes Wasser (in der Apotheke erhältlich)
1 Spritzer Zitronensaft
Zubereitung und Anwendung:
Den Honig im Wasserbad auflösen.
Das destillierte Wasser leicht erwärmen und darunterrühren und etwas Zitronensaft dazugeben.
In eine Flasche abfüllen und vor Gebrauch schütteln.
Das Gesichtswasser wirkt klärend und erfrischend für jeden Hauttyp.

Bienenhonig-Haarfestiger
Zutaten:
1 TL Honig (bei kurzem Haar etwas weniger, bei langem Haar etwas mehr)
1/4 l warmes Wasser
1 Spritzer Obstessig
Zubereitung und Anwendung:
Den Honig im warmen Wasser vollständig auflösen, dann den Obstessig dazugeben.
Nach dem Waschen und Spülen in Haar und Kopfhaut einmassieren.
Dieser Haarfestiger ist wirksam und dabei sehr schonend. Er macht das Haar auch durchaus nicht klebrig, sondern glänzend und füllig. Er ist für jedes Haar geeignet.

Bienenhonig-Haarwasser
Zutaten:
1/2 l kochendes Wasser
1 TL Glyzerin (in der Apotheke erhältlich)
2 EL Honig
Zubereitung und Anwendung:
Das Wasser auf gut handwarme Temperatur abkühlen lassen, dann mit dem Glyzerin und dem Honig gut vermischen.
In eine Flasche abfüllen.
Die Kopfhaut regelmäßig mit dieser Flüssigkeit massieren.
Das Haarwasser ist besonders gut geeignet zur Behandlung von fliegendem, glanzlosem Haar.

Bienenhonig-Ellenbogenpflege
Zutaten:
2 EL Honig
1 EL Zitronensaft
Zubereitung und Anwendung:
Den Honig im Wasserbad erwärmen, den Zitronensaft darunterrühren und die Ellenbogen mit dieser Mischung einpinseln.
Nach 1/2 Stunde warm abwaschen und die Ellenbogen mit Nährcreme massieren.
Diese Pflege macht rauhe Ellenbogen wieder zart und glatt.
Durch die bleichende Wirkung des Zitronensaftes ist sie auch besonders gut zur Behandlung roter Ellenbogen geeignet.

Bier

Das Bier ist für die Haarpflege ein wahres Wunderelixier, das es glänzend, locker und leicht frisierbar macht und gleichzeitig als ausgezeichneter Haarfestiger wirkt. Sie brauchen sich übrigens um einen eventuellen Biergeruch keine Sorgen zu machen – dieser verfliegt innerhalb weniger Minuten.

Hildegards Rezepte:
Hildegard von Bingen schreibt in ihrem Werk *Causae et Curae*, daß Bier dem Menschen als Getränk nützlicher sei als Wasser. Außerdem sagt sie:
„Das Bier macht das Fleisch des Menschen kräftig und gibt dem Gesicht aufgrund der Kraft und des guten Saftes des Getreides eine schöne Farbe." (*Causae et Curae*)
Auf jeden Fall wirkt ein gelegentliches Glas Bier, am Abend getrunken, aufgrund seines Hopfengehaltes beruhigend und sorgt so für den notwendigen „Schönheitsschlaf".

Weitere Rezepte:

Bier-Haarfestiger
Zutaten:
1 Glas Bier
Zubereitung und Anwendung:
Einfach nach dem Waschen das Bier über das ganze Haar verteilen und nicht wieder ausspülen.

Dieser Haarfestiger ist nicht nur äußerst wirksam – er klebt auch nicht und wirkt überdies sehr pflegend für jeden Haartyp.

Bier-Haarpackung
Zutaten:
1 EL Ei (Eigelb und Eiweiß)
2 EL Bier
Zubereitung und Anwendung:
Ei und Bier verrühren, auf das nasse Haar auftragen und 1/4 Stunde einwirken lassen.
Dann das Haar wie gewohnt waschen und spülen.
Diese Haarpackung wirkt bei regelmäßiger Anwendung gegen dünnes, brüchiges Haar.

Butter

Auch die Butter kann als Schönheitsmittel verwendet werden – nicht nur innerlich, sondern auch äußerlich. Butter enthält neben dem „Schönheitsvitamin" A Stearin, Palmitin und Olein. Weitere Angaben über die Butter finden Sie im Kapitel *Ernährung*.

Hildegards Rezepte:
Hildegard von Bingen empfiehlt in ihrer *Physica* vor allem Kuhbutter, die sie der Schaf- und Ziegenbutter vorzieht. Für gesunde Menschen ist ihrer Meinung nach die Butter gut zu essen. Für Kranke kann sie als Heilmittel wirken:
> „Ein Mensch, der dämpfig ist oder hustet, oder der am Körper dürr ist, der esse Butter, und sie heilt ihn innerlich und erquickt ihn."
> (*Physica*)

Weitere Rezepte:
Butter-Pflegecreme
Zutaten:
1 TL handwarme Butter
1 TL Nährcreme
1 Spritzer Zitronensaft
Zubereitung und Anwendung:
Die Butter verrühren, die Nährcreme und den Zitronensaft dazugeben.

Da Butter ein idealer Feuchtigkeitsspender ist, ist diese Creme besonders gut zur Pflege trockener und spröder Haut geeignet.
Man kann sie außerdem zur Pflege rissiger, gesprungener Hände verwenden.
Die „Buttercreme" bleibt im Kühlschrank 2 bis 3 Tage lang frisch.

Butter-Lippenpflege
Rissige, gesprungene Lippen werden schnell wieder zart, wenn man zwischendurch immer einmal wieder etwas Butter über die Lippen streicht.

Eier

Eier sind in der Schönheitspflege sehr vielseitig verwendbar. Sie enthalten u.a. die Vitamine A, D und H.

Hildegards Rezepte:
Hildegard rät vom Verzehr anderer Eier als Hühnereier ab.
„Alle Eier sind ihrer Natur nach mehr kalt als warm. Alle Eier jener Vögel, die immer im Flug sind und kräftig fliegen können, sind zum Essen schädlich, weil sie zäh und schleimig sind und fast wie Gift. Der Mensch soll sie nicht essen, denn wenn er dies täte, würden Skrofeln und der schlimme Wurm, der den Menschen zernagt, leicht in ihm wachsen." (*Physica*)
Nähere Angaben über die Verwendung von Eiern in der Küche finden Sie im Kapitel *Ernährung*.

Weitere Rezepte:
Eier-Haarwäsche
Zutaten:
2 Eigelbe
Zubereitung und Anwendung:
Wenn man statt eines Shampoos ab und zu zwei verquirlte Eigelbe verwendet, dient dies zur Gesunderhaltung jedes Haartyps.
Die Haare werden mit dem Eigelb wie mit Shampoo massiert.
Bei fettigem Haar geben Sie einen Schuß Rum oder Weinbrand in die Masse.

Das Eishampoo unter einem Handtuch eine Viertelstunde lang einwirken lassen. Dann das Haar gut ausspülen und ins letzte Spülwasser einen Schuß Obstessig geben.

Eier-Haarpackung 1
Zutaten:
1-2 Eigelbe (je nach Länge des Haares)
1 EL Rizinusöl (in der Apotheke erhältlich)
Zubereitung und Anwendung:
Das Eigelb mit dem Rizinusöl verrühren.
Diese Masse ins nasse Haar einmassieren, eine Duschhaube darübersetzen und mit einem Handtuch umwickeln.
1 Stunde lang einwirken lassen, dann wie gewohnt waschen.
Diese Haarpackung macht jedes Haar weich, glänzend und gut frisierbar.

Eier-Haarpackung 2
Zutaten:
1 EL Ei (Eiweiß und Eigelb)
2 EL Bier
Zubereitung und Anwendung:
Das Ei mit dem Bier gut verrühren.
Diese Masse gut in die Kopfhaut und das nasse Haar einmassieren.
1/4 Stunde einwirken lassen, dann wie gewohnt waschen.
Auch diese Haarpackung ist für jedes Haar geeignet.

Eier-Gesichtsmaske
Zutaten:
1 Eigelb
etwas süßes Mandelöl (in der Apotheke erhältlich)
1 Spritzer Zitronensaft
Zubereitung und Anwendung:
Die Zutaten miteinander verrühren und mit einem Pinsel auf das gereinigte Gesicht auftragen.
1/4 Stunde einwirken lassen, dann warm abwaschen.
Diese Maske ist besonders gut geeignet zur Pflege der trockenen, müden Haut.

Eier-Halspackung
Zutaten:
1 Eigelb
1 EL Olivenöl

Saft einer halben Zitrone
Zubereitung und Anwendung:
Eigelb und Olivenöl miteinander verrühren.
Dann tropfenweise den Zitronensaft dazurühren.
Die Mischung auf den gereinigten Hals auftragen und nach
1/2 Stunde Einwirkungszeit lauwarm abwaschen.
Anschließend eine in kaltes Wasser getauchte elastische Binde um den
Hals wickeln.
Nach 1 Stunde abnehmen und den Hals sanft mit Nährcreme massieren.
Diese Packung wirkt gegen Halsfalten und sollte bei starker Faltenbildung alle zwei Tage wiederholt werden.

Essig

Sehr vielseitig verwendbar in der Schönheitspflege ist der Obstessig.
Aber auch ganz gewöhnlicher Haushaltsessig kann als „Schönheitsessenz" verwendet werden.

Hildegards Rezepte:
Hildegard von Bingen schreibt über den Weinessig, daß man ihn in
Maßen verwenden solle, um Speisen schmackhafter zu machen:

> „Der Essig kommt vom Wein und taugt zu allen Speisen, wenn er
> ihnen auf solche Art beigegeben wird, daß er ihnen den Geschmack
> nicht wegnimmt." (*Physica*)

Zur Behandlung unreiner, geschwüriger Haut empfiehlt sie Essig auch
äußerlich – und zwar die „Essigmutter", die für den Ansatz von Essig
verwendet wird:

> „Wenn ein Mensch aufgebrochene Skrofeln an seinem Körper hat,
> nehme er Essigmutter, die im Essig liegt, presse sie, wie wenn Käse
> gepreßt wird, lasse sie trocknen und mache sie zu Pulver. Dies
> streue er auf die Skrofeln, und sie werden getrocknet und geheilt
> werden. – Wenn aber die Skrofeln nicht aufgebrochen sind, dann
> streiche er Essigmutter mit ihrem Saft darüber und lege sie auch auf
> und binde ein Tuch darüber. Dann werden sie verschwinden."
> (*Physica*)

Weitere Rezepte:

Essig-Haarspülung
Zutaten:
Geben Sie ins letzte Spülwasser einen Schuß Obst- oder Haushalts-essig.
Diese Spülung macht jedes Haar seidig und glänzend.

Essig-Schuppenbehandlung
Zutaten:
1/2 Tasse Obstessig
1/2 Tasse Wasser
Zubereitung und Anwendung:
Die beiden Flüssigkeiten miteinander mischen.
Das Haar in Scheitel teilen und die Kopfhaut mit einem Wattebausch oder Pinsel betupfen.
Bei regelmäßiger Anwendung ist diese Behandlung sehr wirksam gegen Schuppen – sowohl bei trockener als auch bei fettiger Kopfhaut.

Essig-Badezusatz
Zutaten: 1/4 l Obstessig
Zubereitung und Anwendung: Geben Sie den Essig ins Badewasser.
Ein solches Bad ist besonders wirksam zur Behandlung fettiger, unreiner Körperhaut.

Essig-Handbad
Zutaten:
3 EL Obstessig
1 l warmes Wasser
Zubereitung und Anwendung:
Den Obstessig in das Wasser geben und die Hände ausgiebig darin baden.
Bei regelmäßiger Anwendung helfen diese Handbäder gegen feuchte Hände, pflegen aber auch rissige und aufgesprungene Hände.

Essig-Fußbad
Zutaten:
1 Tasse Obstessig
1 Schüssel warmes Wasser
Zubereitung und Anwendung:
Den Obstessig in das Wasser geben und ein ausgiebiges Fußbad darin nehmen.

Bei regelmäßiger Anwendung wirken diese Bäder gegen Schweißfüße. Sie sind aber auch eine Wohltat für müde, schmerzende Füße.

Essig-Deodorant
Zutaten:
1/2 l Obstessig
1 Handvoll getrocknete Lavendelblüten
Zubereitung und Anwendung:
Den Obstessig aufkochen lassen und die Lavendelblüten damit übergießen.
Nach dem Abkühlen durch Kaffeefilterpapier abseihen und die Flüssigkeit in eine Flasche – eventuell mit Sprühaufsatz – abfüllen.

Milch

Auch die Milch wird seit alters her – genau wie die aus ihr gewonnenen Produkte Buttermilch, Quark und Sahne – für die Schönheitspflege genutzt. Schließlich enthält sie das „Schönheitsvitamin" A, das die Haut zart und samtig macht.

Hildegards Rezepte:
Hildegard von Bingen schreibt in ihrer *Physica* über die Milch, daß sie im Winter heilsamer sei als im Sommer. Kranken Menschen empfiehlt sie vor allem abgekochte Milch, in die Brennesseln eingelegt wurden. Nähere Angaben zur Verwendung der Milch in der Ernährung finden Sie im Kapitel *Ernährung*.

Weitere Rezepte:
Milch-Gesichtswaschung
Zutaten:
etwas Milch oder Buttermilch
Zubereitung und Anwendung:
Empfindliche Haut ist dankbar, wenn man sie statt mit Wasser mit einem in Milch oder Buttermilch getauchten Wattebausch reinigt.
Die Buttermilchbehandlung soll bei regelmäßiger Anwendung übrigens auch gegen Sommersprossen wirken.

Milch-Gesichtspackung
Zutaten:
1/2 Banane
2 EL Quark
2 EL Milch
Zubereitung und Anwendung:
Die Banane zerdrücken und mit dem Quark und der Milch verrühren.
Die Masse auf das gereinigte Gesicht auftragen und 1/4 Stunde einwirken lassen.
Mit viel lauwarmem Wasser abwaschen und mit etwas Milch nachspülen.
Diese Packung wirkt erfrischend und pflegend auf jede Haut.

Sahne-Gesichtspackung
Zutaten:
1 EL Sahne
2 EL Honig
etwas Mehl
Zubereitung und Anwendung:
Die Sahne mit dem Bienenhonig verrühren und so viel Mehl dazugeben, daß eine streichfähige Masse entsteht.
Diese auf das gereinigte Gesicht auftragen und 1/4 Stunde lang einwirken lassen.
Dann lauwarm abwaschen.
Diese Packung ist besonders gut geeignet zur Pflege der trockenen, empfindlichen Haut.

Buttermilch-Augenkompressen
Zutaten:
2 Wattebäusche
etwas Buttermilch
Zubereitung und Anwendung:
Die Wattebäusche in etwas Buttermilch tränken und auf die gereinigte Augenpartie legen.
10 Minuten einwirken lassen.
Diese Kompressen empfehlen sich besonders zur Behandlung von roten und ermüdeten Augen.

Quark-Augenkompressen

Zutaten:

2 EL Quark

2 Batisttücher

Zubereitung und Anwendung:

Je 1 EL Quark in die beiden kleinen Batisttücher geben und diese als Kompressen auf die gereinigte Augenpartie legen.

10 Minuten lang einwirken lassen.

Diese Kompressen sind sehr wirksam zur Behandlung von Augenringen und verquollenen Lidern.

Milch-Haarkur

Zutaten:

1 Tasse Milch

1 Baumwolltuch

Zubereitung und Anwendung:

Das Baumwolltuch in der Milch tränken und das Haar mit diesem gründlich massieren. Nach 1/4 Stunde lauwarm ausspülen.

Diese Haarkur wirkt pflegend für jeden Haartyp.

Milch-Badezusatz

Zutaten:

1 l Milch

1 Tasse Honig

Zubereitung und Anwendung:

Die Milch leicht erwärmen und den Honig darunterrühren.

Die Mischung dem Badewasser zusetzen.

Dieser Badezusatz ist besonders gut geeignet zur Pflege von trockener, schuppiger Körperhaut.

Buttermilch-Badezusatz

Zutaten:

3 l Buttermilch

Zubereitung und Anwendung:

Setzen Sie die Buttermilch dem Badewasser zu.

Dieses Bad ist erfrischend, pflegend und regenerierend.

Verstärkt wird die pflegende Wirkung noch, wenn Sie vor dem Bad den ganzen Körper mit reinem Olivenöl (im Reformhaus oder Naturkostladen erhältlich) einreiben.

Salz

Gewöhnliches Kochsalz ist ein äußerst wirksames Schönheitsmittel. Es enthält Mineralstoffe und wirkt durch seine kristalline Struktur als natürliches Körperpeeling.

Hildegards Rezepte:
„Das Salz ist sehr warm und etwas feucht, und es ist zu mancherlei nützlich." (*Physica*)
Sie rät zur mäßigen Anwendung des Salzes als Speisewürze:
„Wenn ein Mensch die Speisen ohne Salz ißt, macht ihn das innerlich lau. Aber wenn er sie mäßig gemischt mit Salz ißt, stärkt und heilt es ihn. Wer aber eine zu stark gesalzene Speise ißt, den macht es innerlich dürr und schadet ihm." (*Physica*)
Nähere Angaben über den Gebrauch von Salz in der Küche finden Sie im Kapitel *Ernährung*.

Weitere Rezepte:
Salz-Fußbad
Zutaten:
2 Handvoll Salz
1 Schüssel warmes Wasser
Zubereitung und Anwendung:
Das Salz in die Schüssel geben und mit dem warmen Wasser übergießen.
Die Füße ausgiebig darin baden.
Solche Fußbäder sind sehr wirksam zur Behandlung geschwollener Füße, die dadurch außerdem weich und glatt werden.
Salz-Schälkur (Peeling)
Zutaten:
6 EL Salz
etwas Milch
Zubereitung und Anwendung:
Das Salz mit der Milch verrühren, so daß ein dicker Brei entsteht.
Mit diesem wird der ganze Körper kräftig massiert.
Anschließend baden oder duschen.
Diese Schälkur macht die Haut seidenweich.

Badesalz

Zutaten:

500 g Salz

2 TL Parfümöl (in Naturkostläden, Apotheken und inzwischen auch in vielen Kaufhäusern erhältlich)

20 g 70prozentiger Alkohol (in der Apotheke erhältlich)

Zubereitung und Anwendung:

Das Parfümöl im Alkohol lösen und die Mischung portionsweise unter das Salz rühren.

1 Stunde lang unbedeckt stehenlassen, dann in ein verschließbares Glas abfüllen.

Für ein Vollbad benötigen Sie etwa 100 Gramm Badesalz.

Das Salz wirkt pflegend auf die Haut; durch den gewählten Duft können Sie das Bad auch aromatherapeutisch einsetzen: So wirkt Lavendel entspannend, Rosmarin erfrischend und Melisse beruhigend.

Wein

Auch der Wein kann zur Hautpflege verwendet werden. Er wirkt anregend und ist besonders geeignet zur Pflege fettiger und unreiner Haut.

Hildegards Rezepte:

Hildegard von Bingen schreibt über den Wein:

"Der Wein ist das Blut der Erde und ist in der Erde wie das Blut im Menschen." (*Causae et Curae*)

Sie rät dazu, trockene Weine zu trinken und diese möglichst mit Wasser zu mischen.

Sie gibt folgendes Rezept gegen unreine Körperhaut und Geschwüre an:

Ölwein

"Wenn jemand Geschwüre an seinem Körper hat ..., mische er reinen und guten Wein mit einem Drittel Olivenöl. Wenn das Geschwür ... schon am zweiten oder dritten Tag Fäulnis oder Schwärze zeigt oder wenn es groß ist, soll er den vorgenannten Ölwein etwas wärmen und ein leinenes Tuch eintauchen. Mit diesem Tuch pflege er das Geschwür, bis die Fäulnis abnimmt. Wenn das Geschwür ... klein ist, dann tauche er eine Feder in den Ölwein, der kalt und nicht gewärmt sein soll, und mit der Feder reinige er das Geschwür ... ein wenig." (*Physica*)

Schönheit kann man essen

SCHÖNHEITSPFLEGE darf nicht nur von außen kommen – sie muß vor allem von innen her angelegt werden, z. B. durch eine gesunde Lebensweise. Zu dieser gehört vor allem eine ausgewogene Ernährung.

Oft kann man ganz gezielt mit Lebensmitteln einem Schönheitsproblem entgegenwirken. Das soll in der folgenden kleinen Auflistung dargestellt werden. Über die einzelnen Früchte, Gemüse und anderen Lebensmittel finden Sie nähere Angaben im Kapitel *Ernährung*.

Verzichten sollten Sie möglichst auf die folgenden Nahrungsmittel:
- weiße Feinmehle (nehmen Sie statt dessen lieber naturbelassene Mehle aus dem Reformhaus oder dem Naturkostladen);
- Weißbrot, Brötchen, Feingebäck;
- weißen Zucker (verwenden Sie zum Süßen möglichst Honig oder braunen Zucker);
- Limonaden und kohlensäurehaltige Getränke;
- Süßigkeiten, Konfekt;
- Konserven (verwenden Sie statt dessen frische oder tiefgefrorene Ware);
- scharfe Gewürze.

Alle diese Nahrungsmittel schaden auf die Dauer nicht nur Ihrer Gesundheit – sie verschlechtern auch Ihre Haut. Es macht sicherlich nicht viel Mühe, den Küchenzettel auf gesündere Kost umzustellen – schließlich ist das die bequemste und billigste Art, schön zu bleiben.

Äpfel

In jeder Zubereitungsform – roh, als Gelee, Kompott, Mus oder Saft – sorgen die vitaminreichen Äpfel für eine reine Haut. Durch ihren Gehalt an Silizium wirken sie außerdem der Hauterschlaffung entgegen und kräftigen Haare und Fingernägel.

Birkenblätter

Aus Birkenblättern läßt sich ein wohlschmeckender Tee herstellen, der bei regelmäßigem Genuß (1 Monat lang 1 Tasse pro Tag trinken) gegen unreine Haut wirkt. Birkenblätter haben einen bitteren Geschmack –

süßen Sie den Tee deshalb mit Honig, der ebenfalls der Schönheitspflege von innen dient.

Birnen

Birnen entschlacken und entwässern den Körper – sie sind deshalb besonders freundlich zu Ihrer Figur.

Bohnen

Bohnen enthalten die Vitamine B2 und B3. Sie verhelfen zu einer gesunden Verdauung und damit zu reiner Haut. Gleichzeitig sind sie wichtig für die Regeneration der Hautzellen.

Brennesseln

Brennesseltee ist ein ideales Mittel für eine frische, jugendliche Haut. Man kann frische und getrocknete Blätter dazu verwenden. Auch Hautunreinheiten werden durch diesen Tee häufig innerhalb kürzester Zeit beseitigt. Täglich 2 bis 3 Tassen davon trinken. Man kann die frischen oder getrockneten Blätter auch an Soßen und Salate geben. Aus jungen Brennesselblättern lassen sich schmackhafte Salate, Spinat und Suppen herstellen.

Brunnenkresse

Frischer Kressesaft (aus dem Entsafter oder fertig aus dem Reformhaus) wirkt gegen Haarausfall. Durch den Gehalt an Provitamin A (Karotin) macht Kresse die Haut zart und rein, während Vitamin C sie widerstandsfähiger macht und zur Regeneration der Zellen beiträgt. Tee aus getrockneten Kresseblättern ist hautklärend und eignet sich besonders für die innerliche Behandlung von Pickeln und Mitessern.

Butter

Butter macht durch ihren Gehalt an Vitamin A die Haut zart und rosig, fördert den gesunden Haarwuchs und wirkt Hautunreinheiten entgegen. Das in ihr enthaltene Vitamin D macht stumpfes, brüchiges Haar wieder gesund und glänzend und wirkt gegen Schuppen.

Eier

Besonders vitaminreich ist das Eigelb (das übrigens mehr Eiweiß enthält als das Weiße des Eis!). Es enthält Vitamin A – für zarte Haut und gesunden Haarwuchs; Vitamin D – gegen stumpfes, brüchiges Haar und Schuppen; Vitamin H – zur Belebung und Erfrischung der Haut.

Gurke

Grüne Gurken enthalten Silizium und Schwefel. Beide Inhaltsstoffe sind wichtig für den gesunden Haarwuchs und verhindern Haarausfall.

Haferflocken

Durch ihre wertvollen Inhaltsstoffe (Lezithin, Vitamine, Mineralstoffe) sind Haferflocken ein wahres Schönheitsessen. Sie sorgen für gesundes Haar, kräftige Fingernägel und frische, jugendliche Haut.

Hagebutten

Hagebuttenmark und Hagebuttentee wirken durch ihren hohen Gehalt an Vitamin C hautklärend und hautfestigend. Deshalb sind sie besonders bei unreiner Haut zu empfehlen.

Himbeeren

Durch ihren Gehalt an Vitamin A sorgen Himbeeren für eine zarte samtige Haut.

Holunderbeeren

Durch ihren hohen Gehalt an Vitamin C beugen Holunderbeeren nicht nur Erkältungskrankheiten vor, sondern sorgen auch für einen schönen, klaren Teint. Man kann sie als Marmelade oder Saft genießen.

Honig

Honig enthält Vitamine, Kalzium, Eisen sowie mehrere andere Wirkstoffe, die bis heute noch nicht vollständig erforscht sind, aber sowohl der Gesundheit wie auch der Schönheit dienen. Honig strafft, festigt und klärt die Haut, glättet den Teint und gibt ihm eine frische, jugendliche Farbe. Durch seinen Gehalt an Silizium wirkt Honig außerdem gegen Haarausfall und brüchige Fingernägel.

Huhn

Hühnerfleisch ist reich an Vitamin B6. Dieses ist zur Zellregeneration nötig. In der Hühnerleber ist vor allem das „Schönheitsvitamin" A enthalten. Es sorgt nicht nur für einen gesunden Haarwuchs, sondern macht auch die Haut zart und rein.

Joghurt

Joghurt ist durch seinen hohen Eiweißgehalt eine wahre Schönheitskost, die sich vorteilhaft auf Haut, Haar und Nägel auswirkt. Die im Joghurt enthaltenen darmreinigenden Bakterien sorgen für einen reinen Teint.

Kamille

Wenn Sie immer wieder einmal einige Wochen lang 1 bis 2 Tassen Kamillentee pro Tag trinken, wirkt dies gegen schlaffe und unreine Haut.

Karotten

Karotten sind reich an Vitamin A. Karottensaft und frische Karotten bewirken eine Festigung von Haut, Haar und Nägeln und sorgen für einen zarten, samtigen Teint. Karotten sind zur Verbesserung jeder Haut geeignet, vor allem aber für trockene und unreine Haut.

Kletten

Der Tee aus getrockneten Klettenblättern strafft welke und schlaffe Haut. 4 Wochen lang täglich 1 Tasse davon trinken.

Leber

Rinder- und Schweineleber enthält – wie auch Herz und Niere – reichlich Vitamin B. Dieses Vitamin ist gut für die Haut und kräftigt das Gewebe. Außerdem enthält Leber Vitamin A – gegen trockene Haut, brüchige Fingernägel, Akne; Vitamin F (ungesättigte Fettsäuren) gegen Haarausfall und stumpfes, glanzloses Haar; Vitamin H zur Erfrischung und Belebung der Haut.

Leinsamen

Leinsamenschrot ist ein ideales inneres Schönheitsmittel bei fettiger und unreiner Haut. Essen Sie täglich morgens und abends je einen Teelöffel davon – z. B. unter den Joghurt oder das Müsli gerührt.

Löwenzahn

Salat aus frischen und Tee aus getrockneten Löwenzahnblättern wirkt hautklärend und ist deshalb besonders geeignet zur inneren Behandlung der unreinen Haut.

Milch

Wer Milch gut vertragen kann, sollte täglich mindestens 1 Glas davon trinken. Milch enthält neben Proteinen auch wichtige Mineralstoffe, die sich vorteilhaft auf Haar und Nägel auswirken, und außerdem reichlich Vitamine: Vitamin A sorgt für gesunden Haarwuchs und reine Haut, Vitamin D wirkt besonders gegen stumpfes, brüchiges Haar und Schuppen, Vitamin F (ungesättigte Fettsäuren) belebt trockene Haut, beugt Haarausfall vor und macht brüchige Fingernägel wieder fest, Vitamin H wirkt gegen Schuppen, Pickel und Mitesser.

Petersilie

Petersilie wirkt hautklärend und macht einen frischen Teint. Verwenden Sie sie deshalb häufig als Küchenwürze.

Pfirsiche

Pfirsiche sind reich an den Vitaminen A und B. Sie straffen und klären die Haut und tragen zu einem wahren „Pfirsichteint" bei.

Rote Bete

Rote Beten enthalten die Vitamine A und B. Sie wirken gewebekräftigend, reinigen fettige, unreine Haut und wirken auch vorteilhaft auf den Haarwuchs.

Salat

Salat enthält in hohem Maße Vitamin A – das macht die Haut zart und rein – und Vitamin C – dieses trägt zur Zellerneuerung und zur Kräftigung des Gewebes bei.

Sauerkraut

Sauerkraut sollte – roh oder gekocht – in regelmäßigen Abständen auf jedem Speiseplan erscheinen. Es enthält neben Vitamin A – dem „Schönheitsvitamin", das jede Haut zart und rein macht – auch Vitamin B, das zur Zellgeneration beiträgt, außerdem Milchsäure zur Klärung unreiner Haut.

Spinat

Spinat ist reich an Vitamin A, schützt vor Haarausfall und macht außerdem brüchige Fingernägel wieder hart und kräftig. Auch auf die Haut hat Spinat einen überaus günstigen Einfluß.

Thymian

Als Tee getrunken (1 Monat lang täglich 1 Tasse) und so oft wie möglich als Gewürz angewandt, wirkt Thymian gegen fettige und unreine Haut.

Weizen

Weizenkeime enthalten den gesamten Vitamin-B-Komplex, wirken also gegen Haarausfall, frühzeitiges Ergrauen und brüchige Fingernägel. Diese Wirkung wird unterstützt durch den Siliziumgehalt der Weizenkeime. Sie können Weizenkeime nicht nur in Ihr Frühstücksmüsli rühren, sondern auch unter Salate und Gemüse mischen.

Weizenkeimöl enthält ebenfalls viele wichtige Vitamine, die für Gesundheit und Schönheit unerläßlich sind. Sie können Weizenkeimöl zum Anmachen von Salaten verwenden oder es in Kapseln (in der Apotheke erhältlich) zu sich nehmen.

Weizenkleie enthält das zur Zellerneuerung wichtige Vitamin B6. Weizenkleie – ins Müsli oder unter Salate gerührt – entschlackt und verjüngt die Haut.

Edelsteine

Hildegard von Bingen – ihre Schriften über Metalle und Edelsteine

SCHON immer faszinierten Steine und Metalle die Menschen – zum einen natürlich wegen ihrer Schönheit, zum anderen wegen ihrer heilkräftigen Wirkungen. Auch Hildegard von Bingen hat sich zeit ihres Lebens in ihren Forschungen sehr intensiv mit den Edelsteinen und Metallen und deren Wirkung auf den Menschen beschäftigt. Den Edelsteinen schreibt sie eine besondere Heilkraft zu, weil der Teufel diese Steine fürchtet und durch ihre Macht vertrieben werden kann. Hildegard sieht die Gründe für Erkrankungen nicht nur in physischen oder psychischen Ursachen, sondern auch in spirituellen Zusammenhängen.

In der *Scivias* schreibt sie:

„Jeder Stein enthält Feuer und Feuchtigkeit. Die teuflische Schar schreckt vor kostbaren Steinen zurück und haßt und verschmäht sie, denn sie erinnert sich daran, daß ihr Glanz sich auch in ihnen zeigte, bevor sie aus der ihnen von Gott verliehenen Ehrenstellung (als Engel) hinabstürzten, und auch, weil verschiedene Edelsteine ihren Ursprung im Feuer haben, in dem die gefallenen Engel nun ihre Strafe gefunden haben. Denn durch den Willen Gottes wurde die teuflische Schar durch das Feuer besiegt und stürzte ins Feuer, wie sie auch durch das Feuer des Heiligen Geistes besiegt wird, wenn Menschen durch die Einhauchung des Heiligen Geistes ihrem Rachen entrissen werden.“

Im 4. Buch ihrer *Physica* beschäftigt sich Hildegard ausführlich mit den Steinen, im 9. Buch mit den Metallen. In beiden Büchern beschreibt sie aus der Sicht ihrer Visionen deren Entstehung und ihren Zusammenhang mit dem Menschen im göttlichen Plan. Sie gibt zudem zahlreiche Hinweise, wie ein Mensch sich durch Edelsteine und Metalle vor Krankheiten und anderen Übeln schützen oder sich von ihnen befreien kann. Viele ihrer Rezepte erscheinen uns heute undurchführbar oder gar unbrauchbar – dabei darf man nicht vergessen, daß sie dem Wissensstand ihrer Zeit entsprachen, der zum großen Teil auf antiken Überlieferungen beruhte. Andererseits gibt es heute alternative Heilmethoden, die erfolgreich mit dem Einsatz von Steinen und Metallen arbeiten.

Ungelöste Rätsel

Hildegards *Buch von den Steinen* gibt den Forschern immer noch zahlreiche Rätsel auf. Sie sind sich allerdings darüber einig, daß verschiedene Stellen des Buches durch spätere Bearbeitung verfälscht worden sind, beispielsweise solche Passagen, die sich mit den magischen Wirkungen der Edelsteine beschäftigen. Immer wieder wird auch die Frage gestellt, ob nicht noch weitere Teile unecht und erst später hinzugefügt worden sind.

In diesem Zusammenhang ist es interessant, daß zu Lebzeiten von Hildegard von Bingen zwar der Glaube an die Heilkraft der Kräuter schon seit langem von großer Bedeutung war, die medizinische Verwendung der Edelsteine im deutschen Kulturbereich aber erst sehr viel später entdeckt wurde – nicht zuletzt aufgrund des Studiums antiker Quellen. Gerade in diesem Zusammenhang verwundert es, daß die gedruckte Erstausgabe der *Physica* zwar alle anderen acht naturwissenschaftlichen Bücher enthält, aber nicht das *Buch von den Steinen*. Besonders erstaunlich ist das deshalb, weil um diese Zeit (etwa ab 1500) Edelsteine eine besondere Rolle in der Heilkunde spielten.

Rätselhaft ist außerdem, daß Hildegard in ihrem medizinischen Werk *Causae et curae* eine Fülle von Rezepten aus dem Tier- und Pflanzenreich angibt, aber nicht ein einziges aus dem Reich der Mineralien.

Solange diese offenen Fragen nicht geklärt sind, kann Hildegards *Buch von den Steinen* im Rahmen ihrer *Physica* nicht als authentisch angesehen werden – was aber kein Hinderungsgrund dafür sein sollte, sich mit diesem besonderen Gebiet der Heilkunde zu befassen, die eine sehr alte Tradition aufweist und inzwischen zahlreiche moderne Entwicklungen erfahren hat. Ähnliches gilt auch für das *Buch von der Art der Metalle*, das den 9. Teil der *Physica* darstellt. Forscher sind sich ebenfalls nicht sicher, ob uns hierbei eine Originalschrift der Hildegard von Bingen oder ein später in ihrem Namen verfaßtes Manuskript vorliegt. Auf jeden Fall ist zu vermuten, daß auch im *Buch von der Art der Metalle* verschiedene Traditionen aus dem Mittelalter und der Renaissance miteinander vermischt dargestellt sind.

Die Welt der Edelsteine

WENN MAN bedenkt, daß unsere schönsten und kostbarsten Steine – wie beispielsweise der Diamant, der Rubin, der Saphir, der Smaragd und der Amethyst – aus so „einfachen" Grundelementen wie Kohlenstoff, Tonerde, Kieselsäure, Kalk und Magnesium entstanden sind, ist dies schon ein Wunder für sich. Deshalb ist es auch nicht erstaunlich, daß wegen ihres Glanzes und ihrer Seltenheit ihren Besitzern übernatürliche, ja geradezu göttliche Kräfte zugesprochen wurden. So heißt es schon in einem altägyptischen Hymnus an den Gott Osiris:

> „Du bist es, der Glieder von Gold, einen Kopf von Lapislazuli und eine Krone von Malachit hat."

Die einbalsamierten Leichname der Pharaonen wurden ebenfalls reich mit Edelsteinen geschmückt – was nicht nur ihre Gottähnlichkeit unterstrich, sondern auch zusammen mit der Einbalsamierung verhindern sollte, daß ihre Körper verwesten. Denn nur in einen unverwesten Körper konnte ihre Seele zurückkehren.

Auch wichtige ägyptische Amt- und Würdenträger trugen bei Ausübung ihres Amtes bestimmte Edelsteine. Wenn beispielsweise die Priester ihre heilkundlichen Fähigkeiten ausübten, schmückten sie sich mit einem Jaspis. Und zur Amtstracht der Richter gehörte ein Lapislazuli, in dem die Hieroglyphe für „Wahrheit" eingeschnitten bzw. eingeritzt war.

Der griechische Philosoph Aristoteles (384–322 v. Chr.) äußert sich insbesondere über den Diamanten, dessen Eigenschaften er offensichtlich gründlich erforscht hat. Interessant ist die Art und Weise, in der er in seinem Werk *Über die Steine* den Diamanten mit dem Gold in Zusammenhang bringt:

> „Die Natur des Diamanten ist im vierten Grad der Kälte und Trockenheit. Er besitzt zwei besondere Eigenschaften. Die eine davon ist, daß er mit keinem natürlichen Körper zusammengebracht werden kann, ohne ihn zu zerdrücken und zu zerbrechen. Wenn er auf den Körper getan wird, spaltet er ihn. Auch hat kein einziger Stein Macht über ihn, diese hat nur Blei.
> Die Farbe des Diamantsteins ist die Farbe des Salmiaks. Der Stein Diamant und das Gold lieben sich gegenseitig, und der Diamant be-

wegt sich rasch zum Golde hin. Wird der Diamant mit Hilfe des
Bleis pulverisiert auf eine eiserne Spitze gebracht, so durchbohrt er
alle Arten von Gestein und Steinen wie Perlen, Rubin, Saphir, Smaragd und andere."
Aus diesem Grund wurde der Diamant im Griechischen auch *adamas*
– der Unbezwingliche – genannt.

Aber auch über den Türkis berichtet Aristoteles und macht eine Anmerkung über seinen psychotherapeutischen Wert für depressive
Menschen:

> „Dies ist ein grüner Stein, mit Blau gemischt, und in ihm ist etwas,
> das sich durch Schönheit des Anblickes auszeichnet. Es ist ein Stein,
> dessen Farbe mit der Reinheit der Luft rein ist und bei ihrer Trübung
> sich trübt. In seiner Substanz ist Weichheit. Wenn geschmolzenes
> Gold mit ihm zusammenkommt, so nimmt es ihm seine Schönheit.
> Seine Farbe erfreut den Sorgenbeladenen." (*Über die Steine*)

Edelsteine in der Bibel

Gerade im Zusammenhang mit der Edelsteinkunde der Hildegard von
Bingen sind die biblischen Zitate, die sich sowohl im Alten wie im
Neuen Testament reichlich finden, von Interesse. Im Buch Exodus
(2. Buch Mose, 17–20) wird beispielsweise das rituelle Gewand des
Hohenpriesters ausführlich beschrieben – nicht zuletzt die Edelsteine,
mit denen es besetzt war: Sarder, Topas, Smaragd, Rubin, Saphir, Jaspis, Hyazinth, Diamant, Achat, Amethyst, Chrysolith, Karneol, Opal
und Onyx als Symbole für die zwölf Stämme Israels.
Und der Prophet Hesekiel beschreibt eine seiner Visionen folgendermaßen:

> „Du weiltest im Eden, im Gottesgarten. Lauter Edelsteine waren
> dein Kleid: Karneol, Topas und Jaspis, Chrysolith, Beryll und
> Onyx, Saphir, Rubin und Smaragd. Deine Fassung und deine Ver-
> zierung waren aus Gold. Sie wurden erschaffen am Tag, da du er-
> schaffen warst. Du warst auf dem heiligen Gottesberg und ergingst
> dich inmitten feuriger Steine." (Hesekiel 28, 13–15)

Auch für den Propheten Jesaja spielen Edelsteine eine wichtige Rolle:

> „Siehe, ich bette deine Steine in Bleiglanz und gründe dich aus Sa-
> phiren. Ich baue deine Zinnen aus Rubinen, deine Tore aus Karfun-

kelstein und deine Umfriedung aus Edelgestein." (Jesaja 54, 11 und 12)

Tobias beschreibt seine Vision von der Stadt Gottes so:

„Jerusalems Tore sind aus Saphir gefügt und Smaragd, aus edlem Gestein alle seine Mauern ringsum." (Tobias 13, 20)

Dies ist nur eine kleine Auswahl von Zeugnissen aus dem Alten Testament, die sich auf die Edelsteine beziehen. Für Hildegard von Bingen am wesentlichsten aber ist die Offenbarung des Johannes im Neuen Testament, aus der sie die dort genannten zwölf Steine übernimmt – allerdings in einer anderen Reihenfolge – und sie durch einige weitere ergänzt:

„Die Mauer war aus Jaspis und die Stadt selbst aus lauterem Gold so rein wie Glas. Die Grundmauern waren mit allerlei Edelsteinen geziert: Der erste Grundstein war ein Jaspis, der zweite ein Saphir, der dritte ein Chalzedon, der vierte ein Smaragd, der fünfte ein Sardonyx, der sechste ein Sardis, der siebte ein Chrysolith, der achte ein Beryll, der neunte ein Topas, der zehnte ein Chrysopras, der elfte ein Hyazinth, der zwölfte ein Amethyst. Die zwölf Tore waren zwölf Perlen, jedes Tor war eine Perle. Die Straßen der Stadt waren reines Gold wie durchsichtiges Glas." (Offenbarung 21, 18–21)

Die Wertschätzung, die edle Steine in der Bibel finden, hat nicht nur etwas mit ihrer Kostbarkeit und Seltenheit zu tun. Jedem Stein sind auch bestimmte Eigenschaften zugeordnet, die ihn mit seinem göttlichen Ursprung verbinden. Es geht in der Vision des Johannes – wie auch in den anderen biblischen Äußerungen über die Edelsteine – weniger um eine äußerliche Prachtentfaltung als vielmehr um den spirituellen Glanz des göttlichen Wesens, der sich in ihnen manifestiert und so auch für das menschliche Auge sichtbar wird. Dieser Gesichtspunkt steht auch für Hildegard im Vordergrund. Zu Beginn dieses Buches wurde sie bereits zitiert im Zusammenhang damit, welche Bedeutung sie den Edelsteinen im Kampf gegen die teuflischen Mächte beimißt.

Die Entstehung der Edelsteine – aus der Sicht Hildegards von Bingen

In der Einleitung zu ihrem *Buch von den Steinen* beschreibt Hildegard von Bingen auch, wie sie sich die Entstehung der Edelsteine vorstellt:

„Die Edelsteine und Juwelen entstehen in der Gegend des Orients
und in jenen Gegenden, wo allzugroße Hitze der Sonne herrscht.
Denn die Berge jener Gegenden haben durch die Sonnenhitze eine
große Hitze wie Feuer. Auch die Flüsse, die in jenen Landstrichen
fließen, sieden beständig durch die allzugroße Hitze der Sonne."
(*Physica*)

Wenn es zu Überschwemmungen komme – so fährt Hildegard fort –
berührten sich die siedenden Wassermassen und die heißen Berge. Dabei entstünde dann eine Art Schaum, der wie „Glitten" an den feurigen
Steinen hängenbleibe und nach einigen Tagen selbst zu einem Stein er-
härte. Weiterhin beschreibt sie den Entstehungsprozeß:

„Wenn dann die Überschwemmung aufhört, so daß die Wasser wieder in ihr Flußbett zurückkehren, dann wird der Schaum ausge-
trocknet, der an verschiedenen Stellen den Bergen anhaftete. Dies
geschieht durch die Sonnenwärme, gemäß den verschiedenen Stunden des Tages und gemäß der verschiedenen Wärme jener Stunden.
Daher erhalten auch die Steine gemäß der unterschiedlichen Wärme
ihre Farben und ihre Kräfte." (*Physica*)

Durch die Austrocknung erhärten sich die Edelsteine, lösen sich an vielen Stellen wie Schuppen und fallen in den Sand. Bei weiteren Überschwemmungen werden sie wieder von den Flüssen aufgenommen und
zum Teil in andere Gegenden geschwemmt, wo sie dann von den Menschen gefunden werden.

Die Erweckung des Guten im Menschen

Am wichtigsten sind für Hildegard von Bingen die Eigenschaften der
Edelsteine, die den Menschen in seiner moralischen Entwicklung unterstützen können. Da sie aus Feuer und Wasser entstanden sind, tragen
sie auch die Eigenschaften dieser beiden Naturelemente in sich. Diese
können vielfältig eingesetzt werden, allerdings nur für solche Aufga-
ben, die „gut und ehrbar und dem Menschen nützlich sind, nicht aber
Werke der Verführung, Unzucht, des Ehebruchs, der Feindschaft, des
Mords und ähnliches, was zum Laster hinstrebt und was dem Menschen entgegengesetzt ist". (*Physica*)

Es sei – so Hildegard – in der Natur des Edelsteins durch göttlichen
Willen angelegt, daß er nur das Gute fördere und das Böse ver-

schmähe. Mit dem Glanz der Edelsteine habe Gott die Engel geschmückt. Luzifer wurde dadurch überheblich und wollte Gott gleich
werden, was zu seinem Sturz in die Hölle führte. Die Edelsteine aber
vernichtete Gott nicht, denn:

> „Wie Gott den Adam zu einer besseren Beziehung wiedergewann,
> so ließ Gott weder die Schönheit noch die Kraft dieser Edelsteine
> zugrunde gehen, sondern er wollte, daß sie auf der Erde seien zu
> Ehre und Segnung und für die Heilkunst." (*Physica*)

Magie und Heilkunst

Zu allen Zeiten waren Magie und Heilkunst eng miteinander verknüpft.
Die Priester waren in vielen Kulturen zugleich auch Ärzte und Magier
– was ja in verschiedenen südamerikanischen, afrikanischen und asiati-
schen Kulturen heute noch der Fall ist. Die Schönheit und Seltenheit
der Edelsteine forderte fast zwingend dazu heraus, sie auch für magische Zwecke zu verwenden.

So erwähnt der römische Verfasser zahlreicher naturwissenschaftlicher
Werke Plinius (23–29) in seiner *Naturalis historia* neben dem Mondstein, der nach seinen Worten einer menschlichen Zunge gleiche, den
Chelonit, den „Schildkrötenstein" der alten Inder. Legt man sich einen
dieser Steine unter die Zunge, könne man in die Zukunft blicken. Dagegen galt in der Türkei in früheren Jahrhunderten der Türkis als Stein
der Hellseher und Wahrsager.

Auch gegen Gefahren aller Art sollten die magischen Eigenschaften der
Edelsteine schützen. Die Kreuzfahrer des Mittelalters glaubten, daß ein
Turmalin sie unverwundbar mache. Diese Qualität wurde später auch
dem Aquamarin zugeschrieben.

Große Bedeutung hatten Edelsteine auch in der Liebe, woran sich im
Grunde bis heute nichts geändert hat – wenn man auch über die magischen Hintergründe in unseren Zeiten kaum noch etwas weiß. Im Mittelalter wurde vor allem der Mondstein zum Liebeszauber verwendet
und sollte den geliebten Menschen dazu bringen, die eigene Neigung
zu erwidern. Im alten China war es der Turmalin, der die Liebe zwischen zwei Menschen beschützte.

Man schrieb den Edelsteinen eine leuchtende Seele zu und brachte sie deshalb in der Astrologie auch mit den Planeten und den einzelnen Tierkreiszeichen in Verbindung. Auch heute tragen viele Menschen wieder gerne Schmuck mit ihren „Monatssteinen" und betrachten diese als glückbringende Talismane.

Die Planeten und ihre Edelsteine:

Mars:	Rubin
Venus:	Achat
Merkur:	Topas
Mond:	Smaragd
Sonne:	Diamant
Jupiter:	Saphir
Saturn:	Onyx
Uranus:	Aquamarin
Neptun:	Chrysolith

Die Tierkreiszeichen und ihre Edelsteine

Widder (21.3.–20.4.):
Rubin, Diamant, Amethyst

Stier (21.4.–20.5.):
Saphir, Karneol, Achat, Smaragd

Zwillinge (21.5.–21.6.):
Topas, Bergkristall, Beryll, Aquamarin

Krebs (22.6.–22.7.):
Smaragd, Opal, Perle

Löwe (23.7.–23.8.):
Diamant, Rubin, Topas

Jungfrau (24.8.–23.9.):
Topas, Jaspis, Karneol, Hyazinth

Waage (24.9.–23.10.):
Topas, Opal, Beryll

Skorpion (24.10.–22.11.):
Karneol, Sardonyx, Topas

Schütze (23.11.–21.12.):
Saphir, Chalzedon, Topas, Amethyst

Steinbock (22.12.–20.1.):
Onyx, Chrysopras, Chalzedon

Wassermann (21.1.–19.2.):
Amethyst, Chalzedon, Saphir

Fische (20.2.–20.3.):
Topas, Saphir, Chrysolith

Erstaunlich ist es, daß die Kirche die Edelsteinmystik nicht verdammte, sondern sogar in einem Buch des Jesuitenpaters Philipp Schmidt eine Weiheformel für Edelsteine für das Epiphaniasfest (Dreikönigsfest, 6. Januar) empfiehlt, in der Bezug genommen wird auf die biblischen Quellen – beispielsweise über die Gestaltung der Gewänder der Hohenpriester und auf die Vision des Evangelisten Johannes über das himmlische Jerusalem. Darin heißt es:

„Wir bitten Deine Majestät demütig, daß Du diese Steine weihen und segnen mögest durch die Heiligkeit und Anrufung Deines heiligen Namens, damit sie, so geheiligt und geweiht, die wirksamen Kräfte erlangen, die ihnen nach der Erfahrung weiser Männer innewohnen. Mögen alle, die sie bei sich tragen, durch sie Deinen mächtigen Schutz und Deine Gnade erlangen durch Jesum Christum, Deinen Sohn, der die Quelle aller Heiligkeit ist."

In frühchristlicher Zeit sah die Beurteilung der Edelsteinmystik allerdings noch ganz anders aus. Der Kirchenschriftsteller Tertullian (160–220) beispielsweise läßt seinem Zorn über die Edelsteine freien Lauf:

„Jene kleinen Steinchen, die ihren Prunk mit dem des Goldes verbinden – wofür sonst soll ich sie erklären als für Brocken, Kieselchen, kleine Klümpchen der gleichen erdigen Substanz, ohne daß sie freilich dazu taugen, Fundamente zu festigen, Wände zu bauen, Dächer zu tragen?"

Schmuckstücke dieser Art befriedigten lediglich die Prunksucht „gewisser Dämchen", so meint er.

Im Laufe der Jahrhunderte fand die Kirche allerdings einen Kompromiß, der den „heidnischen" Aberglauben durch einen christlichen Ersatz ablöste. Reliquien und Heiligenbilder wurden mit kostbaren Steinen geschmückt, ebenso die Geräte für die Heilige Messe. Und so kam es schließlich dazu, daß auch bestimmte persönliche Schmuckstücke kirchlich geweiht wurden und als christliche Schutzmittel getragen werden durften.

Die Farben der Edelsteine

Weiß

Wissenschaftlich gesehen ist Weiß gar keine Farbe, sondern eher eine Nicht-Farbe. In unserem Kulturbereich galt sie von jeher als Farbe der Unschuld. Deshalb tragen beispielsweise Täuflinge, Kommunionskinder und Bräute weiße Kleidung. In Teilen Chinas dagegen war Weiß die bevorzugte Farbe der Trauer. Auch in unserem Kulturkreis werden bei Beerdigungen vorwiegend weiße Blumen zur Dekoration verwendet.

Im christlichen Glauben steht Weiß für Freude und Einheit. So werden auch die Engel vorwiegend in weißen Gewändern dargestellt – besonders jene Engel, die eine göttliche Botschaft zu überbringen haben, beispielsweise der Erzengel Gabriel aus der Verkündigung Mariens oder der Auferstehungsengel. Als liturgische Farbe erscheint in der katholischen Kirche die Farbe Weiß in den Priestergewändern an kirchlichen Freudentagen. Auch der Papst trägt Weiß.

Weiß (in vielen Fällen die Durchsichtigkeit) findet sich bei folgenden Edelsteinen: Diamant, Bergkristall, bei den Perlen und teilweise auch beim Opal.

Gelb

Das Gelb ist die Farbe der Sonne und des Goldes. In China galt es als heilige Farbe. Die Buddhisten sehen sie als Farbe der Wunschlosigkeit und Demut an, und Mönche und Nonnen tragen gelbe Gewänder als Zeichen ihres Strebens nach Erleuchtung.

Auch in der christlichen Symbolik spielt das Gelb eine zentrale Rolle – etwa bei den Engeln, vor allem bei dem Erzengel Gabriel. Hier verdeutlicht Gelb den schimmernden Schein der Sonnenstrahlen des Geistes, die als Weisheit den Engel berühren. Gelb und Weiß sind auch die Farben des Papstes und – anders angeordnet – des Vatikans.

Gelb findet sich in folgenden Edelsteinen: Topas und gelber Jaspis.

Rot

Schon immer galt Rot als Farbe der Liebe, aber auch als Farbe des Blutes, des Feuers und des Zorns. Aber es ist auch das Zeichen der Pracht und Herrschaft, vor allem das Purpurrot. Es begegnet uns in den Portieren der Festsäle und Paläste sowie bei den roten Teppichen, die zu festlichen Empfängen ausgerollt werden.

In der christlichen Kirche steht Rot für Grausamkeit, Märtyrertum und Begierde. Es wird an den Festen der Märtyrer getragen, die einst für den Glauben Blut und Leben opferten. In diesem Zusammenhang sollte auch das Kardinalrot genannt werden, das bei der Verleihung der Kardinalswürde ausdrücklich als Märtyrerfarbe bezeichnet wird, obwohl es als Purpur auch eine herrscherliche, der Leidensbereitschaft entgegengesetzte Symbolik beinhaltet. Am Pfingstfest werden – in Analogie zur Herabsenkung des Heiligen Geistes auf die in Jerusalem versammelten Jünger – rote Meßgewänder getragen.

Rot findet sich in folgenden Edelsteinen: Rubin, Karneol und roter Jaspis.

Grün

Das Grün ist die Farbe der Natur, deren Grünkraft (*viriditas*) Hildegard so hoch einschätzte. Es gilt außerdem als Farbe der Hoffnung.

Für Johann Wolfgang von Goethe stellte die grüne Farbe den Mittelpunkt seiner Farbenlehre dar, und er schrieb über sie:

„Unser Auge findet in derselben eine reale Befriedigung." Er betonte auch ihre statische, ruhende Bedeutung: „Man kann nicht weiter und man will nicht weiter."

Die christliche Symbolik kennt ebenfalls das Grün. So erinnert am Palmsonntag der Palmzweig an jenen Tag, als Jesus in Jerusalem einzog und ihm Palmwedel auf die Straße gestreut wurden. Am Gründonnerstag wird noch heute an vielen Orten junges Grün auf den Tisch gebracht – Spinat oder die ersten Kräuter, etwa in Form der Gründonnerstagssuppe. Dabei vermischt sich die christliche mit der vorchristlichen Symbolik.

Grün findet sich in folgenden Edelsteinen: Smaragd, Beryll, Chrysolith, Chrysopras und in manchen Opalen.

Blau

Blau ist nicht nur die Farbe des Himmels, sie gilt auch als Symbolfarbe der Treue. In der Romantik suchten die Dichter nach der „blauen Blume". Goethe bescheinigt dieser Farbe eine „unruhige, weiche sehnende Empfindung". Die Farbe Blau sei „in ihrer höchsten Reinheit gleichsam ein reizendes Nichts".

Vor allem in katholischen Ländern bezeichnet Blau als Farbe der Jungfrau Maria das Reine und Keusche. So trägt sie auf Bildern und Plastiken nicht nur einen blauen Mantel, sondern häufig auch einen blauen Saphir als bevorzugten Schmuckstein. Die Cherubim, die nicht nur Engel der Weisheit sind, sondern auch das heranwachsende Kind beschützen, tragen ebenfalls blaue Gewänder. In der mittelalterlichen Sakralkunst steht die Farbe Blau für das schöpferische Hineinwirken Gottes in die irdische Welt, das besonders in der Kindheit zu spüren ist.

Blau findet sich im Saphir.

Violett

Das Violett ist die Farbe der – vor allem geistlichen – Würdenträger. In manchen Ländern ist es auch die offizielle Trauerfarbe, beispielsweise in Teilen der Türkei und Chinas. Goethe wurde durch diese Farbe an den Weltuntergang erinnert.

Liturgisch ist das Violett die Farbe des Advents und der Fastenzeit, also des schweigenden In-sich-Gehens und der Vorbereitung auf kommende Dinge. Beim 2. Vatikanischen Konzil wurde für Beerdigungen und Trauergottesdienste das finstere Schwarz durch Violett bei Stola und Meßgewand ersetzt – eine Farbe, die zum Überdenken von Tod und Vergänglichkeit, rotfarbiger Lebenslust und blauentrücktem Jenseits anregt. Wenn Bischöfe Violett tragen, soll damit angedeutet werden, daß sie zur Betreuung des Ewigen im Menschen während seiner gefährdeten Erdenlaufbahn bestellt sind.

Violett findet sich im Amethyst.

Braun

Wie das Grau ist die Farbe Braun eher „gesichtslos". Es gibt kaum Redensarten, in denen sie vorkommt. Dabei ist das Braun als Farbe der Erde bereits in frühen Kulturen häufig verwendet worden. Es kann einerseits Absage an die Welt bedeuten, wie beispielsweise in den Mönchskutten der Franziskaner. Andererseits ist es aber auch die Farbe der Erde und alles Nahrhaften: Brot, Kuchen, Schokolade, Tee, Kaffee, Bier und Braten.

Braun findet sich im Jaspis und teilweise auch im Achat.

Schwarz

Schwarz ist die Farbe der Trauer, aber auch der Unterwelt und des Geheimnisvollen, der Nacht und des Todes. Deshalb auch wird in westlichen Ländern Schwarz als Trauerfarbe getragen. Ursprünglich allerdings hatte diese Farbe nichts mit Andacht, dem Gedenken an einen Toten oder dem Wunsch, die Trauer auch äußerlich zu zeigen, zu tun. Im Gegenteil: In vorchristlicher Zeit war die schwarze Trauerkleidung ein Ausdruck der Furcht, und der Brauch entstand nicht aus Achtung, sondern aus Furcht vor den Toten. Mit ihren schwarzen Gewändern wollten sich die Menschen verkleiden, damit sie nicht vom Geist des Toten erkannt wurden, der sie sonst verfolgen könnte.
Während in der hebräischen Tradition der Kabbala Schwarz für Gnade und Verständnis steht, symbolisiert diese Farbe in der christlichen Kirche den Tod und die Dunkelheit. Gerade die katholische Kirche kennt in ihren liturgischen Gewändern viele Farben – aber im Alltag tragen auch die Priester Schwarz, ebenso wie die evangelischen Pastoren. Der Mystiker Jakob Böhme (1575–1624) meinte, die Farbe Schwarz gehöre „nicht in die Zahl der Farben. Sie ist Mysterium und unverstanden".

Schwarz findet sich in folgenden Edelsteinen: Onyx, Magnetit und im schwarzen Opal.

Edelsteine – ein wirtschaftlicher Machtfaktor

Durch ihren hohen Wert waren und sind viele Edelsteine aber auch ein
Macht- und nicht selten ein politisches Mittel. Wenn man bedenkt, welche Unmengen von Diamanten beispielsweise in südafrikanischen oder
russischen Minen gefördert werden, leuchtet dies durchaus ein. Die im
australischen Busch geschürften Opale stellten noch bis in jüngste Zeit
ebenfalls einen wichtigen Wirtschaftsfaktor dar. Inzwischen sind sie allerdings rar geworden, die Minen scheinen erschöpft zu sein.
Viele Steine – vor allem der Diamant – erhalten ihren Wert nicht nur
durch ihre Schönheit, sondern auch durch ihre Härte. Ohne den Einsatz
von Industriediamanten wäre bis vor kurzem die Herstellung von hoch-
feinen Präzisionsinstrumenten, wie sie beispielsweise für die Raum-
fahrttechnik notwendig sind, nicht denkbar gewesen.

Edelsteinmedizin heute

Auch in der heutigen Medizin findet sich wieder ein Ansatz zur Behandlung mit Edelsteinen: die Edelsteintherapie. Von den Schulmedizi-
nern wird die Edelsteintherapie skeptisch betrachtet oder abgelehnt –
und doch beschäftigen sich viele Menschen damit, und zwar nicht nur
Laien, sondern auch Therapeuten.
Die   Theorien   hängen   oft   mit   „Außenseiter"-Wissenschaften
(z. B. Astrologie), mit Weltanschauungen (z. B. Theosophie) und dem
Wissen alter Völker (z. B. Ayurveda-Medizin) zusammen, aber auch
mit psychologischen Erkenntnissen.
Eine der Erklärungen, warum die Edelstein-Therapie so wirksam ist,
beruht auf der Erkenntnis, daß im Menschen wie im Stein Schwingungen vorhanden sind und deshalb die Steine auf den Menschen und seinen Körper einwirken können. Um Krankheiten wirksam zu heilen,
müssen es die richtigen Schwingungen des richtigen Steines sein.

Eine Heilkraft sprechen die Edelsteintherapeuten allen edlen Steinen
zu. Manche halten den Bergkristall für den Träger ganz besonderer
Kräfte, doch ebenso werden die anderen Steine und Kristalle für die
Gesundheit des Menschen eingesetzt. Den einzelnen Edelsteinen werden ganz unterschiedliche Heilwirkungen zugeschrieben. Wichtig ist –
und das betonen auch die Edelstein-Therapeuten –, daß man sich nicht

ausschließlich auf die Heilung durch Edelsteine verläßt. Diese Therapie kann lediglich eine Ergänzung zur ärztlichen Behandlung sein!
Um Edelsteine zur Heilung und gegen Schmerzen einzusetzen, werden mehrere Methoden empfohlen – man kann mit einem Partner (Edelsteinmassage) oder einem Therapeuten (Heilungsvermittlung) arbeiten, in der Gruppe oder allein (Edelsteinmeditation). Es gibt auch Rezepte, mit Edelsteinen Heilwasser und aus Edelsteinen Pulver herzustellen.
Man kann den/die Steine außerdem
- kürzere Zeit auf die gefährdete Körperstelle legen (Herz, Leber, Magen usw.);
- mehrere Steine über den ganzen Körper verteilen oder
- den Stein längere Zeit über dem kranken Organ am Körper tragen (als Kette, Ring oder Armband).

Viele Experten raten, den Stein vorher in kaltem Wasser zu waschen.
Edelsteine erhalten Sie in Fachgeschäften, Mineralienläden oder beim Juwelier. Kaufen Sie nur in seriösen Geschäften und fragen Sie in jedem Fall nach natürlich gewachsenen, unbehandelten Steinen!

So entstanden die Edelsteine

Wenn Hildegard von Bingen die Entstehung der Edelsteine durch große Hitze in den Gesteinen und Gewässern und anschließende Sedimentierung (Ablagerung) beschreibt, kommt sie den neuesten geologischen Erkenntnissen sehr nahe. Dort unterscheidet man nämlich für die Enstehung der Mineralien und Gesteine drei große Entwicklungsabfolgen: die magmatische, die sedimentäre und die metamorphe.

Bei der magmatischen Entwicklung entstanden Mineralien und Edelsteine aus den geschmolzenen Teilen der Erdkruste, also aus dem Magma. Dieses entsteht durch Vulkanausbrüche, bei denen aus dem Erdinnern eine gewaltige Hitze nach oben gedrängt wird und so die Erdkruste zum Schmelzen bringt. Zu den auf diese Art entstandenen Edelsteinen gehören beispielsweise Aquamarin, Topas, Chrysoberyll, Bergkristall und Achat.

Die sedimentäre Entwicklung umfaßt alle Mineralien und Gesteine, die an der Erdoberfläche durch Verwitterung, Abtragung und erneute Ablagerung entstanden sind. Dazu gehören beispielsweise Malachit und Türkis.

Bei der metamorphen Entwicklungsabfolge entstehen infolge des hohen Drucks, des Temperaturanstiegs in tieferen Erdbereichen und der Bewegung von Gesteinsschichten durch die Umbildung und Neubildung von Mineralien ebenfalls Edelsteine. Am bekanntesten für diese Art der Entstehung ist wohl der Diamant.

Die Edelsteine der Hildegard von Bingen

Wie bereits erwähnt wurde, beschreibt Hildegard von Bingen zwar alle in der Offenbarung des Johannes genannten Edelsteine, allerdings nicht in der dort verwendeten Reihenfolge. Im ersten Teil hält sie sich vielmehr in der Abfolge an die jeweilige Tageszeit, in der die Edelsteine „wachsen" (Smaragd bis Chrysopras). Außerdem fügt sie noch verschiedene Steine sowie auch Perlen hinzu. Das vorliegende Buch hält sich an die von Hildegard in ihrer *Physica* vorgegebene Abfolge.

Eine wichtige Anmerkung zum Tragen von Edelsteinen:
Edelsteine sollten ständig am Körper getragen werden, am besten an einer Kette oder an einem Band. Vorsicht ist allerdings bei kleinen Kindern geboten, bei denen Halsketten leicht lebensgefährlich werden können. Geben Sie den Edelstein lieber in ein kleines Säckchen und schieben Sie ihn in das Kopfkissen, so daß er für das Kleinkind unerreichbar ist.

Smaragd

Der Smaragd ist ein Beryllium-Tonerde-Silikat und gehört zur Mineralgruppe der Berylle. Unter diesen ist er der wertvollste Stein und kommt an Wert dem Diamanten und dem Rubin gleich. Er ist von grüner Farbe und durchsichtig. Der Name stammt aus dem Griechischen – dort bedeutet *smaragdos* grün. Man findet Smaragde in Kolumbien – dort befinden sich die bedeutendsten Vorkommen –, im Ural, in Südafrika und in Indien.

Es waren Smaragde, die unter anderen Steinen den sagenhaften Reichtum der ägyptischen Pharaonen mitbegründeten. Schon 2000 Jahre v.

Chr. wurden sie in der Nähe des Roten Meeres in großen Schachtanlagen gewonnen. Auch Königin Kleopatra (69–30 v. Chr.) besaß Smaragdgruben in Oberägypten, die heute allerdings nur noch von historischem Interesse sind. Die Ägypter maßen diesem Stein besonders wirksame magische Kräfte für den Liebeszauber bei. In Peru wurde ein straußeneigroßer Smaragd als Gottheit verehrt. Die Inkas schnitten aus Smaragden die Antlitze ihrer Götter. Aus ihren Schatzhäusern gelangten große Mengen dieser Edelsteine als Beute der spanischen Eroberer nach Europa.

Der römische Schriftsteller Plinius schätzte in seiner *Naturalis historia* besonders die Farbe des Steines. Er schrieb: „Nichts grünt grüner als der Smaragd." Er empfahl ihn gegen Naturkatastrophen aller Art. Besonders wirksam sollte dieser Stein Hagel- und Blitzschlag abwehren, wenn man aus ihm einen Adler oder Käfer schnitt. Allerdings kam Plinius selbst bei einem Vulkanausbruch ums Leben.

Bartholomeus Anglicus (1190–1250), ein englischer Franziskaner, schreibt über den Smaragd:
„Seine Farbe ist grün wie der kühle Grund des Meeres bei strahlendem Himmel und sonnigem Wetter. Er ist einer der besten unter den edlen Steinen und der würdigste, eine königliche Hand zu zieren."
(*De propriatatibus rerum*)

Der Smaragd galt noch bis ins 19. Jahrhundert als Glücksbringer für werdende Mütter. Außerdem wurde er als wirksamer Talisman für Seeleute und als Schutzstein gegen den „bösen Blick" angesehen. Übrigens trug der Komponist Johann Sebastian Bach (1665–1750) zu Hause eine Kette aus Smaragden, und Johann Wolfgang von Goethes (1749–1832) Lieblingsstein war auch ein Smaragd.

Außerdem sollten durch den Smaragd verschiedene Krankheiten geheilt werden. So glaubte man, daß er die Sehkraft stärke – der römische Kaiser Nero (37–68) jedenfalls trug ein Smaragdmonokel. Von Smaragdpulver glaubte man, daß es Durchfall beseitige. Ein Smaragdring wurde gegen Epilepsie am Finger getragen, sollte gelegentlich aber auch Haarausfall verursachen. Smaragde wurden des weiteren gegen Angstgefühle, Hämorrhoiden, Kopfschmerzen, Schlaflosigkeit, Verstopfung und Vergeßlichkeit verwendet.

Hildegard von Bingen mißt dem Smaragd schon deshalb eine starke Heilkraft zu, weil er von grüner Farbe ist. Der Grünkraft (*viriditas*) der Natur wohnen ihrer Meinung nach besonders heilsame Eigenschaften inne, die sie auch in anderem Zusammenhang immer wieder rühmt. So beschreibt sie die Entstehung des Smaragds in ihrer *Physica* folgendermaßen:

„Der Smaragd wächst früh am Tag bei Sonnenaufgang, wenn die Sonne an Kraft gewinnt, um ihre Umlaufbahn zu beginnen. Zu dieser Zeit ist die Grünkraft der Erde und ihrer Pflanzen besonders frisch, denn die Luft ist noch kühl und die Sonne warm. Dann saugen die Pflanzen die Grünkraft so begierig in sich auf wie ein Lamm die Milch, und die Tageswärme reicht kaum aus, die Grünkraft dieses Tages zu erwärmen und zu nähren, damit sie fruchtbar wird und Früchte hervorbringen kann. Deshalb wirkt der Smaragd gegen alle Schwächen und Krankheiten des Menschen, weil ihn die Sonne aufbereitet und weil er ganz von der Grünkraft der frischen Luft durchsetzt ist."

Hildegard von Bingen empfiehlt den Smaragd vor allem bei Epilepsie (Fallsucht), Geschwüren, Herzbeschwerden, Kopfschmerzen, Magenleiden.

Hyazinth

Der Hyazinth ist ein Zirkonerdesilikat und gehört zur Mineralgruppe der Zirkone, weshalb er auch roter Zirkon genannt wird. Seinen Eigenschaften nach steht er dem Diamanten sehr nahe, denn er hat eine Härte von 7,5 (Diamant: 10). Die Griechen nannten diesen Stein *jacinth*, die Araber *zarquin* (zinnoberrot), die Perser *zargun* (der Goldene). Er ist von brauner bis braunroter Farbe und durchsichtig. Die wichtigsten Fundorte des Hyazinths sind Hinterindien, Thailand, Indochina, Sri Lanka, Kambodscha und Australien.

Beim Erhitzen unter Sauerstoffzufuhr werden die Hyazinthe farblos. Durch Brennen mit Wasserstoff oder Kohlenoxyd nehmen sie eine schöne blaue Farbe an. Diese Kunst des Zirkonbrennens wird in Thailand seit Jahrhunderten auf primitiven Holzkohleöfen durchgeführt. Bessere Ergebnisse erzielt man in elektrischen Öfen bei Temperaturen zwischen 800 und 900 Grad Celsius. Es ist interessant, daß auch bei ungefärbten Hyazinthen die Farben unbeständig sind. So kann es durch die Einwirkung des Sonnenlichtes – möglicherweise sogar bei Wetterwechsel – zu deutlichen Farbveränderungen kommen.

Der arabische Arzt Avicenna (980–1037) schätzte neben dem Lapislazuli vor allem den Hyazinth als herzstärkenden Heilstein. Er empfahl ihn auch als Schutzstein gegen die Pest.
In vielen Rezepten – vor allem des 16. Jahrhunderts – ist fein zerriebenes Hyazinthpulver ein wichtiger Bestandteil. Die berühmte „Species de hyacintho" beispielsweise enthielt neben dem zerriebenen Edelstein unter anderem auch rote Korallen, Safran, Myrrhe, Sandelholz, gebranntes Hirschhorn, Elfenbein, Saphir, Smaragd, Topas, Perlen, Rohseide, Blattgold und Blattsilber – alles in Limonensirup angerührt. Ein so unerschwinglich teures Mittel konnten sich natürlich nur die Reichsten leisten. Ob es jemals eine Wirkung zeigte, ist nicht bekannt.

Der Dichter Theodor Körner (1791–1813) nennt den Hyazinth einen Freundschaftsstein und beschreibt ihn in seinem Gedichtzyklus über *Die Monatssteine* folgendermaßen:

„Im Januar
Beginnt das Jahr
So kalt und klar,
Aller Freuden bar;
Drum hat ihm die Natur tiefglühend Leben
Im Hyazinthe beigegeben,
Der das Auge mit Flammenrot begrüßt
Und tiefes Wirken in sich schließt.
Er wärmt das Herz
Bei kaltem Schmerz,
Besiegelt die Freundschaft
Mit fröhlicher Lust
Und treibt die Feindschaft
Aus tiefer Brust.
Du sollst ihn tragen als heilge Last
Am Halse, im reinsten Gold gefaßt."

Hildegard von Bingen schätzt den Hyazinth wegen seiner Wärme, die daher rührt, daß er aus dem Feuer entstanden ist:

„Der Hyazinth entsteht in der ersten Stunde des Tages, wenn die Luft eine milde Wärme hat, aus dem Feuer. Er ist mehr luftig als feurig. Daher spürt er auch die Luft und paßt manchmal seine Wärme der ihren an. Aber er ist auch feurig, weil er aus dem Feuer entsteht." (*Physica*)

Sie empfiehlt den Hyazinth bei Augenbeschwerden, Fieber, Wahnvorstellungen und übermäßigem Sexualtrieb.

Onyx

Der Onyx besteht aus Kieselsäure und gehört zur Mineralgruppe der Chalzedone. Es handelt sich bei diesem Stein um eine selten vorkommende Varietät (Spielart) des Achats. Der Onyx ist entweder lagig weiß oder schwarz und undurchsichtig. Um den wertvollen naturschwarzen Onyx nachzuahmen, kann man Achat künstlich färben. Früher wurden dazu die Stücke wochenlang mit Honig getränkt, heute verwendet man eine heiße Zuckerlösung. Anschließend werden die Steine erhitzt oder mit Schwefelsäure behandelt. Dadurch verkohlt der Zucker, und der Stein färbt sich schwarz.
Onyx wird hauptsächlich in Brasilien, Südwestafrika und Madagaskar gefunden.

Der Name Onyx stammt aus dem Griechischen und bedeutet Fingernagel. Im Mittelalter galt der Onyx als wirksames Amulett gegen den bösen Blick. Man sagte ihm auch nach, daß er das Wachstum der Feldfrüchte fördere und die Bauern vor Unfällen auf ihrem Acker beschütze. Außerdem hieß es, daß er dem Mann eine gute Wahl seiner Gattin garantiere.

Dem Onyx wurde solche Kraft beigemessen, daß das Privatsiegel des Kaisers von China aus diesem Material gefertigt war; den Untertanen war es bei Strafe verboten, sich des gleichen Steines zu bedienen. In *Westöstlicher Diwan* schreibt Goethe über den Onyx, daß er alles Übel vertreibe und sowohl seinen Träger als auch dessen Aufenthaltsort schütze. Und Theodor Körner dichtet in seinen *Monatssteinen* für den Monat August:

„So ward ihm denn zum freudigen Leben
Der doppelt gefärbte Onyx gegeben,
Den Zeus zugleich und Merkur gezeugt
Und dem kein Stein auf Erden gleicht.
Drum stellt er auch zwiefache Wirkung dar;
Denn er macht den Geist lebendig und klar,
Doch stärkt er das Herz auch zu kühnerm Wagen;
Drum mögen ihn die Gewaltigen tragen.“

In der Antike benutzten die Ärzte den Stein zur Heilung von entzünde-
ten Augen und streuten ihn in pulverisierter Form auf entzündete
Wunden.
Der mittelalterliche Gelehrte Konrad von Megenberg (1309–1374)
hielt den Onyx für besonders wirkungsvoll bei der Behandlung von
Magenkrankheiten. Auch gegen die Krätze sollte er schützen und diese
seines Wissens sogar vertreiben. Darüber hinaus empfahl er ihn auch
für kosmetische Zwecke, weil er dem Gesicht einen makellosen Glanz
verleihen sollte.

Die Ärzte des Mittelalters verordneten Onyx bei eiternden und entzündlichen Wunden. Noch im 18. Jahrhundert glaubte man, daß der

Onyx gegen Herzbeschwerden schütze. Er wurde auch gegen Kreislaufstörungen getragen.

Viele dieser Anwendungsgebiete finden wir bei Hildegard von Bingen wieder. Hildegard mißt dem Onyx, da er die Wärme der Luft enthält, vor allem heilsame Wirkungen gegen aus der Luft entstandene Krankheiten zu:

> „Der Onyx ist warm. Er wächst um die dritte Tagesstunde in einer dichten Wolke, wenn die Sonne sehr heiß brennt und trotzdem Wolken die Sonne verschleiern, so daß diese wegen deren großen Wassergehalts nicht durch sie hindurchscheinen kann. Der Onyx enthält nicht die starke Hitze des Feuers, sondern die Wärme der Luft. Er entsteht ursprünglich aus der Sonne und wird durch die Wolken verfestigt. Deshalb hat er eine starke Wirkung gegen alle Krankheiten, die aus der Luft entstehen." (*Physica*)

Hildegard empfiehlt den Onyx vor allem gegen Augenleiden, Herz- und Magenbeschwerden, Milzleiden, Fieber und Depressionen.
Aber nicht nur für den Menschen ist der Onyx nach ihren Worten heilsam – er kann auch kranken Tieren helfen, etwa bei einer Rinderseuche. Sie empfiehlt:

> „Wenn eine Seuche die Rinder befällt und tötet, dann wärme Wasser am Feuer in einem Gefäß. Wenn es vom Feuer weggenommen ist, halte einen Onyx über das dampfende Wasser, damit der aus ihm austretende Schweiß sich damit verbinden kann. Dann lege den Onyx drei Tage lang in dieses Wasser. Wenn du den Stein herausgenommen hast, gib dieses Wasser den Rindern oft zur Tränke. Auch ihr Futter besprenge mit diesem Wasser und vermische Kleie damit und lege ihnen diese als Futter vor. Das tue oft, und es wird ihnen bessergehen." (*Physica*)

Beryll

Der Beryll ist ein Beryllium-Tonerde-Silikat und bildet eine eigene Mineralgruppe, zu welcher auch der Smaragd und der Aquamarin gehören. Sein Name kommt von dem griechischen Wort *beryllos*, aus dem später das deutsche Wort Brille entstand. Berylle sind durchsichtig, und sie kommen in unterschiedlichen Farben vor. Am häufigsten ist die grüne Farbe, die auch nach Gelb und Blau hin abgewandelt sein kann. Der goldgelbe Stein heißt Goldberyll, der hellgrüne Heliodor. Aber es gibt auch graue, rosafarbene und farblose Berylle. Beryllvorkommen finden sich in Brasilien, Madagaskar, Südwestafrika, Kalifornien und Sri Lanka.

Schon im Altertum lieferte der Beryll das Material für Brillen. Im Mittelalter wurden daraus Zauberspiegel angefertigt, mit deren Hilfe man die Zukunft voraussagen zu können glaubte. Auch gegen die Gefahr durch Feinde sollte der Beryll schützen. Außerdem galt er als Schutzstein der ehelichen Liebe und sollte sogar entzweiten Eheleuten die Liebe zurückbringen. Hildegard von Bingen meinte, daß der Beryll auch gegen Gift wirksam sei:

> „Wenn jemand gerade etwas Giftiges gegessen oder getrunken hat, schabe er alsbald etwas von dem Beryll in Quellwasser oder in anderes Wasser und trinke dies sofort. So mache er es während fünf Tagen und trinke es einmal täglich auf nüchternen Magen. Er wird das Gift dann entweder durch Erbrechen ausspeien, oder es wird durch den Stuhl abgehen." (*Physica*)

Wie alle angeblich gegen Gifte wirkenden Mittel sollte das Beryllrezept nicht bei akutem Vergiftungsverdacht ausprobiert werden. Hier ist im Gegenteil schnellste ärztliche Hilfe erforderlich.

Gegen Nieren- und Blasensteine verordneten die Ärzte im alten Griechenland Wasser, in dem einige Tage lang ein Beryll gelegen hatte. Auch gegen Depressionen wurde der Stein eingesetzt.

Im Mittelalter empfiehlt Konrad von Megenburg den Beryll gegen Asthma. Dazu sollte der Stein in Wasser gewaschen und das Wasser getrunken werden. Auch gegen Drüsenkrankheiten sollte er seiner Meinung nach helfen.

Die Vorstellung Hildegards von Bingen, daß der Beryll gegen Vergiftungen schützen könne, ist allerdings mehr magischen als wissenschaftlichen Ursprungs.

Über die Entstehung des Berylls berichtet Hildegard in ihrer *Physica* folgendes:

> „Der Beryll ist warm. Er bildet sich an einzelnen Tagen zwischen der dritten Tagesstunde und dem Mittag aus dem Schaum des Wassers, wenn dieses durch die Sonne stark erhitzt ist. Seine Kraft hat

ihre Ursprünge mehr in der Luft und im Wasser als im Feuer, aber er ist dennoch etwas feurig."

Hildegard empfiehlt den Beryll vor allem gegen Nervosität.

Sardonyx

Der Sardonyx besteht aus Kieselsäure und gehört zur Mineralgruppe der Chalzedone, bei dieser wieder zur Untergruppe des Onyx. Er ist ein Achat, also undurchsichtig, und braun und weiß gebändert. Die wichtigsten Fundorte befinden sich in Brasilien, Südwestafrika und Madagaskar.

Früher schrieb man dem Sardonyx die Fähigkeit zu, dem Menschen, der ihn trug, Verstand zu verleihen. Interessant ist, daß er der Lieblingsstein der englischen Königin Elisabeth II. ist, die privat nur selten Schmuck trägt – jedoch ständig einen Sardonyx-Ring, in den ihr Familienwappen geschnitten bzw. geritzt ist.

Hildegard von Bingen schreibt dem Sardonyx besonders starke Kräfte zu, die speziell auf die fünf Sinne des Menschen wirken. Als Grund dafür nennt sie sein Entstehen im reinen Sonnenlicht. Sie schreibt dazu:

„Der Sardonyx ist warm. Er wächst an einzelnen Tagen nach Ende der sechsten bis kurz vor Beginn der neunten Stunde. Er wird von der reinen Sonne erwärmt, wenn sie in ihrer Klarheit leuchtet, denn zu dieser Zeit kühlt sich die Luft bereits ab. Deshalb hat der Sardonyx mehr vom Feuer als von der Luft oder vom Wasser. Er enthält starke Kräfte und gibt auch den fünf Sinnen des Menschen Kraft. Für sie wirkt er heilsam, weil er im reinen Sonnlicht entsteht, wenn nichts dessen Klarheit trübt." (*Physica*)

Hildegard empfiehlt deshalb, den Stein auf die nackte Haut zu legen und ihn auch immer wieder einmal in den Mund zu nehmen, „dann werden davon Verstand, Wissen und alle Sinne des Körpers gestärkt." Zorn, Dummheit und Unbeherrschtheit – Eigenschaften, die Hildegard auf den Einfluß des Teufels zurückführt – werden dem Menschen abgenommen, denn „der Teufel haßt und meidet diesen Stein wegen seiner Reinheit". (*Physica*)

Außerdem legt Hildegard uns nahe, den Sardonyx bei übermäßigem
sexuellem Verlangen und bei allgemeinen Schwächezuständen zu
nutzen.

Saphir

Der Saphir ist ein Aluminiumoxyd, also eine Tonerde, und gehört zur
Mineralgruppe der Korunde, zu welcher auch der Rubin zählt. Aller-
dings ist er nicht so selten wie der Rubin. Er ist durchsichtig und tritt in
den Farben Blau, Gelb, Rosa, Violett und Weiß auf. Sehr selten ist der
orangefarbene Padparadscha (singhalesisch für „Morgenröte"). Dieser
Stein ist fast so hart wie der Diamant. Die bedeutendsten Fundorte für
Saphire sind Hinterindien, Sri Lanka, Birma, Thailand, Vorderindien,
Australien und Nordamerika.

Im Sanskrit nennt man den Saphir *sauritana*, das bedeutet „der dem
Saturn geweihte Stein". Besonders gern werden Saphire am Abend getragen – im Tageslicht erscheinen sie sehr dunkel. Der Saphir soll die
Eigenschaft besitzen, die Sünden des Menschen zu tilgen und einen
Menschen, der sich schuldig gemacht hat, dazu zu bringen, daß er seine Fehler unter Tränen bereut. Deshalb seien auch die Altäre des sa-
genumwobenen Gralstempels aus Saphiren errichtet worden. Außerdem schrieb man dem Saphir die Kraft zu, gegen Untreue zu schützen.
Der Saphir sollte nämlich in der Lage sein, durch Fleckenbildung oder
gar durch Zerspringen anzuzeigen, daß sein Träger untreu gewesen
war. Als Schutzstein gegen Unkeuschheit wurde er häufig von Geistlichen getragen. Gleichzeitig sollte der Saphir aber auch Weisheit und
Vernunft verleihen.

Der Dichter Theodor Körner schreibt über den Saphir:

> „Er ist ein heiteres Sternenkind,
> Wie alle Joviskinder sind,
> Blickt das Leben so freundlich an,
> Man meint, er hätt uns was Liebes getan.
> Mit leichten Scherzen
> Versöhnt er die Herzen,
> In glühenden Schmerzen
> Kühlt er die Herzen."

Die Ärzte des alten Griechenlands verabreichten gegen die gefürchteten giftigen Tierbisse und -stiche ein Elixier, in das vorher einige Tage lang ein Saphir gelegt worden war. Der große mittelalterliche Gelehrte Albertus Magnus (1200–1280) schrieb vom Saphir, daß er von der Farbe des Himmels sei, den Geist frei mache und das betrübte Herz tröste. Die Ärzte des Mittelalters verwendeten den Saphir gegen eine Vielzahl von Krankheiten, beispielsweise gegen Fieber, Gesichtsrose, Nierenleiden, Augenschwäche, Blattern, Masern, Geschwülste, Pest und Krebs. Der blaue Saphir sollte vor allem Magen- und Darmbeschwerden vertreiben und das Herz stärken. Konrad von Megenburg empfahl den Saphir auch zur Behandlung von Lungenkrankheiten. Noch im 18. Jahrhundert galt er als wirksamer Stein, um die Melancholie zu vertreiben.

Hildegard von Bingen widmet dem Saphir in ihrem *Buch von den Steinen* ein umfangreiches Kapitel. Über seine Entstehung und seine Eigenschaften schreibt sie:

> „Der Saphir ist warm. Er wächst um die Mittagszeit, wenn die Sonnenglut so stark brennt, daß die Luft von dieser Hitze etwas undurchsichtig wird. Der Glanz der Sonne durchdringt dann wegen der übergroßen Hitze, die sie dann hat, die Luft nur insoweit, daß dieser Glanz nicht so vollkommen sichtbar ist, wie es der Fall wäre, wenn die Luft etwas gemäßigter ist. Deshalb ist der Saphir trüb, und er ist mehr von feuriger als von luftiger oder wäßriger Natur. Er bezeichnet die vollkommene Liebe zur Weisheit." (*Physica*)

Hildegard empfiehlt den Saphir vor allem bei Augenbeschwerden, Gicht und Magenleiden. Aber auch für Menschen, denen ein intellektuelles Verständnis fehlt, hat sie ein Rezept:

> „Wenn jemand so dumm ist, daß ihm jedes Verständnis abgeht, wenn er aber dennoch klug sein will und nicht klug sein kann, wenn er nichts Boshaftes im Sinn hat noch danach strebt, der sollte seine Zunge bei nüchternem Magen immer wieder mit einem Saphir bestreichen. Denn die Wärme und die Kraft dieses Steines verscheucht zusammen mit der warmen Feuchtigkeit des Speichels die schlechten Säfte, die den Verstand des Menschen unterdrücken. So erhält der Mensch einen klaren Verstand." (*Physica*)

Sarder

Der Sarder besteht wie der Karneol aus Kieselsäure. Auch die Unterscheidung zwischen beiden ist schwierig. Allerdings tendiert die Farbe des Sarders mehr zum Bräunlichen. Der Sarder gehört zur Mineralgruppe der Chalzedone.

Hildegard von Bingen schätzt ihn wegen seiner milden, gut ausgewogenen Wärme:

> „Der Sarder wächst am Nachmittag bei starkem Regen, wenn in der Herbstzeit das Laub von den Bäumen fällt. Die Sonne ist dann noch sehr warm und die Luft kalt, und die Sonne erwärmt den Stein mit ihrer Röte. Daher ist er rein, weil er aus Wasser und Luft entstanden und in seiner guten und milden Wärme wohl ausgewogen ist. Durch die ihm innewohnenden Kräfte kann er Seuchen abwenden." (*Physica*)

Hildegard empfiehlt den Sarder vor allem bei Schmerzen, Hörschwierigkeiten, Fieber, Gelbsucht und schwierigen Geburten.

Topas

Der Topas ist seiner chemischen Zusammensetzung nach ein Tonerdesilikat und stellt eine eigene Mineralgruppe dar. Wegen seiner Klarheit und Reinheit und seines besonders schönen Feuers (im Sanskrit heißt *tapas* Feuer) wird er besonders hoch geschätzt. Der Topas ist durchsichtig bis halbdurchsichtig und kommt in den Farben Gelb, Rosa, Weiß, Braun, Blau und Grün vor. Es gibt auch durchsichtige Topase. Als wichtigste Fundstellen gelten heute Brasilien und Sri Lanka. Früher war auch das Uralgebirge ein wichtiges Abbaugebiet. Einige wenige Exemplare wurden sogar im Erzgebirge gefunden.

Dem Topas wird nachgesagt, daß er die Eigenschaft verleihe, folgerichtig zu denken. Daneben soll er einen positiven Einfluß auf das Zusammenleben der Menschen ausüben, seinen Träger vor Neid und Mißgunst bewahren und törichte Gedanken und Übermut vertreiben.

Hildegard von Bingen glaubte sogar, daß der Topas in Speisen enthaltenes Gift anzeigen könne:

> „Wenn im Brot, im Fleisch oder im Fisch oder in irgendeiner Speise oder im Wasser oder im Wein oder in irgendeinem Getränk Gift ist, bringt dies einen danebenliegenden Topas zum Schwitzen, wie das

Meer schäumt, wenn Unrat in ihm ist. Deshalb soll der Mensch beim Essen und Trinken einen Topas neben Speise und Trank halten und ihn oft anschauen, und wenn in Speise oder Trank Gift ist, schwitzt er sofort." (*Physica*)

Theodor Körner besingt in seinem Gedichtzyklus *Die Monatssteine* unter dem Monat November den Topas:

„Wie sonnenflammendes Glas
Glänzt der Topas
Ins kalte Leben lebendig herein.
An der linken Hand als freundliche Zierde
Stillt er des Herzens wilde Begierde,
Macht die Seele des Zornes frei
Und zügelt die glühende Phantasei."

In der indischen Ayurveda-Medizin gilt der Topas seit Jahrhunderten als Lebenselixier. Gleichzeitig soll er Intelligenz und Gedächtnis fördern. Er wird in der Ayurveda-Medizin zur Behandlung von Entzündungen, Fieber, Appetitlosigkeit, Verdauungsbeschwerden und Leberschmerzen verwendet.

Im Mittelalter wurde der Topas als Mittel gegen Verwirrung der Gedanken, Schlaflosigkeit, Gicht und Asthma verordnet. Auch gegen Masern und Windpocken sollte er schützen.
Hildegard von Bingen nennt in ihrem *Buch von den Steinen* einzig den gelbfarbenen Goldtopas, weshalb dieser auch ausschließlich für eine Edelsteintherapie nach Hildegard verwendet werden sollte.
„Der Topas wächst um die neunte Tagesstunde, wenn die Sonne kräftig strahlt, kurz bevor die neunte Stunde erreicht ist, weil dann die Sonne von der Tageswärme und der Luftbewegung am reinsten und wärmsten ist. Der Topas hat nur wenig Luft und Wasser in sich, und er ist klar. Seine Farbe ist dem Gold ähnlicher als dem Gelb."
(*Physica*)
Hildegard empfiehlt den Topas zur Behandlung von Augenbeschwerden, Fieber und Milzleiden. Aber nicht nur gegen Krankheiten wirkt der Topas – als stärkster Stein kann er auch das Böse vom Menschen fernhalten:

„Lege jeden Tag in der Frühe einen Topas auf dein Herz und sprich:
‚Gott, der Du in allem und über allem groß bist, verwirf mich nicht
um Deiner Ehre willen, sondern erhalte mich in Deinem Segen,
stärke und festige mich.' So oft du dies tust, wird dich das Böse
meiden. Denn von Gott hat dieser sehr starke Stein diese Kraft, Un-
heil vom Menschen abzuwenden, weil er wächst, wenn die Sonne
sich zum Untergang neigt." (*Physica*)

Chrysolith

Der Chrysolith ist seiner chemischen Zusammensetzung nach ein Ei-
senmagnesiumsilikat und gehört zur Mineralgruppe der Olivine. Seine
Farbe spielt in verschiedenen Grüntönen – von Gelbgrün über Moos-
grün und Braungrün zu Olivgrün. Letztere Farbe ist am begehrtesten.
Der wichtigste Fundort liegt auf einer kleinen vulkanischen Insel an
der ägyptischen Küste des Roten Meeres – dort wurden diese Steine
bereits im Altertum ausgegraben. Auch in Amerika, vor allem in Arizo-
na, gibt es Chrysolithvorkommen. In Südafrika tritt er als Begleitmate-
rial von Diamanten auf. Man konnte ihn außerdem in Meteoriten nach-
weisen.
Die Römer trugen Chrysolithschmuck zur Abwehr von Dämonen, im
germanischen Bereich wurde der Chrysolith im Mittelalter vor allem
für kirchlichen Schmuck verwendet. Arnoldus Saxo, ein mittelalterlicher Gelehrter, meinte, daß, wenn man einen in reines Gold gefaßten
Chrysolith als Ring an der linken Hand trüge, dieser den Träger weise
mache. Außerdem würden dadurch Dämonen und Nachtgespenster
ebenso wie Melancholie und Torheit vertrieben.

Theodor Körner schreibt in seinem Zyklus *Die Monatssteine* unter dem
Monat September:

„Er ist so klar, so mild, so hold
Wie goldenes Grün, wie grünes Gold.
Und wie des Mannes reife Kraft
Den Frieden in tobender Brust erschafft,
So läßt er auch mit sanftem Walten
Den Zorn im Herzen sich nicht gestalten
Und schützt mit seiner stillen Pracht
Vor bösen Träumen die friedliche Nacht."

Die Ayurveda-Medizin verordnet den Chrysolith gegen Schlaflosigkeit. Darüber hinaus soll er angenehme Träume schaffen. Zu diesem Zweck wird dem Patienten Wasser gegeben, in das vorher für einige Zeit ein Chrysolith gelegt wurde. Griechische Ärzte verordneten ihn gegen alle Nieren- und Darmkrankheiten sowie gegen Magenbeschwerden, und im alten Rom nahm man an, daß er Epilepsie heilen könne. Bereits im frühen Mittelalter wurde ihm eine heilende Wirkung bei Augenkrankheiten zugeschrieben. Später wurde der Chrysolith auch gegen Melancholie empfohlen. Er sollte ebenfalls imstande sein, Fieberträume zu vertreiben.

Hildegard von Bingen spricht dem Chrysolith eine geradezu lebenspendende Kraft zu:

> „Der Chrysolith wächst durch die Sonnenglut und die Feuchtigkeit der Luft am Nachmittag bis zur neunten Stunde. Er enthält eine fast lebenspendende Kraft. Würde er bei einem neugeborenen Lamm oder bei einem anderen neugeborenen Tier liegen, würde dieses von seiner Kraft so gestärkt werden, daß es schon vorzeitig davonlaufen würde." (*Physica*)

Hildegard empfiehlt eine Chrysolithbehandlung vor allem bei Fieber und Herzbeschwerden. Darüber hinaus stärkt der Stein Wissen und Geschicklichkeit:

> „Der Chrysolith stärkt das Wissen im Menschen, der ihn bei sich trägt, so daß dieser Wissen und Geschicklichkeit hat. Wer den Stein über sein Herz legt, dem wird es an Wissen und guten Fähigkeiten nicht fehlen, solange er ihn trägt." (*Physica*)

Jaspis

Der Jaspis besteht aus Kieselsäure und gehört zur Mineralgruppe der Chalzedone wie z. B. der Onyx. Er ist halbdurchscheinend bis undurchsichtig und tritt in den Farben Rot, Gelb, Grün, Braun, Bläulich und Schwarz auf. Der Blutjaspis, auch Heliotrop genannt, ist rot bzw. grün mit roten Punkten. Das Wort Jaspis kommt aus dem Griechischen und bedeutet „der Gesprenkelte".

Man findet den Jaspis in Afrika (z. B. die braunen Jaspisknollen an der Erdoberfläche der ägyptischen Kieselwüste), Indien, im Ural, aber auch im Rheinland und in Baden. Aus der Gegend von Idar-Oberstein stammt der graue Jaspis.

Ägyptische Magier schützten sich mit dem roten Jaspis vor den Dämonen, die sie zu beschwören suchten. Im Mittelalter schenkten sich Eheleute gegenseitig einen Jaspis, weil dieser den Ehebruch verhindern sollte.
Über den Blutjaspis berichtet eine Legende, daß bei der Kreuzigung Christi ein grüner Jaspis am Fuße des Kreuzes gelegen habe, auf den das Blut aus den fünf Wunden des Heilands herabtropfte. Diese Blutstropfen seien dann für immer dem Stein eingeprägt worden.

In der antiken Medizin fand der rotgesprenkelte Jaspis Verwendung zur Wundheilung. Man glaubte, daß durch ihn eine blutende Wunde geschlossen werden könne. Man ließ schwangere Frauen auch einen Jaspis um die Hüften tragen, um ihnen so die Geburt zu erleichtern. Die Ayurveda-Medizin, die heute noch in Indien und inzwischen weltweit praktiziert wird, arbeitet ebenfalls mit diesem Stein. Der Jaspis wird in Wasser getaucht und dann ebenfalls auf blutende Wunden gelegt. Als schmerzstillendes Amulett wurde er häufig an einer Schnur um den Hals getragen. Die Römer setzten den Jaspis gegen Epilepsie ein und verwendeten ihn auch zur Behandlung von Lungenkrankheiten. Der berühmte Kirchenlehrer und Naturforscher Albertus Magnus (1193–1280) hielt den Jaspis für das beste Mittel zur Fiebersenkung. Er setzte ihn außerdem zur Behandlung der Wassersucht ein.

Es ist eine interessante Tatsache, daß die moderne Medizin aus dem Blutjaspis ein Oxid gewinnt, das bei lang anhaltenden Blutungen verwendet wird.

Über die Entstehung des Jaspis schreibt Hildegard von Bingen:
„Der Jaspis entsteht, wenn die Sonne sich nach der neunten Stunde anschickt unterzugehen. Er wird vom Feuer der Sonne erwärmt. Dennoch entsteht er mehr aus der Luft als aus dem Wasser oder aus dem Feuer. Er hat eine unterschiedliche Wärme, weil die Wärme der Sonne, wenn diese nach der neunten Stunde zum Untergehen neigt, bereits wie durch eine Wolke wechselnd erscheint." (*Physica*)

Hildegard empfiehlt den Jaspis vor allem bei Hörschwierigkeiten, Schnupfen, Gicht und gegen schwere Geburten.

Prasem

Seiner chemischen Zusammensetzung nach besteht der Prasem aus
Kieselsäure. Er wird häufig mit Jade verwechselt. Er ist durchscheinend bis undurchsichtig. Seine Farbe ist ein leuchtendes Grün. Fundstätten sind Schottland und Finnland sowie das Erzgebirge und die
Salzburger Alpen.

Nach den Worten Hildegards wird der Prasem unter Mithilfe der von
ihr so geschätzten „Grünkraft" hervorgebracht. Sie schreibt über seine
Entstehung:

> „Der Prasem wächst, wenn die Sonne gegen Abend ihre Strahlen
> von der Erdoberfläche zurückzieht und wenn schon der Tau naht
> und die Sonne allmählich auf das Felsgestein des Berges fällt und
> dieses erglühen läßt. So entsteht der Prasem dort aus der Hitze der
> Sonne, aus der Feuchtigkeit der Luft und des Wassers und aus der
> Grünkraft des Taus." (*Physica*)

Hildegard empfiehlt den Prasem zur Behandlung von Fieber und von
Verletzungen durch Sturz oder Schlag.

Chalzedon

Der Chalzedon besteht aus Kieselsäure und gehört zur Mineralgruppe
der kristallinen Quarze. Besondere Spielarten des Chalzedons sind
Achat, Jaspis und Onyx. Er ist halbdurchscheinend bis undurchsichtig,
und man findet ihn in grauen, weißen, bläulichen, gelblichen und roten
Farben. Im Altertum bezog man den Chalzedon vorwiegend aus Ägypten und Arabien. Heute gibt es Fundstätten in Brasilien, Südwestafrika,
Madagaskar, Uruguay, Ostindien, Sri Lanka, Syrien, Island, Sibirien
und in den USA.

Dem Chalzedon wurde die Fähigkeit zugeschrieben, die Sorgen zu vertreiben und heiter und zuversichtlich zu stimmen. Der Dichter Theodor
Körner schreibt unter dem Monat Juni über den Chalzedon:

> „Drum hat Natur des Chalcedons Kraft,
> Die still bescheidene, freundlich geschafft,
> Daß er mit wechselndem Farbenspiele
> Erfreue des Herzens dunkle Gefühle."

Auch glaubte man, daß der Chalzedon Sachlichkeit im Denken und Redegewandtheit verleihe. Deshalb war er lange Zeit der Schmuckstein der Rechtsgelehrten, denn es hieß, daß jemand, der einen Chalzedon trägt, keinen Prozeß verlieren könne.

In der Antike repräsentierte der Chalzedon die Elemente Luft und Wasser und wurde deshalb zur Behandlung witterungsbedingter Krankheiten verwendet. Im Mittelalter gaben die Ärzte ihn als Medizin gegen Gallenbeschwerden. Albertus Magnus empfahl ihn auch gegen Melancholie.

Hildegard von Bingen schreibt dem Chalzedon in ihrem *Buch von den Steinen* „gute Kräfte" zu:

> „Der Chalzedon wächst, wenn die Sonne während der Abenddämmerung schon fast verschwunden ist und die Luft noch etwas warm ist. Darum entstammt seine Wärme mehr der Luft als der Sonne, und er hat gute Kräfte." (*Physica*)

Hildegard empfiehlt den Chalzedon vor allem bei allgemeinen Schwächezuständen. Sie weiß aber auch um seine Bedeutung als „Rednerstein":

> „Wer beim Reden ruhig und besonnen sein und das, was er zu sagen hat, allgemeinverständlich vortragen möchte, sollte einen Chalzedon in der Hand halten, ihn durch seinen Atem erwärmen und dann mit der Zunge ablecken. So wird er ruhiger und verständlicher zu den Menschen sprechen können." (*Physica*)

Chrysopras

Der Chrysopras besteht seiner chemischen Zusammensetzung nach aus Kieselsäure. Er gehört zur Mineralgruppe der Chalzedone wie der Jaspis und der Onyx. Er ist durchscheinend bis undurchsichtig und in der Farbe gelbgrün bis smaragdgrün. Seine schöne Farbe kann bei Sonnenlicht ausbleichen. Um sie wieder herzustellen, sollte man den Stein in einem feuchten Wolltuch aufbewahren. Fundstätten des Chrysopras sind die USA, Rußland und Schlesien – hier wurde er schon im 14. Jahrhundert abgebaut.

Friedrich der Große (1712–1786) liebte diesen seltenen Stein sehr und ließ ihn zur Ausschmückung seines Schlosses Sanssouci verwenden.

Theodor Körner ordnet in seinem Gedichtzyklus *Die Monatssteine* den Chrysopras dem Monat Dezember zu:

> „Trag ihn voll Glauben, wenn du bangst,
> Er bezwingt des Herzens quälende Angst,
> Macht die Seele freudig in Gefahr
> Und schließt im heiligen Kreise das Jahr!"

In der mittelalterlichen Medizin wurde der Chrysopras – beispielsweise von Arnoldus Saxo – gegen unstillbares Erbrechen verordnet.

Hildegard von Bingen schreibt dem Chrysopras wegen seiner gemäßigten Wärme besonders starke Kräfte zu:
> „Der Chrysopras wächst in jener Stunde, in der die Sonne sich bereits ganz zurückzieht. Dann nehmen Luft und Wasser eine trübere und grünlichere Färbung an. Deshalb hat dieser Stein nachts, wenn der Mond infolge des Sonnenstandes am stärksten – das heißt halbvoll – ist, seine beste Kraft. Seine großen Kräfte entstehen aber auch aus der milden und gleichmäßigen Wärme, so daß der Stein nicht zu warm, sondern gemäßigt ist." (*Physica*)

Hildegard empfiehlt diesen Stein im Zusammenhang mit verschiedenen Zauberformeln zur Teufelsaustreibung bei Besessenheit – ein Verfahren, das heute nicht mehr angewandt wird oder zumindest nicht mehr gebraucht werden sollte. Bei körperlichen Krankheiten wirke er vor allem gegen Gicht und Epilepsie. Auch für Menschen, die leicht in Zorn geraten, sei er geeignet. Hildegard schreibt dazu:
> „Wenn jemand leicht in starken Zorn gerät, halte er sich so lange einen Chrysopras an die Kehle, bis er warm wird. Dieser Mensch wird keine zornigen Worte mehr hervorbringen, bis sich sein Zorn gelegt hat." (*Physica*)

Rubin

Hildegard von Bingen führt an dieser Stelle in dem *Buch von den Steinen* nicht den Rubin, sondern den Karfunkelstein an. Damit könnte sie den Rubin, den Granat oder den roten Spinell gemeint haben – aber keiner dieser Steine wird in diesem oder anderem Zusammenhang genannt. Allgemein setzt sich die Auffassung durch, daß es sich bei Hildegards Karfunkelstein um den Rubin handelt.

Der Rubin ist seiner chemischen Zusammensetzung nach ein Aluminiumoxid (Tonerde) und gehört wie der Saphir zu der Mineralgruppe des Korunds. Der Rubin ist durchsichtig und von roter Farbe, manchmal mit einem Stich ins Gelbe oder ins Violette. Am begehrtesten ist die „Taubenblutfarbe", ein reines Rot mit einem Stich ins Bläuliche. Der Name Rubin stammt von dem Sanskritwort *rubeus*, das „rot" bedeutet. In der blumenreichen Sprache des Orients wurde er auch „Blutstropfen aus dem Herzen der Mutter Erde" genannt. Der Rubin wirkt besonders prächtig im Sonnenlicht, kann aber auch gut am Abend getragen werden. Rubine werden in Hinterindien, Birma, Thailand und Sri Lanka gefunden.
Der Rubin gilt als Symbolstein der Liebe. Auch glaubte man, daß dieser Stein, wenn er dicht am Herzen getragen wurde, Mut und Tapferkeit verleihe. Er war der Lieblingsstein von Katharina von Medici (1519–1589) und Madame Dubarry (1743–1793).

Die altindische Ayurveda-Medizin stellte aus dem Rubin ein Elixier zur Herzstärkung her. Die Asche eines Rubins wurde gegen Verstopfung, Magenschmerzen und Koliken verordnet und sollte auch imstande sein, das Leben zu verlängern. Noch heute verwendet man in Indien Rubin-Elixiere als Arznei gegen Magenverstimmungen und Blähungen sowie als durstlöschendes Getränk bei Fieber.

Der mittelalterliche Dichter Wolfram von Eschenbach (1170– 1220) schreibt im *Parzival* vom Rubin (Karfunkelstein), daß er alle Blutungen zu stillen vermöge. Während der Renaissance wurde im mitteleuropäischen Raum gerne ein Rubin getragen, weil dieser einen beruhigenden Schlaf schenken sollte.

Hildegard von Bingen rät bei der Verwendung des Rubins zur Vorsicht, da es sich bei seinen Eigenschaften um äußerst seltene Kräfte handle, die man fürchten müsse. Sie führt dies auf die Enstehung des Steins zurück:

„Der Karfunkel wächst bei Mondfinsternis. Denn vor lauter Über-
druß möchte der Mond gewissermaßen verschwinden. Deshalb ver-
finstert er sich, wenn er nach göttlichem Befehl Hungersnot, Seuchen oder Veränderungen in den Regierungen anzeigt. Dann sendet
die Sonne alle ihre Kräfte in das Firmament, wärmt den Mond mit
ihrer Hitze und entfacht und richtet ihn mit ihrem Feuer wieder auf
und läßt ihn wieder aufleuchten wie jemand, der seine Zunge in den
Mund eines Menschen legt, der schon gestorben ist, um ihn vom
Tode zu erwecken. Und in dieser Stunde entsteht der Karfunkel. Er
hat seinen Glanz vom Feuer der Sonne bei zunehmendem Mond, so
daß er mehr des Nachts als bei Tage leuchtet. Und so wächst er, bis
die Hitze der Sonne ihn auswirft. Und weil eine Mondfinsternis so
selten ist, so ist auch der Stein selten. Auch seine Kraft ist selten
und zu fürchten, weshalb man sie nur mit großer Vorsicht und Sorg-
falt anwenden darf." (*Physica*)

Hildegard empfiehlt die medizinische Anwendung des Rubins vor allem gegen Fieber, Gicht und Kopfschmerzen. Darüber hinaus rät sie,
diesen Stein auf Kleider oder andere Gegenstände zu legen – so halten
diese lange und verfaulen nur schwer.

Amethyst

Der Amethyst besteht seiner Zusammensetzung nach aus Kieselsäure
und gehört zur Mineralgruppe der Quarze. Der Amethyst ist durchsichtig. Seine Farbe ist violett und spielt von licht- bis dunkelblau bis rot-
violett. Die wichtigsten Fundorte befinden sich in Brasilien, Uruguay,
Madagaskar und im Ural.

Der Name kommt vom griechischen *ametheyn* und bedeutet „nicht be-
trunken sein". Es hieß, daß er vor Trunkenheit bewahre, weshalb man
im alten Griechenland den Wein gern aus Amethystpokalen trank.
Auch der römische Verfasser zahlreicher naturwissenschaftlicher
Schriften, Plinius, berichtet, daß der Amethyst vor Trunkenheit schütze. Möglicherweise deutet auch das indogermanische Wort *met* darauf
hin, mit dem der berauschende Honigwein bezeichnet wurde. Auch bei
den Germanen wurde der Amethyst als Glücksstein getragen. Im alten
Griechenland trugen Frauen ihn, um ihre Keuschheit, und Männer, um
ihren Mut zu bewahren. Dem römischen Naturwissenschaftler Plinius

nach sollte der Amethyst imstande sein, Hagel und Heuschrecken zu vertreiben. Im Mittelalter schrieb Konrad von Megenberg, daß der Amethyst gute Vernunft schenke und böse Gedanken vertreibe. Neben dem Türkis galt der Amethyst auch als besonders wirksamer Schutzstein der Reiter: Er sollte Reiter und Pferd unverwundbar machen, Haß, Jähzorn, Trauer und Heimweh vertreiben und alle Gefahren abwenden – Eigenschaften, die während der Zeit der Kreuzzüge besonders geschätzt wurden.

Theodor Körner ordnet den Amethyst dem Februar zu und schreibt in seinem Zyklus *Die Monatssteine:*

> „Er knüpft das Rote mit dem Blauen.
> In seiner Farben Lieb und Treu
> Magst du der stillen Wirkung trauen:
> Er macht die Seele frisch und frei,
> Besänftigt das empörte Blut
> Und zähmt den trunkenen Übermut.“

Seit alten Zeiten trug man den Amethyst am Finger oder direkt über dem Herzen als wirksamen Talisman gegen Angstgefühle. Außerdem sagte man ihm nach, daß er hysterische Anfälle verhindern könne. Einem alten hebräischen Rezeptbuch zufolge schenkt der Amethyst angenehme Träume. Im Mittelalter trug man ihn als Schutz gegen alle Arten von Halserkrankungen. Auch gegen neuralgische Schmerzen sollte er helfen. Ebenso wurde die Wassersucht damit behandelt. Als Papst Clemens VII. im Jahr 1534 tödlich erkrankte, gaben ihm seine Ärzte ein Elixier aus Edelsteinen – das berühmte „Electuarium ex Gemmis“ –, das unter anderem auch aus pulverisiertem Amethyst bestand. Innerhalb von zwei Wochen schluckte der Papst Edelsteine im Wert von 40 000 Dukaten – umgerechnet sind das mehrere Millionen Mark – und starb dennoch.

Nach Erkenntnissen der modernen Edelsteintherapie wohnen dem Amethyst tatsächlich besondere Heilkräfte inne – insbesondere wirkt er beruhigend. So habe das leichte Bestreichen der Stirn von Kranken bei Nervenleiden Linderung und sogar Gesundung gebracht, obwohl diese Krankheiten mit üblichen Mitteln nicht geheilt werden konnten.

Hildegard von Bingen schreibt dem Amethyst aufgrund seiner Entstehung besondere Kräfte zu:

> „Der Amethyst wächst, wenn die Sonne einen Hof zeigt, als ob sie
> gekrönt sei. Das ist der Fall, wenn sie anzeigt, daß irgendeine Ver-
> änderung im Kleid des Herrn, also der Kirche, bevorsteht. Wenn er
> wächst, dann in Massen wie der Kieselstein. Er ist warm und feurig
> und etwas luftig, weil zu der Zeit, wenn die Sonne ihren Hof zeigt,
> die Luft etwas lau ist." (*Physica*)

Hildegard empfiehlt die Behandlung mit Amethyst besonders bei In-
sektenstichen und gegen Läuse. Aber auch ein Kosmetikrezept legt sie
uns nahe:

> „Ein Mensch, der Flecken im Gesicht hat, befeuchte den Amethyst
> mit seinem Speichel und bestreiche mit dem so angefeuchteten
> Stein die Flecken. Oder er erwärme Wasser und halte den Stein
> über dieses Wasser. Die austretende Feuchtigkeit vermische er mit
> dem Wasser und lege dann den Stein ins Wasser. Mit diesem Wasser
> wasche er oft das Gesicht, und dieses wird eine weiche Haut und ei-
> ne schöne Farbe bekommen." (*Physica*)

Achat

Der Achat besteht seiner chemischen Zusammensetzung nach – wie
z.B. auch der Amethyst, der Aquamarin und der Onyx – aus Kieselsäure. Er gehört zur Mineralgruppe der Chalzedone. Er ist halbdurchscheinend bis undurchsichtig und kann grau oder vielfarbig gestreift sein.
Die vielfältige Zeichnung der Steine hat auch zu verschiedenen Be-
zeichnungen geführt: Augenachat, Bandachat, Festungsachat, Kreis-
achat, Korallenachat, Landschaftsachat, Muschelachat, Ruinenachat,
Sternachat und Wolkenachat.

Achatvorkommen finden wir in Brasilien, Uruguay, Madagaskar, Indi-
en sowie im Rheinland und in Sachsen. Schon die Römer kannten die
umfangreichen Fundorte bei Idar-Oberstein. Das gesamte Mittelalter
hindurch wurden hier Steine abgebaut, so daß bereits Anfang des
19. Jahrhunderts die Lager erschöpft waren.

Der römische Schriftsteller Plinius gibt an, der Achat schütze vor
Sturm und Blitz. Arnoldus Saxo und der große Gelehrte Albertus

Magnus waren der Überzeugung, daß der Achat angenehme Traumbilder hervorrufe. Im Sudan wurden in Olivenform geschnittene Achate auf Schnüre aufgezogen und als Zahlungsmittel verwendet.

Plinius berichtet in seiner Naturgeschichte *Naturalis historia*, daß der Achat die Augen stärke und die Sehkraft schärfe. Er empfiehlt den Achat auch als durststillendes Mittel bei lang anhaltendem Fieber. Dann soll man ihn in den Mund des Kranken legen. Außerdem verwendete man den Achat häufig gegen Kopfschmerzen. Plinius empfiehlt den Stein sogar gegen alle Arten von Gift. Konrad von Megenberg gibt an, daß der Achat fruchtbar mache. Außerdem empfiehlt er ihn auch als kosmetisches Mittel: Er lasse den Menschen angenehm und lieblich erscheinen.

Hildegard von Bingen berichtet über die Entstehung des Achats folgendes:

„Der Achat entsteht aus dem Sand eines Gewässers, das sich vom Osten bis in den Süden erstreckt. Er ist warm und feurig. Dennoch hat er mehr Kraft von der Luft und vom Wasser als vom Feuer. Denn wenn das Wasser sinkt und der Sand daraus auftaucht, wird ein Teil des Sandes von der Sonnenhitze und der Reinheit der Luft durchdrungen, so daß er zu einem glänzenden Stein wird. Wenn es dann wieder zu einer Überschwemmung kommt, löst diese den Stein aus dem Sand und trägt ihn in andere Gegenden." (*Physica*)

Hildegard empfiehlt den Stein vor allem gegen Epilepsie und die Stiche giftiger Insekten. Aber er kann einen Menschen auch geschickt und feinfühlig machen. Dazu muß er auf der bloßen Haut getragen werden, damit er sich erwärmen kann:

„Die Natur des Steines macht den Menschen geschickt, feinfühlig und klug im Gespräch, weil der Stein aus Feuer, Luft und Wasser entstanden ist. Genauso wie ein Unkraut, das mit der Haut des Menschen in Berührung kommt, dort manchmal eine Blase oder ein Geschwür hervorruft, so machen auch bestimmte Edelsteine den Menschen durch ihre Kraft gesund und empfindsam, wenn sie auf die Haut gelegt werden." (*Physica*)

Darüber hinaus soll der Achat vor Dieben schützen:

„An jedem Abend, bevor sich der Mensch zu Bett legt, soll er einen Achat offen zuerst durch die Länge und dann durch die Breite seines Hauses tragen, also in Kreuzform. Diebe werden dann nicht so leicht ihre Absichten durchführen und Erfolg haben können, und das Stehlen wird ihnen erschwert." (*Physica*)

Diamant

Der Diamant ist seiner chemischen Zusammensetzung nach reiner Kohlenstoff. Er bildet seine eigene Mineralgruppe. Er ist der einzige Edelstein, der nur aus einem einzigen Element besteht. Von allen Edelsteinen ist er der härteste, und auch in Lichtbrechung und Farbenzerstreuung übertrifft er alle anderen Steine. Er ist durchsichtig, und man findet ihn in weißen, gelblichen, bräunlichen, rötlichen, grünlichen und bläulichen Farben. Daneben gibt es auch weißgraue und schwarze Diamanten. Fundstätten sind vor allem Süd- und Zentralafrika, Brasilien, Indien, Borneo, Venezuela und Australien.

Im Griechischen nannte man den Diamanten *adamas*, das bedeutet: „der Unbezwingliche". Die Inder bezeichneten ihn als ein „Bruchstück Ewigkeit". Von jeher galt er wegen seiner Härte und seiner Strahlkraft als Symbol alles Mächtigen und Starken, aber auch der Reinheit und des Glücks. Plinius war der Meinung, daß Diamanten die Dämonen von einem Haus fernhalten und seine Bewohner beschützen können. Zudem vertreibe er die Furcht. Albertus Magnus sagte vom Diamanten, daß er Mut gegen Feinde mache. Konrad von Megenberg schreibt dem Diamanten die Kraft zu, in der Zauberkunst zu helfen. Außerdem sollte er seinen Träger vor Feinden schützen und ihn vor Gift und Mord bewahren. Darüber hinaus sei er geeignet, wollüstige Träume zu verscheuchen und die Besessenheit zu heilen.

Aber nicht nur zu magischen Zwecken wurde der Diamant verwendet – er sollte auch die Macht seines Trägers versinnbildlichen. So wog das Prunkgewand des Sonnenkönigs Ludwig XIV. einen halben Zentner und war mit Diamanten im Wert von vielen Millionen Franc besetzt. Zu Schmuck wurde der Diamant erst im 16. Jahrhundert verarbeitet – vorher galt er nicht viel mehr als ein Bergkristall. Erst als 1476 in Brügge erstmals Diamanten mit ihrem eigenen Staub auf einer Eisenscheibe geschliffen wurden und dann nach fast zwei weiteren Jahrhunderten ihre Fähigkeit, einfallende Lichtstrahlen bei entsprechendem Schliff fast total zu reflektieren, entdeckt wurde, begann die Glanzzeit dieser Edelsteine.

In der Ayurveda-Medizin gilt Diamant-Asche als lebensverlängernd und körperstärkend. Sie soll außerdem die Durchblutung und die Ausscheidung schädlicher Schlacken fördern. Vorwiegend wurde sie gegen psychische Erkrankungen verordnet. Der griechische Philosoph Aristoteles (384–322 v.Chr.) empfahl in seinem Buch *Über die Steine* zur Abführung von Nieren- und Blasensteinen ein Wasser, in das man einige Tage vorher einen Diamanten gelegt hatte. Der römische Autor zahlreicher naturwissenschaftlicher Werke, Plinius, war in seiner *Naturalis historia* der Meinung, daß Diamanten jedes Gift unwirksam machen könnten. Außerdem könne der Stein den Wahnsinn vertreiben. Im Mittelalter glaubte man, daß ein über dem Herzen getragener Diamant Angstträume verhindern könne. Auch gebärenden Frauen empfahl man diesen Stein als Schmuck: Er sollte die Milchdrüsen anregen.

Hildgard von Bingen schätzt den Diamanten vor allem, weil er so stark ist, daß er sogar dem Teufel standhalten kann, „deshalb verschmäht ihn der Teufel bei Tag und Nacht". (*Physica*)
Über die Enstehung des Steines schreibt sie:
„Der Diamant ist warm. Er entsteht in gewissen Gegenden der südlichen Berge, die schieferartig und glasartig wie gewisse Kristalle sind. Daraus erhebt sich manchmal ein starkes Gedröhne wie von einem sehr starken Herzen. Da der Diamant schon so stark und hart ist, bevor er groß wird, spaltet sich das Gestein des Berges dort, wo er liegt, und dieser fällt wie ein Kiesel und auch so groß ins Wasser. Wenn sich später an derselben Stelle ein Diamant bildet, ist dieser schwächer als der vorige. Wenn dann eine Überschwemmung der Flüsse entsteht, wird der Stein dadurch in andere Gegenden fortgetragen." (*Physica*)

Hildgard sieht die Ursache der Böswilligkeit des Menschen in den Machenschaften des Teufels. Da dieser den Diamanten fürchtet, rät sie Menschen, die unter dem Einfluß des Teufels zu stehen glauben, folgendes:

„Diese Menschen sollen oft und immer einen Diamant in den Mund nehmen. Die Kraft dieses Steines ist so groß und stark, daß er die Boshaftigkeit und das Übel, das in ihnen steckt, auslöscht." (*Physica*)
Auch im technischen Bereich kennt Hildegard sich aus, denn sie empfiehlt den Diamanten zum Gravieren und Schärfen von Eisen. Als Arznei hält sie den Diamanten für besonders wirksam bei Gicht, Schlaganfall, Gelbsucht und Trunksucht.

Magnetit
Der Magnetit ist ein schwarzes, metallisch glänzendes, undurchsichtiges Mineral. Der Magnetit oder Magneteisenstein, bei dem es sich eigentlich um ein Eisenerz handelt, findet sich in den Alpen, im Bayerischen Wald und in der Eifel.

Was Hildegard von Bingen über seine Entstehung berichtet, hat geradezu märchenhafte Züge:
„Der Magnetit ist warm. Er entsteht aus dem Schaum gewisser giftiger Würmer (oder Giftschlangen), die sich in einem bestimmten Sand und in einem bestimmten Gewässer aufhalten; sie sind jedoch mehr im Sand als im Wasser. Denn es gibt einen gewissen giftigen Wurm, ähnlich einer Schnecke, der am Wasser und im Wasser bleibt und manchmal seinen Schaum auf eine bestimmte Stelle der Erde fließen läßt, aus der man gewöhnlich Eisen gewinnt." (*Physica*)

Wenn dies – so berichtet Hildegard weiter – ein anderer giftiger Wurm sehe, so gieße er eilends sein eigenes schwärzliches Gift darüber. Beide Substanzen durchdrängen einander und erhärteten zu einem Stein. Deshalb hat der Magnetit die Farbe des Eisens und wirkt auch anziehend auf Eisen.
Hildegard empfiehlt den Magnetit zur Behandlung von Tobsucht.

Ligurius
Obwohl noch nicht eindeutig geklärt ist, um welchen Stein es sich beim von Hildegard erwähnten Ligurius handelt, nimmt man heute an, daß sie den Ligurit (Luchsstein) gemeint hat. Mit dieser Annahme stimmt auch die Tatsache überein, daß sie sich im *Buch von den Tieren* ihrer *Physica* ähnlich über die Entstehung dieses Steines ausspricht.

Der Ligurit wird heute Titanit genannt. Es handelt sich bei ihm um ein
Calcium-Titan-Silikat.
In ihrem *Buch von den Steinen* schreibt Hildegard von Bingen, daß der
Ligurit aus einem bestimmten Teil des Harns eines Luchses entsteht –
allerdings nur dann, „wenn die Sonne sehr heiß brennt und wenn ein
leichter, milder und gut temperierter Wind weht. Das Tier freut sich
dann an der Wärme und Reinheit der Sonne und an der milden, ange-
nehmen Luft. Wenn es Harn ablassen will, gräbt es mit der Pfote ein
Loch in die Erde und läßt seinen Harn dort hineinlaufen. So gerinnt der
Ligurius durch die Hitze der Sonne und wächst".
Wie im Kapitel über die Entstehung des Magnetits ist auch in diesem
Teil von Hildegards Buch über die Edelsteine festzustellen, daß es sich
wohl eher um eine Fabel als um eine naturwissenschaftliche Erkenntnis handelt.

Hildegard empfiehlt den Ligurius zur Behandlung von Magenschmerzen und Blasenleiden.

Bergkristall
Der Bergkristall besteht – wie z. B. auch Achat und Amethyst – aus
Kieselsäure. Er gehört zur Mineralgruppe der kristallbildenden Quarze.
Der Bergkristall ist durchsichtig und farblos. Manchmal sind in Rissen
dünne Lufthäute eingeschlossen, die den Kristall in allen Regenbogen-
farben schimmern lassen (Regenbogenquarz). Viele Steine sind auch
braun bis schwarz gefärbt (Rauchquarz). Die hauptsächlichen Fundstätten liegen in Brasilien, Madagaskar, in Japan und im Ural. Früher
gab es auch reiche Vorkommen in den Alpen. Diese sind jedoch mehr
oder weniger erschöpft und nur noch für Sammler von Interesse.

Als Schmuckstein ist der Bergkristall wegen seines relativ geringen
Wertes nicht sehr interessant. Früher wurden jedoch häufig Gläser und
Pokale aus ihm geschliffen – das liegt vor allem daran, daß er sehr
große Kristalle zu bilden vermag. So trank Kaiser Nero aus einem Po-
kal aus Bergkristall, weil er glaubte, dieser mindere den Durst. Man
nahm auch an, daß der Kristall Reisende vor Krankheit schützen und
ihnen vor allem eine sichere Fahrt auf dem Meer gewährleisten könne.

Im frühen Mittelalter galt der Bergkristall als Arznei gegen Nieren-
erkrankungen. Der arabische Arzt Ibn al Beithar verordnete ihn im
13. Jahrhundert, um Alpträume abzuwehren.

Hildegard von Bingen berichtet über die Entstehung des Kristalls folgendes:
> „Der Bergkristall entsteht aus bestimmten kalten Gewässern, die
> von schwärzlicher Farbe sind. Wenn etwas aus der Luft diese Ge-
> wässer berührt, so wird das Wasser durch die Kälte wie eine feste
> Masse. Diese hält so fest zusammen, als wenn sie das Herz des
> Wassers wäre." (*Physica*)

Daraufhin entziehe die Luft- und Sonnenwärme dieser Masse ihre
weiße Farbe. Dadurch werde sie klarer, bleibe aber dennoch fest. Wenn
dann wieder Kälte darauf treffe, verfestige sie sich noch mehr und werde noch klarer. Hildegard fährt fort:
> „Diese Masse ist so stark, daß sie auch durch Hitze nicht mehr zer-
> stört werden kann, obwohl das ganze sie umgebende Eis geschmol-
> zen ist. So entsteht der Kristall." (*Physica*)

Für medizinische Zwecke empfiehlt Hildegard den Bergkristall vor allem bei Augenleiden, Kropf, Herzbeschwerden, Magenschmerzen und
Nesselsucht.

Flußperlen

Perlen bestehen aus Kalziumkarbonat und sind nicht mineralischer,
sondern organischer Natur. Sie sind undurchsichtig und in den oberen
Lagen durchschimmernd. Süßwasserperlen – also Perlen, die in Muscheln in Flüssen und Teichen wachsen – sind für den heutigen Perlen-
handel nur von untergeordneter Bedeutung. Allerdings hat China eine
sehr alte Tradition der Flußperlenfischerei. Das wichtigste Gebiet zur
Gewinnung von Flußperlen ist heute Nordamerika.
Hildegard von Bingen schreibt über die Entstehung von Flußperlen, die
sie *margaritae* nennt, folgendes:
> „In den Flüssen gibt es gewisse salzige Wasserströmungen, aus de-
> nen die Perlen entstehen. Das ölige Fett dieser Flüsse sinkt gemein-
> sam mit ihrem Salzbestandteil in den Sand. Dadurch wird das dar-

überstehende Wasser gereinigt. Das Fett verbindet sich mit dem
Salz zu Flußperlen. Diese sind rein." (*Physica*)

Hildegard empfiehlt Flußperlen vor allem gegen Kopfschmerzen.

Perlen

Die aus Salzwassermuscheln stammenden Perlen bestehen ebenso wie
die Flußperlen aus Kalziumkarbonat und sind organischer Natur. Obwohl es sich bei ihnen nicht um Edelsteine handelt, wurden sie früher
jedoch – wie der Bernstein – als Heilmittel der Edelsteinmedizin betrachtet. Wie Flußperlen sind Perlen undurchsichtig und in ihren oberen Lagen durchschimmernd. Wir finden sie in den Farben Weiß, Rosa,
Silbergrau, Gelblich, Grünlich und Schwarz.
Perlen wachsen in austernartigen Meeresmuscheln, die in küstennahen
Gebieten leben. Sie entstehen, wenn ein kleiner Fremdkörper – etwa
ein Sandkorn – in das Muschelinnere gelangt. Die Muschel umhüllt
diesen Fremdkörper mit Perlmutter (kohlensaurem Kalk) und Conchyn
– dies ist eine Hornsubstanz, die das Perlmutter zusammenhält. Noch
heute werden Muscheln in vielen Gegenden mühsam von Perlentau-
chern (oft Frauen) an die Oberfläche gebracht. Allerdings enthält selbst
in ertragreichen Perlengebieten nur ungefähr jede 40. Muschel eine
Perle. Die wesentlichsten Fundorte sind die Küstengebiete des Indischen Ozeans, des Persischen Golfes, die Küsten Australiens und Ja-
pans sowie Mittelamerikas.

Schon früh entdeckten die Menschen das Geheimnis des Perlenwachs-
tums und praktizierten kleine Fremdkörper unter die Muschelschalen.
So konnten sie künstlich den Prozeß hervorrufen, der Perlen entstehen
läßt. Auf diese Weise entstandene Perlen nennt man Zuchtperlen.
Während Naturperlen jährlich nur eine Schicht von etwa 0,09 Millime-
tern Dicke bilden, wachsen Zuchtperlen um 0,15 Millimeter pro Jahr –
auf manchen Südseefarmen sogar um 1,5 Millimeter.

Da Perlen aus organischer Substanz bestehen, sind sie sehr empfindlich. Wenn sie zu trocken sind – beispielsweise, wenn sie lange nicht
getragen wurden –, verlieren sie ihren Glanz. Bei zu großer Feuchtigkeit dagegen können sie quellen oder sogar verwesen.

In der Ayurveda-Medizin wurde vor allem die Asche von Perlen verwendet. Diese galt als „Balsam für die Augen" und sollte einen strahlenden Blick bewirken. Auch bei chronischem Fieber, Bluthochdruck, Herzbeschwerden und Verdauungsstörungen wurde sie verordnet. In China wurden noch bis in neueste Zeit pulverisierte Perlen gegen Kopfschmerzen eingenommen. Sie sollen angeblich auch die Fruchtbarkeit erhöhen.

Hildegard von Bingen hat eine ziemlich genaue Vorstellung von der Entstehung der Perlen:

> „Die Perlen wachsen in gewissen Muscheltieren. Diese leben in Schalen und in bestimmten großen Flüssen." (*Physica*)

Die Muscheln, die nahe am Boden lebten, könnten ihrer Meinung nach giftig sein durch den Unrat, den sie aufnehmen. Sie bildeten trübe Perlen, die von keinem medizinischen Nutzen seien.

> „Aber einige dieser Tiere halten sich gewöhnlich in der Flußmitte auf, wo das Wasser rein ist. Dort ziehen sie weniger Unrat an sich und enthalten deshalb auch weniger Gift." (*Physica*)

Trotzdem schreibt sie auch diesen Perlen keinen medizinischen Nutzen zu, „weil sie dem Menschen mehr Krankheit als Gesundheit bringen". Hildegard warnt sogar davor, Perlen auf der bloßen Haut zu tragen, weil schon dadurch deren Gift auf den menschlichen Körper übergehen könnte.

Karneol

Der Karneol besteht wie beispielsweise auch der Jaspis und der Chrysopras aus Kieselsäure. Wie die beiden genannten Steine gehört auch er zu der Mineralgruppe der Chalzedone. Der Karneol ist durchscheinend, und man findet ihn in den Farben Gelbrot bis Dunkelrot. Die wichtigsten Fundorte befinden sich in Indien, Brasilien, Uruguay, Nordafrika, Sibirien, Japan und Queensland/Australien.

Als Glücksstein sollte der Karneol gegen Unfälle schützen und die Wirkung von Giften aufheben. Mohammed trug der Sage nach einen Karneol, weil dieser Genügsamkeit und Mildtätigkeit bewirke. Albertus Magnus sagte von diesem Stein, daß er die Seele von schwermütigen Gedanken befreie und die Dämonen der Furcht vertreibe. Noch

heute trägt man ihn – vor allem in südlichen Ländern – als Talisman
gegen den „bösen Blick".
Goethe schrieb in *Westöstlicher Diwan*: „Talisman in Karneol/ Gläubi-
gen bringt er Glück und Wohl." Der Dichter Theodor Körner ordnet in
seinem Gedichtzyklus *Die Monatssteine* den Karneol dem Juli zu:

„Ein feuerlebendiger Venussohn,
Der in guten, glücklichen Stunden geboren,
Hellglühend wie heißer Minne Lohn.
Er kräftigt das Herz und stärkt das Gemüt,
Daß es neu im Leben und Lieben glüht."

Die antike Medizin verwendete den Karneol zur Behandlung von
Kreislauferkrankungen und auch zur Blutstillung.

Hildegard von Bingen äußert sich über die Entstehung des Karneols
nur sehr kurz:
„Der Karneol stammt mehr von der warmen als von kalten Luft. Er
wird im Sand gefunden." (*Physica*)

Sie empfiehlt den Stein bei Nasenbluten.

Alabaster
Beim Alabaster handelt es sich um eine feinkörnige, durchscheinende
Varietät des Minerals Gips. Es ist weiß bis grau, gelblich, rötlich oder
grünlich, aber auch marmoriert.

Hildegard von Bingen äußert sich über den Alabaster, dem sie jede
Heilwirkung abspricht, sehr lapidar:
„Der Alabaster ist weder richtig warm noch richtig kalt. Er ist sozu-
sagen lauwarm, so daß sich keine Heilwirkung in ihm findet." (*Physica*)

Kalk
Auch Kalk gehört natürlich nicht zu den Edelsteinen, wurde aber trotzdem in das *Buch von den Steinen* aufgenommen. Hildegard von Bingen
schreibt darüber:

„Der Kalk ist warm. Wenn er entzündet wird, entsteht daraus ge-
brannter Kalk. Auch dieser ist warm. Denn wenn der Kalk durch
die Hitze zu Pulver geworden ist, wird er noch stärker und verbindet durch sein Feuer Erde und Sand." (*Physica*)

Hildegard warnt davor, Kalk zu essen, empfiehlt ihn aber als Salben-
bestandteil zusammen mit Aloe, Myrrhe und Wachs gegen Entzündungen.

Die übrigen Steine
Viele auch im Mittelalter schon bekannte Steine werden von Hildegard
in ihrem Buch nicht erwähnt. Dazu gehören z. B. Granat, Lapislazuli,
Mondstein, Opal, Türkis und Turmalin. Der größte Teil dieser Steine
wird in der Ayurveda-Medizin und in der modernen Edelsteintherapie
verwendet.

Die Steine, die Hildegard von Bingen unter der Überschrift „Die übrigen Steine" zusammenfaßt, sind keine Edelsteine, und sie mißt diesen
Steinen auch keinerlei medizinischen Nutzen bei. So schreibt sie:
„Die übrigen Steine, die in verschiedenen Böden und Gegenden
entstanden sind, und die die unterschiedlichen Farben und Eigenschaften der Böden in sich tragen, in denen sie entstanden sind, sind
zu Heilzwecken kaum geeignet. Es handelt sich dabei um Marmor,
Sandstein, Kalksandstein, Tuffstein, Feldstein und ähnliche. Sie
enthalten zuviel Feuchtigkeit, die nicht durch die richtige Trockenheit gemildert ist. Oder sie enthalten zuviel Trockenheit, die nicht
durch die richtige Feuchtigkeit befeuchtet wird." (*Physica*)

Anhang

Der eigene Hildegard-Garten

ENN SIE einen eigenen Garten besitzen – und sei er noch so klein –, sollten Sie unbedingt ein Beet für würzende und heilende Kräuter anlegen. So haben Sie ständig eine kleine Gartenapotheke zur Hand und können außerdem mit dem unvergleichlichen Aroma frischer Kräuter Ihre Speisen würzen.

Viele Kräuter lassen sich auch sehr gut in den Blumengarten integrieren, z. B. Lavendel und Kamille. Andere gedeihen am besten in einem Steingarten – wie Rosmarin und Thymian. Viele Kräuter haben zudem eine wachstumsfördernde und schädlingsbekämpfende Wirkung auf andere Pflanzen, deshalb kann man sie gut zu verschiedenen Gemüsearten pflanzen.

Beim Anlegen eines Kräutergartens ist es wichtig, zwischen ein- und zweijährigen Kräutern und ausdauernden Stauden zu unterscheiden. Erstere müssen jedes Jahr oder jedes zweite neu gesät werden, während die anderen mehrere Jahre durchhalten. Danach kann man sie meistens durch die Teilung des Wurzelstockes vermehren.

Ein- und zweijährige Kräuter

Basilikum

Die Pflänzchen können entweder auf der Fensterbank vorgezogen oder als größere Pflanzen beim Gärtner und sogar im Supermarkt gekauft werden. Basilikum kann zu Gurken und Tomaten gepflanzt werden. Ansprüche: Basilikum braucht einen sonnigen, geschützten Platz und sollte an warmen Sommertagen reichlich gegossen werden.

Bohnenkraut

Bohnenkraut kann entweder direkt ins Freiland gesät oder als junge Pflanze beim Gärtner gekauft werden. Es paßt am besten zu Buschbohnen, weil es die Läuse von ihnen fernhält. Ansprüche: Bohnenkraut mag es sonnig, warm und trocken und braucht deshalb nur bei großer Hitze gegossen zu werden.

Dill

Dill wird direkt ins Freiland gesät. Um immer frisches Kraut zu haben, sollten Sie einige Male nachsäen. Dill wirkt sich besonders günstig auf das Gedeihen von Möhren, Kohl, Rote Bete, Salat, Zwiebeln und Gurken aus.

Ansprüche: Dill braucht Sonne, aber gleichzeitig auch Feuchtigkeit. Deshalb kann er gut zwischen die Gurken gesät werden, weil diese die Erde mit ihren Ranken feucht und schattig halten.

Kerbel

Kerbel kann ins Freiland gesät oder als Pflanze vom Gärtner oder aus dem Supermarkt bezogen werden. Am besten säen Sie ihn zu Salatpflanzen, da er diese vor Schnecken, Läusen und Ameisen schützt.

Ansprüche: Der Kerbel gedeiht am besten an einem halbschattigen, mäßig feuchten Platz.

Kümmel

Kümmel wird ins Freiland gesät. Vermeiden Sie dabei die Nachbarschaft mit Fenchel – die beiden mögen sich nicht. Dagegen gibt er Kartoffeln, Kohl, Gurken und Roten Beten einen besonders intensiven Geschmack.

Wichtig: Kümmel ist eine zweijährige Pflanze: Im ersten Jahr bildet er lediglich eine Blattrosette, erst im zweiten Jahr treibt er bis zu 1 Meter 20 hohe Stiele.

Ansprüche: Der Boden sollte feucht, tiefgründig und gut gedüngt sein.

Majoran

Majoran kann man ab März im Frühbeet vorziehen, ihn ab Mai direkt ins Freiland säen oder fertige Pflanzen aus der Gärtnerei oder dem Supermarkt verwenden.

Ansprüche: Der Majoran braucht einen warmen, sonnigen Platz mit leichter, humusreicher Erde.

Petersilie

Petersilie kann direkt ins Freiland gesät werden, braucht aber einige Zeit zum Keimen. Deshalb sollten Sie einige Radieschensamen als

„Markiersaat" mit aussäen, so daß Sie die Reihen erkennen können. Petersilie kann aber auch als fertige Pflanze aus der Gärtnerei und aus dem Supermarkt bezogen werden. Sie verträgt sich gut mit Tomaten, Zwiebeln, Radieschen und Rettichen. Zu Salat sollte sie besser Abstand halten. Außerdem ist sie mit sich selbst unverträglich, deshalb sollte sie immer an eine andere Stelle gesät werden.
Ansprüche: Petersilie gedeiht am besten an einem feuchten, halbschattigen Platz.

Ausdauernde Kräuter

Lavendel

Lavendelpflanzen erhalten Sie beim Gärtner. Sie machen sich sehr hübsch in Steingärten, passen aber auch gut zu Rosen. Im Garten vertreiben sie Ameisen und Läuse.
Ansprüche: Der Lavendel braucht einen sonnigen Platz mit einem leichten, etwas kalkhaltigen Boden. In sehr kalten Wintern muß er zugedeckt werden.

Liebstöckel

Im März oder im August können Sie Liebstöckel ins Freiland aussäen. Sie können natürlich die fertige Pflanze beim Gärtner kaufen. Liebstöckel hält Schädlinge fern, hemmt andererseits das Wachstum seiner Nachbarpflanzen. Deshalb sollte er möglichst allein stehen.
Ansprüche: Der Liebstöckel braucht einen feuchten, nährstoffreichen Boden. Er verträgt auch Halbschatten.

Melisse

Im Frühjahr können Sie die Melisse direkt ins Freiland aussäen. Oder Sie verwenden die fertigen Pflanzen, die Sie in der Gärtnerei oder im Supermarkt erhalten. Die Melisse paßt sehr gut in den Blumengarten und ist eine hervorragende Bienenpflanze.
Ansprüche: Die Melisse braucht einen sonnigen, geschützten Standort. Der Boden sollte humusreich und durchlässig sein.

Minze

Die Minze wird nur durch Wurzelableger vermehrt, die im Frühjahr flach in die Erde gelegt werden. Lassen Sie sich von Freunden und Nachbarn einen solchen Ableger geben, oder kaufen Sie die Pflanzen in der Gärtnerei bzw. im Supermarkt. Am besten gedeiht die Minze in der Nähe von Brennesseln, weil sie dort mehr ätherisches Öl entwickelt. Dagegen sollte man sie von der Kamille fernhalten. Gute Nachbarn sind Tomaten, Salat und Möhren. Von Kohl hält sie die Raupen des Kohlweißlings fern.

Ansprüche: Sie braucht einen feuchten Platz und gedeiht am besten in lichtem Schatten. Die Erde sollte lehmig sein, auch mooriger Boden ist geeignet.

Rosmarin

Rosmarinpflanzen erhalten Sie in der Gärtnerei. Von älteren Pflanzen lassen sich auch Stecklinge schneiden. Eine gute Nachbarpflanze ist der Salbei.

Ansprüche: Der Rosmarin braucht einen sonnigen Platz mit humusreicher, durchlässiger Erde. Da er nicht winterhart ist, sollten Sie für die kalte Jahreszeit einen ausreichend großen Blumentopf bereithalten, in den Sie ihn verpflanzen können. Während des Winters nur wenig gießen, aber den Ballen nicht austrocknen lassen. Übrigens können Sie den Rosmarin auch ganzjährig im Topf lassen und ihn im Sommer an eine Südwand stellen.

Salbei

Vorgezogene Pflanzen erhalten Sie beim Gärtner. Von älteren Pflanzen können Sie Ableger gewinnen, indem Sie die Zweige herunterbiegen – diese bewurzeln sich dann. Salbei paßt sehr gut in den Steingarten. Da er Raupen, Läuse und Schnecken abwehrt, sollte man ihn an die Ränder des Gemüsegartens und zu Rosen pflanzen. Gut verträgt er sich mit Rosmarin, Fenchel, Kohl, Möhren, Erbsen und Bohnen.

Ansprüche: Der Salbei braucht einen warmen Standort mit durchlässiger Erde. Bei sehr kalten Wintertemperaturen braucht er einen leichten Schutz.

Thymian

Thymianpflanzen erhalten Sie beim Gärtner. Da er Läuse und die Raupen des Kohlweißlings abwehrt, kann er gut als schützende Randpflanzung um die Gartenbeete herum gesetzt werden. Er paßt außerdem sehr gut in den Steingarten.
Ansprüche: Der Thymian braucht einen sonnigen, trockenen Standort.

Ysop

Die Pflanzen erhalten Sie beim Gärtner. Mit seinen hübschen blauen Blüten ist der Ysop ein Schmuck für jeden Kräutergarten. Außerdem wehrt er Raupen, Läuse und Schnecken ab und ist darüber hinaus noch eine gute Bienenweide.
Ansprüche: Er braucht einen sonnigen und möglichst steinigen Platz und paßt deshalb auch sehr gut in den Steingarten.

Wildkräuter

Natürlich können Sie in Ihrem Garten auch Wildkräuter anpflanzen. Besonders geeignet sind dafür Brennessel, Kamille und Johanniskraut. Aber auch die Wildkräuter, die sich von selbst in Ihrem Garten ansiedeln, sollten Sie nicht unbedingt mit Stumpf und Stiel als „Unkräuter" ausrotten, nutzen Sie ihre heilkräftigen Blätter, Blüten und Wurzeln! Dies gilt z. B. für Wegerich, Sauerampfer und Miere. Vielleicht können Sie diesen wertvollen Pflanzen ein Plätzchen einräumen, an dem sie sich ungestört entwickeln können.

Brennessel

Meistens siedelt die Brennessel sich von selbst im Garten an. Man kann sie natürlich auch anbauen – Spezialversender und zahlreiche Gärtnereien halten entsprechende Samen bereit. Die Brennessel ist nicht nur für Küche und Medizin zu verwenden, sondern auch als kräftigende Brennesseljauche, die allen Pflanzen guttut und außerdem zum Mulchen dient.
Ansprüche: Die Brennessel wächst im Grunde überall, liebt aber besonders lockeren, humosen Boden.

Kamille

Die Kamille kann als Randpflanze um die Gartenbeete herum angesät werden. So haben Sie den Nutzen für Ihre Gesundheit und für die von Ihnen angebauten Gemüse. Außerdem sehen die gelb-weißen Blüten im Gemüsegarten besonders hübsch aus. Sehr gut wirkt die Kamille auf Kohl, Kartoffeln, Sellerie und Lauch. Kamillentee kann außerdem als Samenbeize und zur allgemeinen Kräftigung aller Kulturen verwendet werden. Auch für den Kompost ist die Kamille ein wichtiger aktivierender Bestandteil.

Johanniskraut

Wenn Johanniskraut sich nicht von selbst in Ihrem Garten ansiedelt, können Sie es auf einer Wiese ausgraben und bei sich im Garten einpflanzen.

Ansprüche: Johanniskraut ist sehr anspruchslos, braucht allerdings viel Sonne und einen durchlässigen Boden. Im Steinbeet ist es meistens am besten aufgehoben.

Ihr Kräutergarten auf der Fensterbank

Wer keinen eigenen Garten hat, braucht auf frische Heil- und Küchenkräuter nicht zu verzichten. Viele von ihnen lassen sich nämlich sehr gut in Töpfen ziehen und liefern – neben Heil- und Würzwirkung – einen hübschen Blickfang und in manchen Fällen einen angenehmen Duft.

Am besten geeignet für den Anbau im Zimmer sind Basilikum, Bohnenkraut, Dill, Kerbel, Melisse, Petersilie, Salbei, Schnittlauch, Thymian und Ysop. Jeder helle Standort ist diesen Kräutern willkommen – sie dürfen nur nicht der prallen Sonne ausgesetzt werden. Über einer Heizung fühlen sie sich ebenfalls nicht wohl. Sie mögen es am liebsten nicht zu warm und nicht zu trocken. Beim Gießen von Topfkräutern sollten Sie allerdings vorsichtig sein und immer erst einmal mit dem Finger nachfühlen, ob wirklich schon Wasser benötigt wird.

Bezugsquellen

Literatur:

Hildegard von Bingen: *Scivias – Wisse die Wege. Eine Schau von Gott und Mensch in Schöpfung und Zeit,* Freiburg 1996

Hl. Hildegard: *Briefwechsel mit Wibert von Gembloux,* Augsburg 1993

Hildegard von Bingen: *Causae et Curae.* Neudruck der Basler Hildegard-Gesellschaft

Hildegard von Bingen: *Physica.* Patrologia Latina. Band CXCVII. Basler Hildegard-Gesellschaft

Zeitschriften:

Hildegard-Heilkunde, Mitteilungsblatt des „Fördererkreises Hildegard von Bingen e.V.", Nestgasse 2, D-78464 Konstanz

Hildegard-Zeitschrift, Mitteilungsblatt der „Internationalen Gesellschaft Hildegard von Bingen", CH-6390 Engelberg

St. Hildegard-Kurier, Mitteilungsblatt des „Bundes der Freunde Hildegards e.V.", A-5084 Grossgmain bei Salzburg

Bezugsquellen:

Abtei St. Hildegard, Postfach 1320, D-65378 Rüdesheim, Tel.: 06722/3088; *Bücher, Wein und Dinkelprodukte*

Apostel-Bräu, Eben 11-15, D-94051 Hauzenberg, Tel.: 08586/2200; *Dinkelbier*

Bäckerei Holstein, August-Borsig-Str. 3, D-78467 Konstanz

Egon Binz, Stadtmühle, D-78187 Gelsingen

Gundolf Fischer, Adlerstr. C 242, D-86633 Neuburg/Donau

s'Geiserieder Lädele, Rosenweg 2, D-87616 Marktoberdorf-Geisenried, Tel.: 08342/2115 oder 5398

Paul Gleiser, Bronnmühle, D-72108 Rottenburg am Neckar

Holstein Naturkost GmbH, Zum Riesenberg 6a, D-78476 Allensbach

Jura-Naturheilmittel KG, Wolfgang Gollwitzer, Nestgasse 2-6, D-78464 Konstanz, Tel.: 07531/31487

Max-Emmanuel-Apotheke Lydia Meinhold, Belgradstr. 21, D-80796 München

Mühldorfer Naturkornmühle GmbH, Mühlenstr. 15, D-84453 Mühldorf/Inn

Naturwaren Karin Schiller, Pecheigen 1

Schleiferstüble G. Mehl, Wessenbergstr. 31, D-78462 Konstanz, Tel.: 07531/22813; *Edelsteine*

Schloß-Apotheke, D-83229 Aschau/Chiemgau, D-84384 Wittibreut

Weingut Stephanshof, Reinhold Kiefer, Jahnstr. 42, D-67487 St. Martin/Weinstraße

Zähringer-Apotheke, Zähringerplatz 17, D-78464 Konstanz

Hildegard-Vertriebs AG, Aeschenvorstadt 24, CH-4010 Basel, Tel.: 0041/61/232479

Koch & Cie. Walter Koch Handels- und Kundenmühle, CH-8272 Ermatingen

J. Schwarz-Studer, CH-3930 Visp

Hönegger Handelsgesellschaft mbH, Wolf-Dietrich-Weg 141, A-5163 Mattsee, Tel.: 0043/6217/7300; *Hildegard-Naturprodukte*

Helmut Posch, Weinbergweg, A-4880 St. Georgen/Attergau, Tel.: 0043/7667/361

Fastenkuren nach Hildegard

Haus St. Benedikt, Benediktstr. 3, D-97072 Würzburg

Hildegard-Küche, Hildegard-Ferien, biologischer Weinanbau

Hotel Sponheimer Hof, Sponheimer Str. 19-23, D-56850 Enkirch/Mosel, Tel.: 06541/6628-4204

Pension Albrecht, Ruthutweg 2, D-87645 Hohenschwangau, Tel.: 08362/81102

Register

Gärtnern mit Hildegard von Bingen

144 Seiten, Hardcover
Mit über 200 Farbfotos
und farbigen Illustrationen
ISBN 978-3-86803-269-7

Der Gärtnerblick auf Hildegard von Bingens Heilwissen

Hildegard von Bingens Wissen fasziniert die Menschen bis heute. Das durchgängig bebilderte Buch bietet farbige Porträts der wichtigsten Hildegard-Heilkräuter und -pflanzen sowie zahlreiche praktische Tipps für die Anlage eines eigenen Kräutergartens.

Christina Zacker
Das Mondhoroskop

192 Seiten, Hardcover
ISBN 978-3-86803-406-6

Die Kraft des Mondes

Der Mond wirkt entscheidend auf unser irdisches Leben
ein. Er bestimmt nicht nur Ebbe und Flut, sondern auch
unseren Charakter und unsere Zukunft. Hier erfahren
Sie alles über den Mondkalender, über besondere
Mondtage, die Mondkraft im Alltag u.v.m.

Der 100 jährige
Kalender

Die Bauernregeln
Altes Brauchtum
Die sieben Planetenjahre
Der Mond und seine
besondere Bedeutung
Das lokale Klima

Christina Zacker

MOEWIG

Christina Zacker
Der 100-jährige Kalender

192 Seiten, Hardcover
ISBN 978-3-86803-407-3

Altbewährtes Wissen zur Bestimmung des Wetters

Der 100-jährige Kalender stellt die älteste Methode zur Bestimmung des Wetters dar und bewahrt die Erfahrung von Generationen. Zahlreiche Bauernregeln und überlieferte Weisheiten unterstützen diese bewährten Erkenntnisse der Wettervorhersage. Verknüpft ist der 100-jährige Kalender mit den Erfahrungen aus dem Mondkalender.